Ellynor Barz
Götter und Planeten

»Es scheint, als entspräche das Horoskop
einem bestimmten Augenblick im Gespräch der Götter,
das heißt der psychischen Archetypen.«

C. G. Jung, Briefe II, S. 401

Ellynor Barz

Götter und Planeten

Grundlagen archetypischer Astrologie

Kreuz Verlag

CIP-Titelaufnahme der Deutschen Bibliothek

Barz, Ellynor:
Götter und Planeten : Grundlagen archetyp. Astrologie /
Ellynor Barz. – Zürich : Kreuz-Verl., 1988
ISBN 3-268-00050-9

1. Auflage

Sämtliche Abbildungen (mit Ausnahme der Grafiken)
entnommen aus »Heinz Artur Strauß, Der astrologische
Gedanke in der deutschen Vergangenheit«,
München und Berlin 1926
Gesamtherstellung: H. Mühlberger, Augsburg
ISBN 3 268 00050 9

Inhalt

Vorwort

Dieses Buch beschäftigt sich mit den Grundbegriffen der Astrologie, ohne ein Lehrbuch zu sein.

Es vermittelt weder eine Anleitung zum Ausrechnen noch zum schematischen »Deuten« von Horoskopen, sondern verfolgt die Absicht, den *symbolischen* Gehalt vor allem der Planeten, der Tierkreiszeichen und der Häuser erkennbar zu machen und damit das archetypische, das heißt: das »urbildliche« Verständnis der Astrologie zu ermöglichen.

Das Buch wendet sich in erster Linie an den astrologischen »Laien«, es dürfte aber auch dem Astrologen eine bisher wenig geläufige Betrachtungsweise der Astrologie nahebringen, und es möchte dem interessierten Psychologen Zugang zu einem Wissens- und Erfahrungsgebiet öffnen, das in einem tieferen Sinn mit der Psychologie verschwistert ist, als man es bei einer ausschließlich typologisch-diagnostischen Anwendung der Astrologie vermuten kann.

Mein Ausgangspunkt ist dabei die Analytische Psychologie C. G. Jungs, die in der Seele eine dynamische Ganzheit bewußter und unbewußter Anteile erkennt. Zwischen den wissenschaftlichen Entdeckungen C. G. Jungs und dem empirischen Symbol-Kosmos der Astrologie bestehen tiefreichende Entsprechungen. Die Astrologie selbst ist nicht Wissenschaft, und sie sollte diesen Anspruch meines Erachtens niemals erheben; den wissenschaftlichen *astronomischen* Fakten, die ihre Grundlagen bilden, habe ich einige Hinweise gewidmet.

Indem ich die alten symbolischen Geschichten nacherzähle, die allen astrologischen Anschauungen nach wie vor zugrunde liegen, möchte ich zu einem Verständnis der Astrologie beitragen, das nicht durch pseudo-wissenschaftliche

Ansprüche verzerrt ist, sondern das sich zurückbesinnt auf Analogien, die seit alters her zwischen den Sternen draußen im Weltall und den dynamischen Strukturen im Innern unserer Seele wahrgenommen wurden.

Ich möchte Frau Sigrid Strauss-Kloebe danken, die in der Astrologie meine Lehrerin und ebenfalls analytische Psychologin war.

Einleitung

In diesem einleitenden Kapitel müssen einige grundsätzliche Gedanken vorausgeschickt und einige Begriffe geklärt werden.

Der eilige Leser, der die Einleitung überschlagen möchte, sollte doch wenigstens den Abschnitt über die Begriffe des Symbols und der Projektion lesen, um nicht ganz unvorbereitet und mit einem anderen als dem hier vorausgesetzten Verständnis an den Text heranzugehen, der in der Folge keine theoretischen Erörterungen mehr enthält.

Es ist ein Irrtum, wenn man meint, es gebe *die Astrologie* als ein fest umrissenes Gedankengebäude oder Wissensgebiet. Das ist nicht nur deshalb nicht der Fall, weil die Astrologie über Jahrhunderte aus dem öffentlichen Bewußtsein verbannt war, sondern, weil es in ihr um die »kosmische Bedingtheit der Psyche«[1] geht, um bestimmte Aspekte des Menschen also, zu denen es keine festliegenden, endgültigen Aussagen gibt.

Je nach Epoche (und Kultur) wandelt sich das Bild des Menschen und seiner Seele – wie es sich in den verschiedenen philosophischen Richtungen und neuerdings in den verschiedenen psychologischen Lehren zeigt.

Ein einheitliches astrologisches Wissen hat es nie gegeben, und heute gibt es das weniger denn je. Es gibt immer nur die Astrologie dessen, der sie vertritt, mit seinem persönlichen Hintergrund, seiner persönlichen Prägung. Als Folge der rein rationalen Ausrichtung der Wissenschaft unserer Zeit versucht man im allgemeinen heute in der Astrologie immer noch, sich nach einem naturwissenschaftlichen Denken auszurichten und sich zu den »objektiven« Wissenschaften hinzuzurechnen. Auch wo die Psychologie einbezogen wird, handelt es sich meistens um reine Bewußtseinspsychologie, die wissenschaftlich akzeptiert ist und sozusagen das Gegenstück der Tiefenpsychologie darstellt, welche sich gerade den unbewußten Teilen der Psyche zuwendet.

Hier wird keine wissenschaftliche Betrachtung angestrebt, aber ich möchte doch auf einige Zusammenhänge hinweisen, in denen ich die Voraussetzungen eines möglichen wissenschaftlichen Zugangs zur Astrologie sehe.

Ganz allgemein ist es heute eine immer selbstverständlichere Voraussetzung wissenschaftlicher Betrachtung geworden, daß das Beobachtete den Beobachter mit einschließt, daß die Vorstellung einer »sauberen« Trennung von Subjekt und Objekt eine Illusion, daß »objektive« Betrachtung im einstmals postulierten Sinn nicht möglich ist, ja daß Beobachter und Beobachtetes in eins fallen. Das gilt erst recht, wenn das Beobachtete und der Beobachtende gleicher Natur sind.

Die Jungsche Psychologie hat – neben der modernen Physik – neue Voraussetzungen für eine wieder ganzheitliche Weltsicht geschaffen, in der Außenwelt und seelische Innenwelt nicht mehr als grundsätzlich voneinander getrennt gesehen werden.

In diesem Zusammenhang ist es möglich geworden, sich der Astrologie mit geringeren Vorbehalten zuzuwenden; und diese bekommt vielleicht gerade dadurch eine neue Anziehungskraft, daß sie einem ganzheitlichen Verständnis von Welt und Mensch entgegenkommt.

Wir leben in einer Zeit des Übergangs vom kausal-mechanistischen Denken zu einer wieder ganzheitlichen Sicht. In der bisherigen wissenschaftlichen Betrachtung wurde die Welt – der Beobachter und sein beobachtetes Objekt gleichermaßen – in ihre Grundbausteine zerlegt; in Grundelemente, die in mechanischer Wechselwirkung – getrennt im Raum und jedes in seiner Weise verschieden – kausal, »mechanisch« miteinander verbunden waren. Seit Einsteins Entdeckung der Relativitätstheorie ist die Relativität von

Raum und Zeit ins Bewußtsein gerückt.[2] Und die Erkenntnis seiner Quantentheorie, daß sowohl Materie wie Energie von doppeltem Charakter sind (kontinuierliche Welle oder gesondertes Teilchen) und deswegen nicht als grundsätzlich voneinander getrennt angesehen werden können, hat nicht nur für die Physik, sondern ebenso für die Psychologie fundamentale Konsequenzen. Diese Erkenntnisse sind allmählich auch vermehrt ins öffentliche Bewußtsein gedrungen. Allgemeinverständliche Veröffentlichungen moderner Physiker haben eine erstaunliche Verbreitung gefunden[3]; es besteht offenbar das Bedürfnis nach einer neuen Weltsicht. Oder es besteht zumindest eine Offenheit dafür, nachdem die vorausgegangene einseitig rationale Entwicklung zu übertechnisierten, perfekt durchorganisierten, aber sinnentleerten Lebensgewohnheiten geführt hat.

Durch die moderne Physik ist ein ganzheitliches organisches Weltbild wieder möglich geworden: die Vorstellung vom Universum als einem bruchlosen Ganzen in strömender Bewegung. Alle Teile sind durch unteilbare Glieder verbunden, so daß es letztlich nicht möglich ist, die Welt in unabhängig voneinander existierende Teile aufzuspalten.

Das Ganze und seine Teile sind einander wechselseitig bedingende Kategorien, und eine impliziert die andere. Jeder Mensch ist nicht nur ein in sich abgeschlossenes Wesen, sondern auch mit der Gesamtheit, einschließlich der Natur und der ganzen Menschheit, verbunden. Dabei wird die Bedeutung des einzelnen nicht in Frage gestellt; jeder »Teil«, alle Elemente des Ganzen sind in sich ein relativ stabiles, autonomes, unabhängiges »Ganzes«.[4]

Solche Ergebnisse der modernen Physik entsprechen den Gedanken C. G. Jungs, der 1950 in einem Brief über das Komplementaritätsverhältnis zwischen der Psychologie des Unbewußten und der Atomphysik schrieb und der von der Nahtstelle zwischen Psychischem (den archetypischen Strukturen der unbewußten Psyche) und Physischem sprach.[5] Er vertrat die Meinung, daß sich auch im kleinsten

Teil ein universales – göttliches – Prinzip wiederfinden lasse und daß darum auch der kleinste Teil in Übereinstimmung mit dem Ganzen sei und am Ganzen teilhabe.[6]

Im Zusammenhang mit dem Prinzip der Analogie heißt es: »Vermöge seiner mikrokosmischen Natur ist der Mensch ein Sohn des Himmels, das heißt des Makrokosmos.«[7] – »Das Firmament [ist] dem Menschen als Mikrokosmos eingegeben, indem dieser die Abbilder der Sternnaturen, also als kleinster Teil und Ende des Schöpfungswerkes wiederum das Ganze enthält.«[8] – »In moderner Sprache ausgedrückt, würde die Idee des Mikrokosmos, der ›die Bilder aller Kreatur‹ enthält, das kollektive Unbewußte darstellen.«[9]

Das kollektive Unbewußte sieht Jung als die Basis – die grundsätzliche psychische Veranlagung und Voraussetzung des Menschen –, in der die (abstrakt vorzustellenden) Grundstrukturen aller menschlichen Erfahrensmöglichkeiten prädisponiert sind. Diese Archetypen des kollektiven Unbewußten sind prägende Muster oder Strukturen *in* der menschlichen Psyche. Der Mensch kann sich ihrer erst in der »Anschauung« bewußt werden: in Bildern und Erlebnissen außerhalb seiner selbst. Das kollektive Unbewußte ist das Ganze aller möglichen psychischen Strukturen des Menschen. In jedem einzelnen aber ist es ebenso enthalten: ein Teil und doch das Ganze, in strömender Bewegung.

Hier besteht eine enge Beziehung zu Johannes Kepler, dem großen Astronomen und Astrologen des 16./17. Jahrhunderts. Kepler faßte seine Erkenntnisse in seinem Hauptwerk »Harmonices Mundi« (Die Harmonie der Welt) zusammen: Den harmonikalen Strukturen des Weltalls entsprechend[10], sah er im Menschen eine Struktur angelegt, die er den »geometrischen Instinkt im Menschen« nannte. Dieser Instinkt ermögliche es dem Menschen, auch die geometrischen Strukturen der Außenwelt, selbst die des Weltalls wahrzunehmen und in Entsprechungen, in Analogien darauf »zu antworten«.

Unterricht in der Sternkunst
Aus dem »Lucidarius« Augsburg 1479

Kepler vertrat die Ansicht, daß die Sterne eine Wirkkraft auf den Menschen ausüben schon dank ihrer Strahlung, der Geometrie und der sich geometrisch verändernden Figuren, die sie miteinander erzeugen. Er sah aber vor allem auch die entsprechende Gestaltkraft im Menschen, eben jenen »geometrischen Instinkt«, durch den »die Seele auf die geometrischen Konstellationen antwortet« und sie im Leben gestaltet. »Die Seele beginnt zu tanzen auf die Lockung des Himmels hin.«[11] Die Ohren können die Harmonien hören; die Augen können die Geometrien zwar nicht sehen, aber (in Analogie zur Erkenntnis der Harmonien) erkennen.[12]

Zu den wesentlichen Eigenschaften der Materie – so lernen wir wiederum von den modernen Physikern – gehört Bewegung und Rhythmus. Dasselbe erkannte Kepler aufgrund der Beobachtung der »festen« Himmelskörper, der Planeten. Und sowohl Kepler – wie Jung – wie die modernen Physiker sehen im Menschen entsprechende Strukturen, die ihn zur Erkenntnis dieser Zusammenhänge befähigen; Analogien in der Psyche zu den Strukturen der Außenwelt, des Kosmos; Analogien zwischen dem Ganzen und dem Teil.

Vor dem Hintergrund solcher Zusammenhänge formulierte Jung: »Die Astrologie besteht aus symbolischen Konfigurationen, ebenso wie das kollektive Unbewußte, mit welchem sich die Psychologie [seine!] befaßt: Die Planeten sind die ›Götter‹, Symbole der Mächte des Unbewußten.«[13]

Hier müssen wir uns nun eingehender dem *Begriff des Symbols* zuwenden, da das Symbolverständnis eine grundlegende Voraussetzung für das Verständnis der in der Astrologie tradierten Inhalte und den »richtigen« Umgang mit ihnen darstellt.

Auch unter Astrologen heißt es heute allgemein, daß die Astrologie symbolisch zu verstehen sei; und man meint damit: »in übertragenem Sinn«.

Im allgemeinen Symbolverständnis sind die zwei grundlegend verschiedenen Weltbilder wiederzufinden, wie sie sich in der alten und neuen Physik abzeichnen – und wie sie vielleicht für eine alte oder neue Astrologie ausschlaggebend sein werden.

Die einen gebrauchen das Symbol als Metapher: als Bild für einen bestimmten abstrakten, rationalen Begriff. Man hört dann häufig Wendungen wie: »Das muß man symbolisch verstehen« oder »Das muß man als Symbol nehmen«, und das heißt dann: *nur* als ein Zeichen für etwas, das sich genausogut oder sogar besser rational erfassen ließe. Symbolisches Denken gehört nach dieser Auffassung als vorrationales Denken einer Frühstufe der menschlichen Entwicklung an. Im kausal-mechanistischen Weltbild solcher Astrologen werden nur deshalb noch symbolische »Chiffren« benutzt, weil es zur astrologischen Tradition gehört.

Ein anderes Verständnis sieht das Symbol als Repräsentanten einer kausal nicht zu begründenden, das rationale Bewußtsein des Menschen übersteigenden Macht. Dieser ursprüngliche Sinn des Symbolbegriffs ist im heutigen

Sprachgebrauch praktisch verlorengegangen, zusammen mit dem ganzheitlichen Weltbild, zu dem er gehörte. Er mußte einer konkretistischen und deterministischen Weltsicht suspekt erscheinen. Im Zusammenhang mit einer heute wieder möglichen ganzheitlichen Sicht ist auch der Begriff des Symbols zu neuer Bedeutung gekommen, und zwar nicht nur in der Tiefenpsychologie. Er nimmt zum Beispiel bei dem Theologen und Religionsphilosophen Paul Tillich eine zentrale Stellung ein, dem ich in den anschließenden Überlegungen folge, die bereits den astrologischen Zusammenhang mitbedenken.[14]

Tillich führt fünf Merkmale für ein Symbol an:

1. Ein Symbol ist anschaubar, hat eine den Sinnen wahrnehmbare Gestalt. Es weist über sich hinaus. Es selber ist nicht das eigentlich Gemeinte, sondern es weist auf etwas, was nicht unmittelbar oder nicht vollständig als Ganzes erfaßt werden kann; auf etwas, was zur Zeit empirische Faßbarkeit übersteigt.

Bei astrologischen Symbolen, Planeten, Tierkreiszeichen und so weiter, trifft dieses Merkmal allemal zu. Sie sind sinnlich wahrnehmbar als Himmelserscheinungen, und man erlebt dabei mehr als Planetengesetze, als kausale Realitäten: Eingebettetsein oder Ausgeliefertsein an ein den Menschen Überragendes.

2. Das Symbol ist nicht für sich allein genommen von Bedeutung, sondern hat Teil an der Wirklichkeit dessen, worauf es weist.

Ein Symbol für sich allein genommen, eine Anzahl von Sternen zum Beispiel, die man mit gutwilliger Phantasie für einen Stier halten könnte, ist noch von keiner Bedeutung. Erst die Wiederkehr der verschiedenen Sternbilder zu bestimmten Zeiten, an bestimmtem Ort, und die Erfahrung bestimmter Qualitäten des Lichtes oder der Wärme und Kälte – und dies mit verläßlicher Wiederkehr Jahr für Jahr –, das läßt eine Ahnung kosmischer Zusammenhänge entstehen, die den Menschen transzendieren.

3. Symbole können nicht willkürlich erfunden werden, weil sie nicht Sache der Zweckmäßigkeit oder Konvention sind. Sie werden geboren und sterben – bildlich gesprochen.

Kosmische Mächte, Mond, Sonne, Sterne, wurden als numinos erfahren und darum im Bilde göttlicher Gestalten gefaßt. Die Namen wechselten, die Mächte blieben lebendig und damit die sie repräsentierenden Symbole – in Ägypten, in Babylon, Griechenland – und zählebig auch immer wieder im christlichen Bereich. Jetzt sind sie für die meisten gestorben: Mit den alten Planetengöttern habe die moderne Astrologie nur noch die Namen gemein, hört man von »modernen« Astrologen.

4. Durch die Macht des Symbols werden Dimensionen der Wirklichkeit erschlossen, »die gewöhnlich durch die Vorherrschaft anderer Dimensionen verdeckt sind. Aber der menschliche Geist könnte diese neuen Dimensionen nicht ergreifen, wenn das Symbol nicht gleichzeitig auch in ihm eine neue Dimension öffnete«[15]. Religiöse Symbole zum Beispiel vermitteln durch ihre Teilhabe am Heiligen die Erfahrung des Heiligen. Begegnungen mit heiligen Orten, Zeiten, Bildern lassen den Menschen etwas vom Heiligen erleben. Und weder Symbol noch religiöse Erfahrung können in zureichender Weise abstrakt wiedergegeben werden.

Ein Symbol ist ein archetypisches Bild, das eine Facette des Prägenden selber vertritt. Es wirkt, weil es im Menschen auf entsprechende Strukturen trifft, auf seinen »geometrischen Instinkt«.

5. Das fünfte Merkmal schließlich ist die aufbauende, ordnende – *und* die zersetzende, zerstörerische Macht des Symbols. Im allgemeinen wird nur seiner stabilisierenden, ja heilenden Kraft gedacht. Aber erst beide Seiten ergeben ein Ganzes.

So werden wir bei jedem astrologischen Symbol die beiden Aspekte finden. Und das Horoskop als Ganzes enthält »harmonische«, stabilisierende und »disharmonische«, störende Aspekte.

Die positive oder negative Wirkung eines Symbols hängt einerseits von dem Wesen dessen ab, auf das das Symbol hinweist, andererseits von dem Geist, in dem es verstanden und in dem ihm begegnet wird.

In diesem Sinn verstanden, sind die Mythen der Planetengötter, die ich im folgenden Kapitel vorstellen werde, Symbole. Der Mythos ist – wie das Symbol – eine in sich geschlossene, durch nichts reduzierbare oder auflösbare Gestalt. Es gibt im Mythos nicht den Unterschied von Teil und Ganzem. Jeder Mythos ist ein Ganzes – und zugleich ein Teil eines Ganzen. Die Teile bestehen nicht losgelöst für sich, sondern sind auf ein Zentrum hin geordnet, von dem her sie Gestalt und Sinn bekommen. Ebenso sind die Mythen – innerseelisch gesehen – Teile des Ganzen der Seele, die sie – potentiell – immer umfaßt. Ebensogut kann man die Mythen als Projektionen der unbewußten Psyche, des kollektiven Unbewußten sehen.

Hier müssen wir bei dem *Begriff der Projektion* einen Augenblick verweilen, um zu verstehen, daß man Mythen oder Symbole als Projektionen unbewußter psychischer Inhalte sehen kann.

»Symbole sind – psychologisch gesehen – das Resultat von Projektionen unbewußter seelischer Gehalte auf äußere Objekte, die entweder als Ganzes oder durch einzelne ihrer Bestandteile als Projektionsträger geeignet sind. Unter Projektion verstehen wir einen unbewußt ablaufenden seelischen Vorgang, der darin besteht, daß ein dem Bewußtsein nicht direkt erkennbarer Bestandteil oder Inhalt der Seele – also etwas Nicht-Materielles – hinausverlegt und so auf einen realen Gegenstand projiziert wird wie ein Filmbild auf die Leinwand. Diesem Vorgang kommt in der Sicht der Jungschen Psychologie eine überragende Bedeutung zu, denn nach ihrer Auffassung wird Unbewußtes – außer durch Gefühle und Intuition, die aber weitgehend unfaßbar bleiben – dem Bewußtsein ausschließlich auf dem Wege der

Projektion zugänglich. Man könnte sehr einfach veranschaulichend sagen: Da das Bewußtsein nicht in seinen unbewußten Innenraum hineinzuschauen vermag, ist es darauf angewiesen, daß aus diesem Innenraum einige Strahlen herausdringen und auf eine geeignete Unterlage treffen; dann erst sieht das Bewußtsein auf dieser Unterlage, also auf dem Projektionsträger, ein Abbild von dem, was aus seinem unzugänglichen Innenraum stammt.«[16]

Erst projiziert auf die Leinwand des Lebens – oder des Himmels – begegnen wir den inneren Mächten als Symbolen außerhalb unser selbst; und diese können eine so starke Wirkkraft haben, weil wir auf sie die Energien unseres unbewußten Potentials übertrugen.

In diesem Sinn kann unser gesamtes Welterleben als Projektion bezeichnet werden.

Zur Welt der Projektionen oder der Symbole kann der Mensch sich sehr verschieden verhalten. Er kann ganz in der Welt der äußeren Phänomene aufgehen, aufs unbewußteste mit ihnen verbunden sein und sich ihnen als guten oder bösen Mächten ausgeliefert fühlen. Er erlebt sich dann als bedingt und abhängig von der Außenwelt, ist aber – tiefenpsychologisch gesehen – bedingt von unbewußten Inhalten in sich selber, die er nach außen projiziert. Dabei kann es – astrologisch gesprochen – um die verschiedenen Planetenkräfte gehen, die als Strukturen oder Götter wirken, oder um andere Inhalte. Aber auch diese müssen als Teile unseres Inneren, unser selbst erkannt werden.

Immer wieder geht es im Laufe unseres Lebens um Bewußtwerdung, und das bedeutet: um Erkennen von Projektionen und Rücknahme der Projektionen, um Rücknahme dessen, was wir zuerst in die Außenwelt projizieren *mußten*, um es überhaupt sehen zu können. Und damit geht es noch einmal um die Beziehung von Teil und Ganzem; diesmal um unsere Beziehung zu unserer Umwelt.

Inhalte, die sich besonders für Projektionen eignen, sind sogenannte Schattenaspekte von uns selbst: Seiten an uns, die wir nicht sehen möchten (auch wenn wir sie sehen könnten). Diese projizieren wir auf unsere Mitmenschen und bekämpfen sie dort. Es ist für uns (wie für die andern) ein nötiger und wichtiger Schritt, diese Projektionen mit der Zeit als Eigenanteil zu erkennen und anzunehmen.

Insofern geht die Auseinandersetzung mit Psychischem nicht auf Kosten eines Realitätsbezuges, sondern kann gerade dazu dienen, der Realität besser gerecht zu werden. Man wird sich bemühen, sich selbst und seine Mitmenschen »objektiver« zu sehen: die andern nicht mit Projektionen zuzudecken und von sich selbst nicht ein idealisiertes Bild aufrechtzuerhalten.

Darüber hinaus hat *jedes* Ereignis der Realität Bezug zur eigenen Psyche. Ich fühle mich für die Realität außerhalb meiner selbst verantwortlich, weil ich sie mit bewirke, weil ich an ihr Anteil habe, mich als Teil vom Ganzen nicht trennen kann.

Außen- wie Innenwelt spiegeln sich im Horoskop. Kosmische Gegebenheiten zeigen sich darin ebenso wie kollektive Menschheitserfahrungen: In den astrologischen Symbolen begegnen wir Projektionen des kollektiven Unbewußten. Indem jeder einzelne mit seinem persönlichen Horoskop teilhat an den astrologischen Grundmustern aller, kann ihm seine Rolle als Teil eines Ganzen nicht entgehen. Andererseits kann der einzelne dann auch nicht die Verantwortung übersehen, die ihm als Teil des Ganzen für das Ganze zufällt: für die ihn umgebende Welt wie für die mit ihm lebenden Menschen.

Dabei ist jeder schon durch sein persönliches Horoskop ein unverwechselbares Individuum: ein Unteilbares; auch wenn wir zum besseren Verständnis die Aspekte und Funktionen des Horoskops einzeln betrachten.

Das persönliche Horoskop kann man als individuelles Symbol ansehen, das mehr vom Individuum enthält, als man auf einmal – oder je – fassen kann: anschaubar, sinnlich wahrnehmbar, aber auf größere Zusammenhänge und Mächte verweisend.

Man könnte das Horoskop mit einem Traum vergleichen: Die einzelnen Elemente des Traumes – Treppe, Berg, Haus, Frau – sind Bilder, die alle kennen, die alle träumen können. Sie sind in diesem Sinne kollektive Symbole. Als Bilder *meines* Traumes aber, von meinem Unbewußten in diese einmalige Konstellation gebracht, sind sie, ist der Traum ein individuelles Symbol und kann darum auch nur im Zusammenhang mit mir »richtig« gedeutet werden.

Das persönliche Horoskop stellt sozusagen die persönliche Gleichung des Menschen dar. Jung sagt: »Es scheint, als entspräche das Horoskop einem bestimmten Augenblick im Gespräch der Götter, das heißt der psychischen Archetypen.«[17]

Das ist ein treffendes Bild für die Kon-stellation, die Zueinanderstellung der Planeten im Augenblick der Geburt. Ein Irrtum wäre es dagegen, wenn man annähme, daß durch diese Konstellation auch bereits etwas über den »Inhalt« des Gespräches ausgesagt wäre. Den zu erschließen bedarf es der »beiden Künste« (Jung), der Astrologie und der Tiefenpsychologie – und vor allem des gelebten Lebens: der »Antworten« des Individuums auf das in ihm angelegte Grundmuster.

I. Die Planeten

Die 7 Planeten mit ihren Zeichen und ihren Kindern, ihre Zugehörigkeit zu den Wochentagen. In der Mitte ein Aspektschema. Um 1490.

Unter allen Erscheinungen des Himmelsbildes haben – ebenso wie im Horoskop – die Planeten immer den ersten Platz eingenommen. Die scheinbar eigen-willigen Wandelsterne, die ihr Licht und ihre Geschwindigkeit ändern, die für das Auge des Beobachters voraneilen, stehenbleiben oder gar rückwärts gehen können, um dann von neuem auf ihrer Bahn weiterzuziehen, haben die Menschen von jeher zu besonderer Beachtung herausgefordert und haben sie verlockt zu »antworten«. Die Namen, die die Planeten bekamen, zeugen von der Bedeutung, die ihnen zugesprochen wurde: es sind Namen von Göttern.

Ursprünglich gab es nur die Göttergestalten und die Mythen, die vom Ursprung der Götter und ihrem Wirken erzählten. Erst gegen Ende des 6. Jahrhunderts vor Christus wurden dann die Planeten den Göttern – als deren Repräsentanten sozusagen, als ihre Symbole – zugesellt. Das geschah noch unabhängig von Astrologie oder Horoskopie. Die Planeten waren auch nicht mit den Göttern identisch. Sie hießen »Stern des Zeus«, »Stern des Ares«, »Stern der Aphrodite« – und später im Römischen Reich entsprechend »Stern des Jupiter«, »Stern des Mars«, »Stern der Venus« – bis sie in einem anderen Verständnis als selbständige Mächte nur noch den Eigennamen behielten.[18]

Später wurden dann auch die Fixsterne in Gruppen zusammengefaßt und benannt. Aber sie nahmen einen geringeren Rang ein: Ihnen wurde die Welt der Heroen zugeordnet. Sie erinnerten an alte Sagen oder waren – so erlebten es die Menschen damals – von den Göttern an den Himmel gerettet oder auch gebannt worden. Sie hatten nun aber kein Eigenleben mehr wie die beweglichen Fixsterne unter ihnen. Da gab – und gibt – es Perseus, Andromeda, Herakles; Wagen, Leier, Krone; Schwan, Delphin, Löwe, Krebs und viele andere. Diejenigen Sternbilder, durch die die Bahn der Sonne und der andern Planeten führt, bekamen dadurch eine besondere Bedeutung. Es sind die Sternbilder, deren Namen auch die heutigen Tierkreiszeichen noch tragen.

Mythen sind Göttergeschichten, in denen eine Reihe von Symbolen miteinander zu einem Ganzen verknüpft sind.

Hesiod und Homer waren die ersten Dichter (ca. 700 vor Christus), die die griechischen Göttergeschichten in eine geschlossene Form gebracht haben. Hesiod beschrieb in seiner Theogonie die Entstehung der Welt und den Ursprung der Götter. Homer besang das Leben der Götter und ihr Erscheinen unter den Menschen.

Es geht in diesen Werken nicht um persönliche Schicksale, und es sind nicht individuelle Dichtungen. Sie sind Zeugnisse religiöser Ergriffenheit, und sie wurden unter Anrufung der Götter aufgeschrieben. Hesiod und Homer überliefern die Geschichten, wie es sie vielerorts und in vielerlei Schattierung gab, in einer archetypischen und allgemeingültigen Form.

Ein Mythos ist immer ein Ganzes. Er ist zeitlos. Die Zeit der Handlung ist ebenso »damals« wie »jetzt«. Der Mythos ist auch nicht an eine bestimmte Lokalität gebunden. Der Ort der Geschichte ist: in uns.[19] In den Mythen spiegeln sich Urmuster menschlicher Erfahrung. Sie sind nicht erfunden, sondern erlebt.

Im »Draußen« wurde gesehen, was in der Seele des Menschen angelegt war. Die Götter – im Olymp und auf Erden – waren (so könnte man aus heutiger Sicht formulieren) das Resultat von Projektionen aus der Seele des Menschen.

»Daß wir keine Projektionen machen, sondern daß sie uns geschehen, ist eine wohl zu beachtende Tatsache. Sie erlaubt den Schluß, daß wir unsere ersten ... psychologischen Kenntnisse in den Sternen gelesen haben. D. h. im Weitesten das Nächste. Wir haben uns gewissermaßen ... aus dem Weltall gesammelt.«[20]

Der Mensch erlebt Fülle zunächst außerhalb seiner selbst. Er kann der Fülle in seiner Seele nicht gewahr werden, wenn er sie nicht zuerst ins Außen projiziert hat, um ihrer ansichtig zu werden. Im Entfernten kann die Seele Analogien erkennen zum Nächsten in ihr selbst, weil es in ihr angelegt ist.

»Wär nicht das Auge sonnenhaft,
Die Sonne könnt es nie erblicken;
Läg in uns nicht des Gottes eigne Kraft,
Wie könnt uns Göttliches entzücken?«[21]

Um das Weiteste aber erfassen zu können, gibt der menschliche Geist ihm menschliche Gestalt: die menschlich anmutende Gestalt der Götter zum Beispiel.

Die Mythen sind Bilder innerseelischer Kräfte

Es bedarf eines reflektierenden Bewußtseins, um Konstellationen und Erfahrungen in der Außenwelt als Projektionen innerseelischer Kräfte zu erkennen und zu deuten.

Zunächst erfolgt immer die spontane Projektion auf eine außerhalb von uns liegende Leinwand. Später erst folgt das Ahnen und schließlich das Wahrnehmen der Projektion als solcher; und danach – soweit dem Bewußtsein möglich – die Rücknahme der Projektion, das heißt die Erkenntnis, daß das im Außen Erlebte unserem inneren Kräftefeld entstammt und daß Innen und Außen zusammenfallen, daß es um eine Zusammenschau beider geht.

Schon Paracelsus (1493–1541) kam zu dem Schluß, daß die Wahrnehmungen der Himmelserscheinungen analog zu sehen seien zu den Konstellationen *im* Menschen, daß es sich dabei um Ur-Bilder aus der Seele des Menschen handle. Er sprach davon, daß ein Arzt wissen solle, »daß *im* Menschen sind Sonn, Mond, Saturnus, Mars, Mercurius, Venus und all Zeichen«[22].

Um das Erfassen solcher Zusammenhänge bemüht sich heute zum Beispiel die Analytische Psychologie. So sieht Jung die Konfigurationen im kollektiven Unbewußten parallel zu astrologischen Betrachtungen: »Die Planeten sind die ›Götter‹, Symbole der Mächte des Unbewußten.«[23]

Diese Götter sind noch immer lebendige Symbole – zumindest in der Astrologie. Das zeigt sich unter anderem darin, daß ihre Namen lebendig sind, selbst nachdem Götter und Mythen dem Bewußtsein der meisten Menschen entschwunden sind.

Die heute gebrauchten Planetenbezeichnungen sind immer noch die lateinischen Namen der griechischen Götter: Merkur ist Hermes, Venus Aphrodite, Mars ist Ares, Jupiter Zeus, Saturn Kronos; Uranos hieß auch früher Uranos, Neptun war Poseidon, Pluto und Hades sind eins.

Bemerkenswert ist auch, daß selbst noch die drei zuletzt entdeckten Planeten Uranos (1781), Neptun (1846) und Pluto (1930) von den Astronomen – der alten Tradition folgend – mit Namen griechischer Götter benannt wurden, und zwar mythologisch sinnvoll, wie wir sehen werden. (Der Versuch, Uranos nach seinem Entdecker Herschel zu benennen, setzte sich nicht durch.)

Im 4., 8. und 17. Jahrhundert wurde der Versuch unternommen, den »heidnischen Sternenhimmel zu christianisieren«[24]. Aber noch waren die alten Symbole im astrologischen Bereich so lebendig, daß sie sich nicht durch Allegorien oder andere Namen ersetzen ließen. Es gelang zum Beispiel nicht, die Namen der zwölf Tierkreiszeichen gegen die der zwölf Apostel auszutauschen. Und auch heute sind sie noch so lebendig, daß sie sich selbst durch psychologische Termini nicht ersetzen lassen. Der Name »Saturn« zum Beispiel bleibt immer noch umfassender, vielschichtiger und wirkungsvoller als alle ihn umkreisenden oder scheinbar ersetzenden Ausdrücke.

Die astrologische Deutung

Bei der astrologischen Deutung stehen wir vor der Aufgabe, die anschaulichen Symbolbilder und die dahinter erkannten psychischen Strukturen oder Kräftefelder zusammenzusehen. Die Gesetzmäßigkeiten, die sich daraus ergeben, dienen der astrologischen Deutung als Grundlage. Dabei führt der Weg vom konkret Anschaubaren zum Allgemeinen, vom Bild zur Abstraktion.

Auch in der Astrologie war ursprünglich die Symbolgestalt, das anschauliche Bild gemeint. Jetzt bezieht man sich mehr auf die im Symbol zum Ausdruck kommenden Dynamismen. Aber auch diese entsprechen archetypischen Funktionen. Auch aus der Dynamik – den verschiedenen Bewegungstendenzen der einzelnen Planeten – liest man Urmuster heraus, analog zu den bildhaften Mythen (der schnelle Mars, der langsame, hemmende Saturn etc.).

Wichtig ist, daß man sich dabei der *Analogien* der Bewegungen oder des *Parallelismus* der Ereignisse bewußt bleibt, denen keine Kausalität zugrunde liegt. Die Zusammenschau von innen und außen ist aufgrund von Synchronizität möglich, nicht aufgrund von Kausalität. Dies bedeutet Wiederbelebung einer früheren Betrachtungsweise auf einer höheren Bewußtseinsstufe.

Es bleibt dabei die Gefahr, in kausales Denken zurückzufallen und zum Beispiel allgemein herauskristallisierte Gesetzmäßigkeiten plötzlich wieder auf einer persönlichen Ebene zu deuten und sie auf Biographisches – kausal – zu beziehen.

»Es scheint, als entspräche das Horoskop einem bestimmten Augenblick im Gespräch der Götter, das heißt der psychischen Archetypen.« Wollte man den Inhalt des Gesprächs erschließen, so hieße das, aus dem Geburtsbild inhaltlich festgelegte, konkret biographische Angaben machen zu wollen.

Es kann aber in der Betrachtung oder Deutung des Geburtsbildes allein darum gehen, eine allgemeine Grundstruktur psychischer Anlagen festzustellen. Das Besondere, den Inhalt, das biographische Detail kann nur der Betroffene selber dazu in Beziehung bringen. Man legt also nichts Fremdes in die Deutung des Horoskops hinein, sondern öffnet den Blick für Strukturen im Lebensmuster, die zu bestimmten Zeiten, auf verschiedenen Ebenen sich inhaltlich ganz verschieden manifestieren können.

Die Planeten sind die »Götter«, die Archetypen des Unbewußten. Man darf sich nicht »der Illusion hingeben, ein Archetypus könne schließlich erklärt und damit erledigt« beziehungsweise übersetzt werden. »Auch der beste Erklärungsversuch ist nichts anderes als eine mehr oder weniger geglückte Übersetzung in eine andere Bildsprache.«[25]

Je weiter wir die Darstellung archetypischer Dynamismen fassen, das heißt je mehr von dem ursprünglichen archetypischen Bild als Hintergrundmuster darin erhalten bleibt, desto eher kann der einzelne sich und seine ihm eigenen Erfahrungsmuster darin erkennen. Dann kann er sich fragen: Wie konkretisieren sich diese Muster in meinem persönlichen Leben; wie verhalte ich mich dann; welche anderen Möglichkeiten gibt es für mich, diesem meinem Grundmuster gemäß zu leben und vielleicht sinnvoller oder adäquater zu handeln?

Jeder Planet im Horoskop vereint in sich Polaritäten und »verlockt« zur »Antwort« (Kepler) auf die eine oder die andere Seite hin. Er stellt eine umfassende Ganzheit dar und ist gleichzeitig Bestandteil eines übergeordneten Ganzen – des Kosmos draußen und in uns, bildlich im Horoskop festgehalten.

An dem Miteinander oder Gegeneinander der Götter oder Planeten spiegelt sich urbildlich das mögliche Spiel der Kräfte und Anlagen in uns. Der Ausgang eines jeden »Spiels« wird verschieden sein, je nachdem, wie die Kräfte und Mächte zueinander stehen und wie wir ihnen begegnen.

Die Mythen der Ursprungszeit[26]

Kosmische Ordnung kristallisiert sich erst allmählich aus anfänglichem Chaos heraus. Es geht in den griechischen Weltentstehungsmythen um Kämpfe zwischen Götter-Generationen, aber ebenso um Kämpfe zwischen Himmel, Erde und Abgrund, in die die Mächte aller Bereiche – der oberen wie der unteren – verwickelt sind. Der Schauplatz der Entwicklung ist Gaia, die Erde. Sie ist Betroffene und aktiv Beteiligte zugleich – bis ihr Bereich schließlich so abgesteckt ist, daß hier konkrete Geschichte beginnen kann.

Es wäre falsch, diesen Prozeß nur im chronologischen Sinne als Menschheitsentwicklung oder als Entwicklungsgeschichte zu sehen. Das ist er ganz gewiß auch. Diese »Geschichten« oder Prozesse ereignen sich auch in jedem Menschen wieder neu, aber sie laufen auch hier nicht nur chronologisch, nicht nur linear ab. Es gibt einen Anfang der Bewußtwerdung des Individuums, es gibt seine Entwicklung in der Zeit, seine Lebensgeschichte; und gleichzeitig sind alle »Götter«, alle Archetypen immer syn-chron in uns »am Werk«, so wie sie – im Horoskop gespiegelt – vom Anfang bis zum Ende unseres Lebens als Funktionen in uns wirksam sind beziehungsweise auf Verwirklichung drängen. Es gibt immer wieder den Einbruch von Uranos, immer wieder die Bedrohung durch Pluto, immer wieder die einschneidenden Eingriffe Saturns oder Verwirrung durch Neptun – und es gibt den ordnenden Jupiter in uns: als innerseelische Funktionen.

Die erd*fernen* Planetengötter und die sich in ihnen manifestierenden Prinzipien bleiben mehr im Hintergrund oder »Untergrund« spürbar; die erd*nahen* bestimmen das dem Bewußtsein zugängliche Leben. Sie prägen die im täglichen Leben wahrnehmbaren Erfahrungen und Verhaltensmuster.

Ich werde im folgenden zuerst die Geschichten der Götter, deren Namen die Planeten tragen, berichten. Danach gehe ich auf die innerseelischen Kräfte ein, die sich in diesen Geschichten spiegeln, auf psychische Strukturen, die ihnen zugrunde liegen.

Und schließlich will ich eine Brücke schlagen zu der Art der Interpretation, die die Planetengötter in astrologischer Deutung erfahren.

Wenn ich in dieser Weise danach frage, was die Planetensymbole im Horoskop bedeuten, bringe ich sie in einen Bezug zu individuellen psychischen Erlebnisbereichen. Hierbei spreche ich meistens nicht mehr ausdrücklich vom Symbol oder der Funktion oder dem Prinzip, sondern nenne einfach die Namen, »Uranos«, »Saturn« zum Beispiel. Das klingt sehr vereinfachend und personifizierend. Es ist aber immer das ganze Umfeld der zum Planetensymbol gehörenden Qualitäten, das gesamte dazugehörige Kräftefeld gemeint.

Im Zusammenhang mit dem Mythos werde ich jeweils die griechischen Namen der Götter gebrauchen; in angewandter Form, sei es psychologisch oder astrologisch, wie heute üblich die lateinischen.

Ich beginne mit den Mythen des Anfangs und berichte sie bis hin zur Weltenaufteilung unter Zeus. Danach frage ich, was mit den Symbolen von Uranos, Saturn, Jupiter, Neptun und Pluto psychologisch und astrologisch zu erfassen ist, bevor ich in einem zweiten Abschnitt beschreibe, wie – sozusagen unter Jupiters Herrschaft – die Aufteilung unserer Welt in verschiedene Bereiche beginnt; wie psychisches Leben sich differenziert und sich im Spektrum der erdnahen Planeten manifestiert.

Die Mythen, die von den Planetengöttern erzählen, sollen bei jedem Planeten die Basis sein für den Versuch, ihn als innerseelische Kraft oder Funktion zu verstehen und danach zu seiner astrologischen Deutung zu kommen. Hier werden die Übergänge oft fließend sein, weil psychologische und astrologische Betrachtung sich selten genau voneinander abgrenzen lassen, sondern sich eher organisch ergänzen.

Sonne und Mond bilden den Abschluß in dieser Reihe. Diese beiden – von der Erde her gesehen – größten Himmelslichter sind die für uns bewegendsten, sind uns aber auch die bewußtseinsnächsten. Es schien mir sinnvoll, sie an den Schluß zu stellen und in dieser Art hervorzuheben. Dabei wird die Sonne sehr viel weniger ausführlich behandelt als der Mond, weil das nachfolgende Kapitel der Tierkreiszeichen eine weitere Ausführung des Symbols der Sonne darstellt.

Der Betrachtung der erdnächsten Planeten ist je ein Traum angefügt. Es sind eigene Träume – ich träumte sie in der Zeit, als ich mich gerade mit diesen Kapiteln beschäftigte, und sie mögen zeigen, wie nahe beieinander astrologisches Thema und psychologische Ebene liegen.

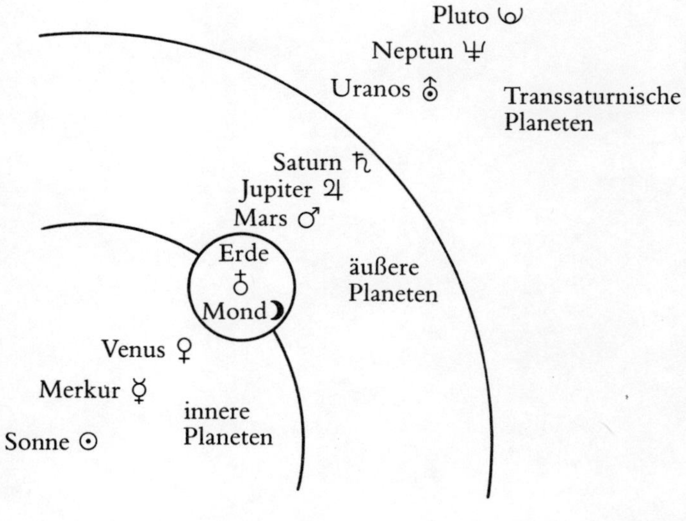

Schema des Planetensystems (heliozentrisch)
(nach: Ernst von Xylander, Lehrgang der Astrologie, Zürich 1971, S. 113)

Uranos ⛢

Nach Hesiod[27] gab es am Anfang nur das Chaos, den gähnenden Abgrund. (Und Eros, das kosmogonische Schöpfungsprinzip, als Urpotenz.) Aus dem Chaos erhob sich Gaia, die »breitbrüstige Erde«. Sie gebar aus sich die Berge und das unfruchtbare, öde Meer. Danach erschuf sie aus sich »ein Wesen gleich ihr selbst, das sie ganz bedecken konnte«, den gestirnten Himmel über ihr: Uranos.

Nun gab es Himmel und Erde, Weibliches und Männliches, Yin und Yang. Es kam zur Vereinigung beider, zur kosmischen Hierogamie. Uranos, »begierig nach Liebe und mit sich bringend die Nacht«, kam zur Erde und umhüllte sie ganz.

Darauf gebar Gaia sechs Töchter und sechs Söhne, die Titanen. Der jüngste von diesen war Chronos (Saturn), der stärkste ihrer Söhne. Sie gebar aber auch noch Kyklopen (Einäugige) und Hundertarmige, denen fünfzig Köpfe auf den Schultern wuchsen. – Das war Übermaß, Wucherung, Ungeheures. Uranos »haßte« darum seine Kinder vom ersten Tage an. »Und sogleich, wenn einer von ihnen geboren war, verbarg er sie einen um den andern in der tiefen Höhlung der Erde und ließ sie nicht empor zum Licht« (Th. 158–161).

Uranos verstieß seine Kinder, schob sie von sich, zurück ins tiefe Dunkel der Erde. Gaia aber wurde dieser »Last« überdrüssig, die Uranos in ihren Tiefen verbarg, und ersann »einen listigen, schlimmen Kunstgriff«: Sie brachte aus sich eine scharfe Sichel hervor, aus blauem Stahl, und sprach zu ihren Kindern: »Ihr meine Kinder, . . . laßt uns vergelten des Vaters schlimme Schandtat, wenn er auch euer Vater ist.« Die Kinder erschraken und sprachen kein Wort. Nur Chronos, der gewaltigste ihrer Kinder, der »Krummes Sinnende«, war zu der Tat bereit. Da »freute sich sehr im Herzen die ungeheure Erde«. Sie verbarg ihn, stellte ihn in einen

Hinterhalt, reichte ihm die Sichel und »ganz vertraute sie ihm die List nun an« (Th. 165–175).

Als Uranos »in Verlangen nach Liebe die Erde umfangen hielt«, da langte Chronos aus seinem Versteck nach dem Glied des Vaters, packte es mit der Linken, und mit der Rechten »faßte er fest die Sichel, scharfgezahnt, schwang sie« – und kastrierte den Vater.

So brachte er die Trennung von Mutter und Vater zustande, von Himmel und Erde. Damit beendigte er auch die übermäßige Fruchtbarkeit der uranfänglichen Zeit. Die Geschlechtsteile des Uranos warf Chronos hinter sich ins Meer. Aus diesen entstand später die schaumgeborene Aphrodite (Venus). Selbst noch aus den Blutstropfen, die aus der Wunde flossen und auf Mutter Erde fielen, entstanden neue Geschöpfe: die Erinnyen (die Rachegöttinnen), die Eschennymphen und 24 Giganten. So tritt die nicht zu bändigende Schöpferkraft nochmals in Erscheinung.

Chronos – Saturn ♄

Mit der Kastration des Uranos begann eine neue Zeit: Himmel und Erde waren nun getrennt. An Stelle von Fülle, Übermaß und Zeitlosigkeit setzte Chronos Maß und maß nun Zeit. Er baute sein Reich auf, setzte seine Ordnungen und Grenzen: Alles Bedrohliche, alle Konkurrenten verbannte er in den Tartaros, die Unterwelt. Seine Brüder hielt er in Fesseln und herrschte als alleiniger Machthaber, als König.

Rhea vermählte sich mit ihm, eine der Töchter von Uranos und Gaia. Rhea heißt wieder: Erde. Aber Chronos lebte in Angst. Er wußte, daß auch er von einem starken Sohn kastriert werden und seiner Macht beraubt werden sollte. So hatten Uranos und Gaia es ihm vorausgesagt.

Saturn und seine Kinder
Holzschnitt von Hans Sebald Beham, um 1530

Es ging nun Chronos um seine Selbstsicherung, um Selbsterhaltung, um Sicherung seines absoluten Machtbereichs. Er dachte nicht an Zukunft. Alles Neue mußte ihm suspekt erscheinen. Die Kinder, die Rhea zur Welt brachte, mußte er in sich zurücknehmen: Er verschlang sie, sobald sie ihrem Schoß entschlüpft waren: Hestia, Demeter, Hera, Hades und Poseidon.

Als aber Rhea wieder schwanger war und ihr sechstes Kind gebären sollte, Zeus, da wandte sie sich an ihre Eltern, an Uranos und Gaia, um Rat. Gaia, die Erde selber, nahm sich ihrer an und riet Rhea, am Tage der Geburt nach Lyktos auf Kreta zu gehen und das Kind dort zur Welt zu bringen. Gleich nach der Geburt versteckte Rhea Zeus in einer unzugänglichen Grotte, die sie dort fand, »in den Tiefen heiliger Erde«. Rhea aber brachte dem Chronos anstatt des Kindes einen in Windeln gewickelten großen Stein – und er verschluckte diesen, ohne einen Unterschied zwischen Stein und Säugling zu merken. So stark war Chronos von seinem Machthunger gepackt und so sehr Lebendigem fern.

Zeus – Jupiter ♃

Zeus wurde in jener Grotte von der Milch einer Ziege genährt und von Nymphen aufgezogen und wuchs rasch heran zu einem »mächtigen Herren«. Jetzt ging er zu seinem Vater in seiner vollen Kraft und setzte ihn von seiner Herrschaft ab, wie es vorausgesagt war. Aber er wiederholte nicht einfach die Tat seines Vaters: Er »entmannte« ihn nicht, sondern ent-mächtigte ihn; er setzte ihn als Herrscher und König ab. Zunächst aber zwang er Chronos mit Hilfe einer List, die verschluckten Kinder wieder herauszugeben. Er reichte ihm einen Trunk, der ihn alles erbrechen ließ, den zuletzt verschluckten Stein allem voran. Danach befreite

Zeus auch die Brüder des Vaters aus ihren Fesseln und erhielt als Dank von ihnen Donner und Blitz, fortan die Zeichen seiner Macht.

Es gibt verschiedene Versionen, wie Zeus danach mit seinem Vater verfuhr. Es wird berichtet, er habe ihn in die Unterwelt verbannt, wo er für immer blieb.

Hesiod erzählt, daß Chronos sich nach einer Zeit zur Wehr setzte und die vorher gefesselt gehaltenen Titanen zum Kampf aufrief, weil er Zeus die Herrschaft nicht gönnte. Der Kampf dauerte zehn Jahre, und Zeus drohte schon zu unterliegen und selber gefesselt zu werden, als auf Gaias Rat die Hundertarmigen aus der Unterwelt geholt wurden, die von Uranos versteckten »Kinder«, die die Titanen vernichtend schlagen halfen.

Eindrucksvoll ist das aufbrechende Chaos des Krieges geschildert, die Stärke der Hundertarmigen, die 300 Steine auf einmal schleudern konnten, und die Kraft der Titanen. »Gewaltig brauste das unermeßliche Meer, die Erde brüllte laut, erschüttert ächzte der weite Himmel, von Grund auf bebte der breite Olymp unter dem Schwung der Unsterblichen« (Th. 680–685). Auf der Höhe des Kampfes konnte Zeus mit Blitz und Donner und gewaltigem Brüllen den Sieg erringen, die Elemente wieder zur Ruhe bringen und neue Ordnung erstehen lassen. – Danach wurde Zeus »nach der Erde Rat« angetrieben, »König zu sein und Herrscher über die Unsterblichen«, Herr des Olymp. Alle erkannten ihn als den obersten Herrn an.

In einer anderen Version schloß Zeus von Anfang an mit Chronos Frieden. Er fesselte ihn zwar, aber er schickte ihn dann auf die Inseln der Seligen, am äußersten Rande der Erde. »Dort umwehen die Lüfte vom Okeanos her den Turm des Kronos. Dort ist er König, der Gatte der Rhea.«[28]

In einer späteren Variante schickte Zeus seinen Vater nach Latium (im heutigen Italien) und überließ ihm dort das Land zu eigen. Er schien so das Reich mit ihm zu teilen: Chronos

Jupiter und seine Kinder
Holzschnitt von Hans Sebald Beham, um 1530

bekam ein zwar großes, aber bergiges und unfruchtbares Gebiet.

Chronos nun setzte alle Energie und sein zähes Durchsetzungsvermögen daran, um aus diesem Gebiet ein fruchtbares Land zu machen. Er lehrte die Menschen den Ackerbau, und er vermählte sich mit Ops, der Göttin des Getreidesegens. – Von nun an hatte er so viele Aufgaben und Ziele und war von seinen Arbeiten so sehr in Anspruch genommen – er erhielt auch die ihm gebührende Verehrung –, daß er sich fortan in die olympischen »Geschäfte« oder »Spiele« nicht mehr einmischte. – In Latium war er Mitregent des Janus, zurück- und vorwärtsschauend, Wendepunkt im Zeitenlauf.

Nach dem Sieg über das Chaos des Krieges und die Urmächte der Vorzeit wurde die Welt neu geordnet. Zeus teilte die Herrschaft mit seinen beiden Brüdern.

Er selber blieb Herr des Himmels; Poseidon (Neptun) wurde Gott der Meere; Hades Gott der Unterwelt. Die Erde gehörte allen gemeinsam, und ebenso der Götterberg Olympos (Ilias 15, 186–193).

Poseidon – Neptun ♆

Poseidon wurde Herr des Meeres; Herr auch der Quellen und Flüsse, die schließlich ins Meer münden oder die in der Erde verschwinden. »Erdumarmer« wurde er genannt und »Erdhalter«, denn überall umgab Wasser die Erde. Sein Attribut war der Dreizack. Mit ihm konnte er das Meer aufwühlen, Stürme erregen, Erde und Meer mit Wolken bedecken, sturmgepeitschte Wogen sich hoch auftürmen lassen und auch die Erde erbeben lassen. Ebenso konnte er mit dem Dreizack auch alles wieder bändigen, in sanfte Ruhe versetzen, in Nebel tauchen und Vergessen verbreiten.

Mit drei Götterschritten, die die Berge erbeben ließen, gelangte Poseidon vom Olymp in sein Haus, sein Schloß am tiefsten Grunde des Meeres. Freudig tat das Meer sich auf, wenn er nahte. Das Meergetier und die Ungeheuer aus der Tiefe kamen herbei und spielten vor ihrem Herrn. – Poseidon war unberechenbar und leicht erregbar. Er konnte zürnen und grollen, und die Fischer und Seefahrer fürchteten ihn. Ebenso konnte er bei Seenot aber auch Rettung bringen.

Poseidon zeugte sich in Göttinnen, Nymphen und Menschentöchtern fort. Seine erst schwer erworbene Gattin Amphitrite täuschte er bald und begab sich in neue Liebesabenteuer. Mit Medusa zeugte er das Roß Pegasos, das diesen Namen bekam, weil es an den Wassern, den pegai des Okeanos, geboren war. »Herr« oder auch »Bezwinger der Rosse« wurde Poseidon genannt. Er schirrte sein Pferdegespann an, bestieg den goldenen Wagen und fuhr über die Wogen dahin, ohne daß die Achse des Wagens benetzt wurde. Poseidon schweifte umher, verließ auch das Meer und war bald hier, bald dort. Er erkannte Zeus als Herrn des Olymp an, wies ihn aber auch – wenn nötig – in Schranken. Er verwischte gelegentlich Grenzen und erhob Anspruch auf ein Stück Land hier, eine Stadt dort. Loyalem Schiedsspruch beugte er sich dann jedoch, schien zu vergessen, bis Neues ihn erregte.

Hades – Pluto ♇

Hades, der älteste Bruder des Zeus, wurde Gott der Unterwelt, des Totenlandes, alles dessen, was unter und in der Erde ist. Hier wohnen die Hundertarmigen, die »verläßlichen Wächter des Zeus«; hier ist das Unheimliche und das Besiegte der Vorzeit eingegraben. Hier leben die schattenhaften Toten. Hier kann kein Sterblicher eindringen. Und selbst die Götter meiden den düsteren, unheimlichen Ort, den unauslotbaren Grund unter dem Meer, der Erde und dem Himmel. »Ein riesiger Schlund« ist es, »und nicht käm einer zum Grund im Lauf eines ganzen sich rundenden Jahres, begänn er's und träte hinein durch die Tore« (Th. 740 ff.).

Hier hat die Nacht ihr finsteres Haus; und Schlaf und Tod, ihre Kinder, sind hier daheim. Von hier geht aber auch der Tag des Morgens hervor, »und niemals hält beide das Haus drinnen umschlossen, sondern immerfort weilt der eine außer dem Hause und wandelt über die Erde ...« (Th. 753 ff.).

Hades betrat die Erde nur ein einziges Mal: als er Persephone raubte und in sein Reich holte. Auch im Olymp ließ er sich nicht blicken. Er blieb in seiner Unterwelt, im Hades; er ist eins mit ihm, von Sterblichen nicht gesehen. Ihm gehörte die Tarnkappe, die die Titanen ihm schenkten (und die er später Hermes, Merkur, gab – oder auch nur auslieh).

Aber Pluto war auch Herr der Schätze, die in der Erde verborgen sind, und alles dessen, was aus der Erde hervorkommt: der segenspendenden Kraft der Erde, so des Getreides. Als Herr dieser möglichen Fülle hatte er das Füllhorn zum Zeichen.

Am Ende dieser anfänglichen Zeiten war der Weltenraum groß geworden, Himmel, Erde und Unterwelt sind weit auseinandergerückt: »Wie der Himmel weit ist von der Erde, so weit ist es nämlich von der Erde bis zum dunstigen Tartaros; neun Nächte nämlich und auch Tage fiele ein eherner Amboß vom Himmel herab, am zehnten aber käme er zur Erde; neun Nächte wiederum und auch Tage fiele ein eherner Amboß von der Erde herab, am zehnten aber käme er zum Tartaros« (Th. 721 ff.).

Das sind die weiten »Räume« – innere und äußere –, die unter Zeus' Herrschaft an die verschiedenen Mächte aufgeteilt wurden, je nach Vermögen und Neigung, und in denen sich nun psychisches Leben abspielen konnte.

Die Ursprungsmythen in psychologischer Sicht

Uranos

Der Mythos des Anfangs, wie er im Bild von Gaia und Uranos gefaßt ist, kann – wie jeder Archetypus – nicht einfach in psychologische Sprache übersetzt, sondern zunächst nur bildhaft umkreist werden.

Die anfängliche Gegebenheit ist Erde und Himmel; oder Materie und Geist, Festes und Bewegtes; oder: bewegte Materie. Wir können darin auch unsere »irdische« Realität, unsere konkrete Bedingtheit und eine uns total überragende Macht sehen. Dieser Macht können wir nicht bewußt begegnen. Sie nähert sich »des Nachts«, im Dunkel, im unbewußten Zustand. Sichtbar wird sie erst in den »Kindern«, das heißt, eine bewußte Auseinandersetzung gibt es erst im Umgang mit den Ergebnissen aus dieser Vereinigung.

Uranos kann sich erst realisieren im Einwirken auf die Erde. Das heißt: Unser leibliches Sein ist die Voraussetzung dafür, daß eine archetypische Struktur – das uns Prägende – sich als Bild in uns formen, sich als Bewegung oder Bewegtheit in uns fortpflanzen kann.

Dieses Wirken wird nicht jedem bewußt: Zunächst bleiben die Kinder in den Höhlen der Erde versteckt. Und wenn man in die Höhlen hineinschaut, kann man erschrekken. Es ist nicht jedermanns Sache, sich mit unangenehmen Gedanken oder unheimlichen Vorstellungen – mit »Hundertarmigen«, »Fünfzigköpfigen« oder »Einäugigen« – auseinanderzusetzen.

Es bedarf dann Saturns, um zu einer Abgrenzung, zu Struktur und Übersicht zu kommen. Es braucht erst die Abgrenzung eines bewußten Ichs, das Abstecken eines Eigenraums, die Grenzsetzung der Person. Dabei wird das allzu Bedrohliche »gefesselt« oder in die Unterwelt verbannt, ins Unbewußte – und kann erst in einem späteren Bewußtsein – mit Jupiter – wieder zugelassen und gegebenenfalls sogar hilfreich eingesetzt werden. Uranos als psychische Funktion kann als Inspiration oder als kreative Kraft erlebt werden; aber auch als ein Überwältigtwerden von allzu vielen Einfällen und Impulsen, als wuchernde Kreativität.

Unter Uranos entstehen »hundertarmige« Wesen, also eine übermäßige Stoßkraft. Diese Wesen haben fünfzig Köpfe: eine beängstigende Fülle von Ideen. Uranos selbst versteckt die Kinder in der Erde: Damit sind *in* uns Möglichkeiten keimhaft enthalten, die jederzeit überraschend aufbrechen können, als unbeherrschte Emotionen, als revoltierende Ideen, als Durchbrüche zu neuen Entwicklungen. – Es können daraus auch Entdeckungen und Erfindungen entstehen, die sich von so uranischer Sprengkraft erweisen, daß man sie wieder in unterirdischen Lagern aufbewahren muß. So Gefährliches müssen die »tiefen Höhlen der Erde« dann bergen.

Allerdings kann auch Rettendes in uns »eingegraben« sein: Anlagen und Kräfte, die uns hundertfältig motivieren, im Kampf zwischen Chaos und sinnvollem Überleben durchzuhalten. – So kamen die Hundertarmigen auf den Rat der Erde hin gerade noch zur Zeit, Jupiter zum Sieg zu verhelfen, als er im Kampf gegen Saturn und die Titanen schließlich zu erliegen drohte.

In astrologischer Deutung wird im Zusammenhang mit Uranos das Überraschende, das Unerwartete hervorgehoben, das »Zufällige« auch. Er wirkt außerhalb von Kausalität und Kontinuität.

Zu Uranos gehört das Moment der Unberechenbarkeit: Er kommt, wann es ihm beliebt – und bleibt aus, wenn es ihm beliebt. Man kann seinen Einfluß ganz gewiß nicht willentlich bewirken oder herbeizwingen (auch wenn ein guter Einfall zum Beispiel noch so sehr vonnöten wäre); ebenso kann man unerwünschte, Unruhe stiftende Gedanken oder Taten auch mit Absicherungsversuchen nicht verhindern.

Aus unbekannten, unbewußten Hintergründen kann uranische Potenz hervorbrechen, in Gedanken oder Taten; zu Nutz oder Verderb; ohne Einschränkung, ohne Kontrolle. (Die wird oft erst später, und zwar durch andere seelische Funktionen wahrgenommen.)

Unter dem Einfluß von Uranos geht es nicht um Dauer, sondern um je wieder Neues, um Umbruch, Aufbruch, Zukünftiges – auch wenn es erschrecken kann.

Das kann sich auf alle Bereiche des Lebens beziehen (je nach Stellung des Uranos im Horoskop): Er kann plötzliche Impulse oder Selbsteinblicke bewirken – oder Inspiration wie auch Irritation durch ein Du, durch andere. Er kann sich in spielerischen Möglichkeiten, schöpferischen Impulsen zeigen, in Einfällen, die nach Verarbeitung drängen. Diese Einfälle können Änderung und Umsturz bedeuten, im persönlichen Bereich wie im sozialen. Sie können auf die Umwelt bezogen sein wie auf innere Einstellungen.

In welchem Bereich, in welcher Stärke und Wahrnehmbarkeit etwas vom Uranosprinzip erfahren wird, hängt von der Stellung im Horoskop, von der Konstellation zu den anderen seelischen Funktionen und von dem Niveau ab, auf dem der Betroffene erlebt und Erlebtes verarbeiten kann. Fünfzigköpfige Ideen und hundertarmige Motivationen können für viele Menschen so beängstigend sein, daß sie nicht bewußtgemacht werden können – oder möglichst schnell wieder verdrängt werden in die Tiefen der Seele. – Andere Menschen erfahren gerade in solchen Erlebnissen die Außerordentlichkeit menschlicher Möglichkeit.

Saturn

Erst mit Saturn beginnt individuelle Geschichte. Es braucht erst den »Starken«, der sich aus der Ursprungseinheit von Mutter und Vater absondern kann; er »sieht« und kann deshalb die Einheit beenden. (Gaia hat ihn aufmerksam gemacht: Sie hat die Kinder aufgerufen, hinzu*sehen.*)

Mit dem Beginn der Existenz ist der Wunsch nach ewigem Einssein verbunden, nach Einssein der »Kinder« mit der Mutter, zurückgenommen in die tiefen Höhlen der Erde.

Diese Ursprungseinheit gerät ins Wanken, als Gaia sich »belästigt« fühlt und ihre Last nicht länger tragen will. Damit richtet sie sich gegen das sie Ergänzende und Umhüllende, gegen das männliche Prinzip, gegen Uranos. Aus Bedrängnis entsteht der Drang zu weiterer Entwicklung. Die Erde muß sich gegen den Himmel stellen; das weibliche Prinzip gegen das männliche.

Aber obwohl Gaia aus sich die scharfe Sichel schafft, die Trennung bringen wird, hält sie nicht selber Ernte. Das wäre Ende, wäre Aufhebung des bisher Gegebenen. Es bedarf einer Weiterentwicklung und dazu der Fortentwicklung des Männlichen: Es bedarf der Differenzierung im Sohn, in der nächsten Generation, das heißt auf einer neuen Stufe. Gelingt dies, dann ist freiere Entfaltungsmöglichkeit auch für die »Erde« gegeben: konkretes, bewußtes Leben; Individualität, Entwicklung, Geschichte.

Damit eine derart einschneidende Tat vollbracht werden kann, braucht es Stärke: die Kraft eines großen einzelnen, eines starken Ichs. Und es braucht Emotion: Beweg-grund. Saturn »haßt« den Vater. Er tötet Uranos nicht in allen Aspekten, aber er »tötet« ihn in der Rolle als Vater. Er beschneidet seine Potenz. Fortzeugen kann jetzt – scheinbar! – nur er selber: Er wird jetzt König.

Den Vatermord bezeichnet Freud[29] als »das Haupt- und Urverbrechen der Menschheit wie des einzelnen«, als die Quelle von Schuldgefühlen und immer neuer Angst. Den Vatermord gab es schon immer, und es wird ihn immer geben müssen, denn sich realisierendes Leben führt zu konkreten Auseinandersetzungen, führt zum Erleben von Schuld und Leid.

Zu den »himmlischen Mächten« gewandt, heißt es bei Goethe:

Ihr führt ins Leben uns hinein,
Ihr laßt den Armen schuldig werden,
Dann überlaßt ihr ihn der Pein:
Denn alle Schuld rächt sich auf Erden.[30]

Um zu eigenem Leben zu kommen, muß Saturn sich noch so ausschließlich gegen den Vater stellen, daß er auch nur gegen ihn leben kann und sich gegen das schöpferische Prinzip durchsetzen muß. Alle starken männlichen Züge, die er entwickelt, sind gegen das ursprüngliche väterliche Prinzip gerichtet.

Als schuldig gewordener einzelner ist Saturn auch nicht mehr in der Sippe, im Clan, in der Gemeinschaft aufgehoben. Er muß alle fernhalten, muß die Titanenkräfte der »Geschwister« fesseln, verbannen, einsperren. Es ist eine schwere Aufgabe für Saturn, sich als einzelner zu behaupten, sich gegen alle durchzusetzen, sich zu schützen und abzusichern. Er muß alle Kräfte auf die Bewältigung dieser Situation konzentrieren. Er gerät in Isolation.

Angst macht ihn eng und einschränkend. Er kann nur auf sich bauen, muß verschlingen, was seine Zukunft wäre: seine Kinder. Das heißt, er verhindert weiteres Leben. Wie so mancher Tyrann ist Saturn ohnmächtig in seiner Macht.

Saturn hatte sich im Auftrag von Mutter Erde, der es um ihre Selbsterhaltung gegangen war, offenbar übernommen. (Jetzt geht es ihm um die seine.) Sie hatte ihm ein Erntewerkzeug gereicht und die »List« gezeigt, mit der er ihr helfen sollte. Nach ihrer List sollte der irdische Kreislauf immer weitergehen: Saturn anstelle des Vaters, Jupiter anstelle Saturns und so fort – und Gaias und Rheas wissen immer »Rat«, wie sie in ihren Kindern Ergänzung und Verjüngung finden. Es geht dabei um zyklische Wiederkehr und nicht um individuelle Entwicklung. Der Sohn soll den Gatten ersetzen, aber nicht zu einem eigenständigen und eigenwilligen Mann werden.

Saturn aber hat seine Aufgabe ernst genommen und die

einschneidende Trennung der Ursprungseinheit vollzogen. Nach dieser Kastration packt ihn allerdings die Angst: Er wirft das abgeschnittene Glied »hinter sich« ins Meer. Er wirft es aus dem Blick, versenkt es in die Tiefe, »verdrängt« die Tat. Das Hinter-sich-Werfen mutet auch wie ein Abwehrmechanismus an – oder wie ein Abwehrzauber gegen die Erinnyen, die ihm erst noch aus dem Blut des Vaters erwachsen werden. Indem Saturn das Glied hinter sich wirft, meint er, es auf diese Weise hinter sich lassen zu können, es loszuwerden – und ahnt nicht, was er damit fortwirft, was ihm an lebendiger Schönheit, an Liebeslust und Zeugungsfreude daraus hätte erwachsen können. Das bleibt Saturn – leider – verborgen.

Statt dessen wacht Saturn von nun an zwanghaft über seiner Macht. Er »denkt« kausal-mechanisch: Auge um Auge, Zahn um Zahn; er verschluckt alles Spontane, zum Leben Erwachende, und er entwickelt bestimmte Verhaltensmechanismen und Zwänge. Er hat ein starres Feindbild; er rüstet auf; er bleibt auf der Hut.

So kann es im Lauf der Menschheitsgeschichte – in mißverstandener Verwaltung von Mutter Erde – zu tyrannischer Macht, zu sterilem Patriarchat, zu Enge und Einseitigkeit kommen. Und dasselbe geschieht zu verschiedenen Lebenszeiten – in der einen oder anderen Form – im Leben jedes einzelnen.

Wo Zukunft nicht mehr möglich scheint, weiß Mutter Erde Rat: Zeus wird geboren, eine neue Möglichkeit, die eine Wende bringt. Die Voraussetzungen dazu sind: Gaia und Rhea, Mütter, die Leben erhalten wollen; Geborgenheit in der ersten Lebenszeit – in der tiefen Höhle; freundlicher Umgang mit Weiblichem – seien es Nymphen oder nährende Ziegen. So entwickelt sich in Zeus göttliche Instinktsicherheit und Spontaneität.

Mit Naturkraft, Blitz und Donner und lautem Gebrüll, und mit kluger List kann Jupiter danach versteinertes, eisernes, altes Regiment absetzen, ohne auf die in ihm enthaltenen Werte zu verzichten: Er läßt sich wieder herausgeben, was an Möglichkeiten im Innern des Patriarchats angesammelt wurde.

Die weitere Geschichte Saturns, die Rolle, die ihm zufallen wird, bleibt offen. Wieder hängt es, astrologisch gesehen, von der Stellung der »Götter« zueinander ab und von dem Niveau, auf dem der Betroffene das »Götter-Gespräch« verfolgt und versteht, wie Saturn sich ihm zeigen wird.

Geschieht es, daß Saturn einfach seiner Herrschaft enthoben und abgesetzt wird, bleibt er ein »grollender Alter« in der Unterwelt; aus dem Unbewußten wird er seine Unzufriedenheit spüren lassen. Wird Saturn jovial ins Land der Seligen abgeschoben, so hat er vielleicht einen angenehmen Aufenthalt, aber seine Lebenserfahrungen und Kräfte bleiben ungenutzt, sie verkümmern. Die Chance zu Bewußtwerdung, zu Verarbeitung von Lebensproblemen wird versäumt. Eintracht von Gatte und Gattin, »Symbiose am Ferienstrand« – ist Rückkehr zum Anfang, ist Regression zur Ursprungseinheit.

Hat Saturn in uns Macht, ist mißtrauisch uns selbst und der Umwelt gegenüber – oder übermäßig ehrgeizig und anmaßend, dann wird das Leben zu einem Schlachtfeld. Hundertfältige Kräfte werden mißbraucht, die »Elemente« geraten in Aufruhr: Es bedeutet eine elementare Bedrohung, wenn eine destruktive Kraft in uns machthungrig wird, wenn wir in Enge und Starre getrieben, in Komplexen gefangen werden.

Wenn im Spiel der Funktionen eine allein vorherrschend ist, dann werden die andern minderwertig – und Gleichgewicht, mögliche Ganzwerdung sind bedrohlich gestört.

Wir brauchen viel von Jupiters Klugheit, um uns ungeliebten, unangepaßten Zügen in uns selbst zuzuwenden, um uns mit unserem Schatten zu konfrontieren – um hinderliche Funktionen »richtig« einzusetzen. Wenn sie ein »Gebiet«, einen Ort erhalten, in dem sie gebraucht werden, kann Saturn ein Leben lang wirken und schließlich vielleicht Nutzen bringen: Erntesegen. Es braucht aber vielleicht auch ein Leben lang, um dies zu erfahren.

Es wäre falsch, aus Saturn ein »Feindbild« aufzubauen, das »böse« Prinzip in ihm zu sehen, wie es früher die Astrologen taten. Saturn ist nötig, damit es überhaupt individuelle Entwicklung geben kann. Wir bedürfen seiner zur bewußten Abgrenzung gegenüber der überschwemmenden Fülle des uns Umgebenden, gegen den ins Kollektiv zurückziehenden Strom. Und Saturn wird gebraucht, weil wir durch ihn immer wieder zur konkreten Auseinandersetzung mit dem Schatten in uns – und also wieder: zu Bewußtwerdung gezwungen werden.

Jeder hat seinen saturnischen Anteil in sich. Und selbst wenn wir ihn hinter uns werfen wollten, so schaute er uns aus dem Geburtsbild wieder an. Zum Glück, denn so können wir ihn in seinen verschiedenen Aspekten sehen und aus ihm gewinnen, was in ihm an Werten steckt.

Die verschiedenen Auseinandersetzungen Jupiters mit Saturn zeigen, daß dies kein leichtes Unterfangen ist. Eine erfolgreiche Integration saturnischer Seiten hängt von der Einstellung ab, die wir Saturn entgegenbringen, und vor allem davon, wie stark und lebendig Jupiter sich in uns entwickeln konnte.

Je lebendiger der Mythos für uns ist, desto sensibler werden wir saturnische Tendenzen als psychische Strukturen wahrnehmen und in die astrologische Deutung einbringen.

Es bewährt sich, dabei vom Inhaltlichen zunächst abzusehen und sich die *Bewegungstendenzen* zu vergegenwärtigen, die sich in saturnischem »Wesen« zeigen. Aber immer wird auch dies personifizierend klingen müssen, da wir das eine archetypische Bild wieder nur in eine andere Art von Bildsprache »übersetzen« können. Ganz allgemein gefaßt, ist die Bewegung, die saturnischem Prinzip zugrunde liegt, eine von außen nach innen führende. Saturn holt in sich herein:

Er verschlingt, verschluckt, integriert, verdaut, verarbeitet. Er konzentriert, grenzt ab, isoliert. Er beschneidet, fesselt, hält gefangen. Er hemmt, unterdrückt, bedrückt.

Saturn kontrahiert und komprimiert, er verdichtet. Je größer die Dichte eines Stoffes, desto schwerer wird er. (Dies alles gilt in konkretem wie in übertragenem Sinne: materiell wie psychisch.) Blei – als besonders schweres Metall – wurde Saturn zugeordnet.

Positiv eingesetzt, konzentriert Saturn, diszipliniert, strukturiert, baut auf, lehrt, instruiert, speichert; er ist zäh, ausdauernd, durchsetzungsfähig, anspruchslos, genügsam. Es ließe sich so fast beliebig fortfahren; aber das symbolische Bild im Hintergrund erübrigt zu große Ausführlichkeit.

Dem grenzensetzenden Element Saturns wurde auf alten Planetenbildern allegorisch Ausdruck verliehen, indem er mit dem Stundenglas und der Sense dargestellt wurde, als Knochenmann.

Aber auch als Gärtner tritt er auf, mit der Sichel in der Hand: Er schneidet Gras, sorgt vor – aber er beschneidet auch, was zuviel des Guten ist: das Unkraut.

Saturnische Qualität wird anschaulich zum Beispiel im dunklen Grün der Nadelhölzer: Auf kleinstem Raum ist eine größtmögliche Fülle von Chlorophyll angesammelt, verdichtet. Es ist keine üppige Fülle, aber sie ist von Dauer, immer-grün, und überdauert die Wechsel der Jahreszeiten.

Saturn
Kalenderbild 1514

Eine Bewegung bewirkt immer eine Gegenbewegung. Saturn hatte unter Druck begonnen: unter dem Druck der Mutter, die sich gegen den Mann auflehnte und den Sohn gegen den Vater aufstachelte. Saturn wagte den Schritt aus der Geborgenheit in die Schuld. Er trug an den Folgen: an der Angst, der Einsamkeit, der Ablehnung von Zukunft. Jupiter dagegen wurde unter einem anderen »Stern« geboren. Ihn stützte von Anfang an die Liebe der Mutter, die sein Leben wollte. Er konnte sich zu einem starken Mann entwickeln, weil er von positiven weiblichen Qualitäten umgeben und umsorgt war, und er konnte sie in sich selbst leben lassen. Er war nicht aufs »rein« Männliche fixiert wie sein patriarchaler Vater, weil er nicht *dagegen* anleben mußte. Ihm erwuchs eigene Kraft und Stärke; er brauchte nicht die »scharfgezahnte Sichel«, die Waffe der Mutter.

Jupiters Einstellung zum Leben in seiner Vielfalt ist bejahend. Er ist nicht eingeengt auf bestimmte »nützliche« Aspekte; er kennt keine Angst. Er läßt die Titanen frei, ohne sich erst zu vergewissern, daß sie ihn nicht umbringen werden. Dafür erhält er Donner und Blitz, ihre eigene Macht, als Geschenk. Er holt sich – bei Bedarf – die unheimlichen Kräfte aus der Tiefe, die ihm hundertarmig und bereitwillig helfen, weil er sie zuließ. Was für andere Gefahr bedeutete, wird ihm zum »verläßlichen Wächter«. Diese Wächter gehen in seiner neuen Ordnung auch freiwillig wieder in die Tiefe zurück, an ihre »Wohnstatt«, weil sie hier »zu Hause« sind.

Mit Jupiter kommt es zum Kampf zwischen der alten und der neuen »Welt«; zum Kampf zwischen zwei grundsätzlich verschiedenen Einstellungen im Menschen dem Leben gegenüber. Jupiters Sieg bringt eine Neuordnung der Welt, in der jetzt nicht mehr Einseitigkeit herrscht, sondern Vielfalt möglich ist. Hier gibt es organisches Wachstum und organische Ordnung: von oben und unten, von Himmel, Erde,

Meer und Tiefe. Seine Welt ist eine ganzheitliche Welt. Er ist der »Gott der Unsterblichen«, das heißt: ewiges Lebensprinzip.

In den Mythen von Uranos bis Jupiter zeigt sich auch der Weg des einzelnen: aus uranfänglichem Enthaltensein in Geborgenheit zum eigenständigen Ich; in die Welt von Gut und Böse, Leistung und Strafe, Disziplin und Widerstand, Unterricht und Lehre; bis (in der Pubertät) natürliche Kräfte wachsen und der Mensch jetzt instinktiv zu einem selbständigen, eigenen Lebensweg drängt – und sich durchsetzt, auch gegen den Widerstand der alten »Herrscher«. Konnte ein Mensch sich frei entwickeln wie Jupiter, dann gelingt es auch jetzt, an alten Werten herauszuholen und mitzunehmen, was brauchbar ist – aber er wird sie von nun an im eigenen Sinne bewahren und zu persönlicher Entfaltung bringen. Er wird zur Differenzierung seiner Werte finden.

Versuchen wir, zur astrologischen Deutung auf allgemeine *Bewegungstendenzen* zu achten, so zeigt sich im Jupiter-Prinzip eine Bewegung, die von innen nach außen führt: ein Öffnen und Geben, ein Zulassen und Zur-Entfaltung-kommen-Lassen. Zu Jupiter gehören: organisches Wachstum und Vielfalt, lebendige Ordnung, Aufbau und Entwicklung, Verwirklichungskraft und Sinnfindung; Furchtlosigkeit und Offenheit auch Fremdem, Befremdlichem gegenüber.

Paßte zu Saturn das Tannengrün, so gehört zu Jupiter das Grün des Laubbaumes in seinem lebendigen Wandel. Im Frühling entfaltet es sich im frischesten hellen Grün in voller Fülle, im Herbst leuchtet es in bunten Farben; und im Winter, wenn der Baum kahl ist, enthalten die Knospen bereits wieder die volle Keimkraft für die Fülle des nächsten Jahres.

Wandlung und Sinn sind Wesen des Jupiter-Prinzips. Sinnvoll verteilte Jupiter die Weltenbereiche, als Neptun und Pluto Gott des Meeres und der Unterwelt wurden.

Die zeitlich und räumlich entferntesten Planeten und Götter sind auch der Seele die fernsten. In ihnen begegnen wir den Mythen in uns, die wir eigentlich nur ahnen – nachahnen – und nur schlecht in Begriffe fassen können. Manches mag an frühe, kaum zu eruierende Kindheitserinnerungen rühren, anderes an Träume, archaische Schrecken. Es gibt Nahtstellen zwischen dem Bewußtsein und dem Unbewußten, zwischen persönlichem Unbewußten und kollektivem oder kosmischem, aber sie entziehen sich willentlichem Zugang.

Uranos ist der erste dem Auge nicht mehr sichtbare Planet – und ist die erste den Menschen ganz überwältigende Erfahrung. Uranisches Ergriffensein gibt es von Kindheit an: Einfälle »von oben«, Inspirationen, religiöses Ergriffensein, Erleuchtungen treffen uns und werden bewußt.

Es braucht dann aber erst saturnische Auseinandersetzung und Lebenserfahrung – und Jupitersche Bewußtwerdung und Selbsterfahrung, um gewahr zu werden, daß wir auch von Kräften aus inneren Tiefen, aus dem Unbewußten bestimmt werden.

Neptun und Pluto sind die erdfernsten Planeten. Im Mythos sind sie Brüder Jupiters, aber vor ihm geboren. Durch ihn sind sie in Bezug zur Erde und zu uns gerückt. Sie sind die von unten tragenden und stützenden – oder erschütternden und verschlingenden Mächte. Neptun, als Meergott, umfängt und hält die Erde; Hades ist der Abgrund der Tiefe, der schließlich alles zu sich zurückholt. Den verschiedenen Wirkungsbereichen entsprechend, vertreten sie verschiedene Ebenen im Unbewußten, wenn man davon so lokalisierend sprechen darf.

In der neuen Weltenordnung ist von Uranos nicht mehr viel die Rede. Die Götter, denen der Himmel geraubt wurde, steigen aus der Tiefe wieder auf. Seit Rationalisierung und Mechanisierung der Welt überhand nahmen und der Himmel entgöttert wurde, kommen Furcht und Schrecken nicht mehr »von oben«, sondern aus der Tiefe: zum Beispiel aus der Macht der Massen, die seit dem letzten Jahrhundert (etwa seit Neptun entdeckt wurde) immer mehr das individuelle Leben bedrohen; oder aus dem Innersten der Materie, aus dem Atomkern und der Möglichkeit, ihn zu spalten, die ungefähr zur selben Zeit wie Pluto entdeckt wurde. Aber es kam auch zu Gegenströmungen: Seit Ende des letzten Jahrhunderts führte die Tiefenpsychologie zu Einsichten in Tiefen der Seele des Individuums. Und als Antwort auf die Bedrohung durch Atomspaltung entstand in den Menschen in zunehmendem Maße das Bedürfnis nach Ganzheitserleben, das immer auch Polaritäten umfaßt. Zum kollektiven Bewußtsein bildet das kollektive Unbewußte den Gegenpol; nach Rationalisierung und Entmythologisierung findet ein Pendelschlag zu Mythos, Mystik und Esoterik statt. Es wird immer deutlicher und dringt auch allmählich ins kollektive Bewußtsein ein, daß die Auseinandersetzung mit der Tiefe in uns, mit unserem Unbewußten, von ausschlaggebender Bedeutung sein wird dafür, ob unsere Welt von der Tiefe her getragen – oder zerstört werden wird. Daß die Auseinandersetzung mit Psychischem nicht auf Kosten des Realitätsbezuges erfolgen darf, sondern gerade durch das Ernstnehmen und Erschließen der Realität möglich wird, habe ich eingangs zu zeigen versucht.

Neptun und Pluto sind Symbole für diese Tiefen und vertreten sie in ihren verschiedenen Aspekten.

Neptun

Neptun ist der Gott der weiten Meere, der Flüsse und Quellen. Unter seiner Herrschaft sind die Gewässer belebt und aufgewühlt. Diese Wasser der Tiefe enthalten jetzt die Schöpfungskraft, die früher im »Himmel« war: Uranos' Glied fiel hierhin. Venus wuchs hier heran, vom Schaum genährt, und stieg ans Land. Und immer neue Inhalte und

Neuschöpfungen steigen auf: mit jedem Traum und jeder Phantasie, in Ahnungen und Bildern.

Neptuns Gewässer reichen vom klaren, hell sprudelnden Quell über Flüsse und Ströme bis in das Meer, das geglättet und »freundlich« sein kann, aber auch aufgewühlt und tosend, von sich türmenden Meereswogen bewegt, bis in die dunkelsten Tiefen, in die kein Mensch eindringen kann, die dem menschlichen Bewußtsein verschlossen bleiben. Hier zuunterst befindet sich das »Schloß« Neptuns, sein Sitz, das Zentrum, aus dem er immer wieder aufsteigt und wirkt – den Menschen einmal näher, dann wieder ferner, unserem Bewußtsein näher oder ferner.

Unberechenbar ist Neptun. Einmal gibt er reichen Fang und rettet aus Not, ein andermal kann er in die Tiefe ziehen und verderben. Aus dem Wasser Neptuns können hilfreiche Träume aufsteigen, aber auch bedrohliche Stimmungen, die den Menschen verschlingen. Das Wasser kann tragen oder verschlingen, und wir können gehalten oder erschüttert werden. »Erdhalter« und »Erderschütterer« wurde Neptun genannt.

Psychologisch »übersetzt« wie astrologisch verstanden, ist Neptun immer noch in diesen Bildern enthalten und sein Wirken in den verschiedenen Formen des Wassers zu erkennen.

Als Herr des belebten Wassers ist Neptun Herr von Bewegung und Schwingung. In ihm erleben wir alles, was uns über »Wellenlänge« erreicht: was wir mit unseren Sinnen aufnehmen (Klang, Farbe, Geruch, Reize aller Art) oder was wir intuitiv erfassen (Stimmung in uns, Gestimmtheit um uns; Schwingung im Raum, unter Menschen).

Neptun kann unsere Intuition wecken, unsere unterschwelligen Wahrnehmungen schärfen, uns öffnen für Erlebnisse außerhalb von Kausalität, von Raum- und Zeitbedingtheit. Einswerden mit Meer und Woge kann aber auch ein Ver-sinken in Phantasien und Tagträumen, ein regredierendes Zurücksinken bedeuten. Neptun kann überschwemmen, in Nebel hüllen und in Dämmerung tauchen. Er verführt zu Täuschung, Vertuschung, Verschleierung. Ebenso kann er ins Kollektiv zurückziehen und zu kollektiver Emotionalität verführen.

Neptuns Wasser lösen: Sie machen locker und beschwingt, oder sie führen zur Auflösung, wenn die Ich-Grenzen sich aufheben und die Konturen verfließen. Entgrenzung oder Grenzenlosigkeit werden erfahren als mystisches Erlebnis, als Rausch und Ekstase, wie auch als Täuschung und Wahnsinn, vor allem aber als Sucht in jeder möglichen Form.

Auch das Symbol Neptun wird also sehr verschieden erlebt: als höchster Gewinn oder als größter Verlust; je nachdem, wie die Götter im Gespräch mit Neptun stehen – und auf welcher Ebene oder zu welcher Zeit die Seele des einzelnen darauf antwortet.

Pluto

Pluto, der Gott der Unterwelt, hieß ursprünglich Hades. Hades bedeutet im Griechischen »unsichtbar« wie auch »unsichtbar machen«. Hades selbst ist unsichtbar, sei es durch seine Tarnkappe oder weil er sich den Menschen und Göttern nicht zeigt. Auch sein Ort, der Hades, ist unsichtbar: Kein Lebender kann dort eindringen oder ihn lebend wieder verlassen. Und unsichtbar bleibt uns der »Inhalt« des Hades: Hier wohnen die Schatten und die Toten; von ihnen ahnen oder hören wir, aber wir können sie nicht sehen. So bleibt eine Grenze zwischen ihnen, zwischen dem Hades und unserem bewußten Erleben.

Aus dem Hades steigt das Dunkel der Nacht auf, und hier verschwindet das Licht des Tages. Hier im Dunkel wurzeln Erde und Meer; aber das Dunkel des Hades ist noch tiefer als das der tiefen Meere: tiefster Urgrund, unzugänglich, unfaßbar. Was dunkel und unsichtbar ist, macht angst. Hades und sein düsterer Ort wurden selbst von den Unsterblichen gefürchtet und gemieden. Nur bis an die Tore zu seiner Unterwelt kann man sich wagen, und auch das nur mit triftigem Grund.

Das ganz Unbekannte, ganz Unsichtbare ist auch das ganz Unbewußte: Hier in der tiefsten Tiefe ist das bedrohliche Erbe der Vorzeit, der Vorfahren »eingegraben«, hier sind menschliche Erfahrensmuster vorgeprägt. Hier im Reich des kollektiven Unbewußten sind die Archetypen »verwurzelt« – wenn man von abstrakten Strukturen so bildhaft sprechen kann. Im Unbewußten ist das Ur-Potential menschlichen Erlebens, ein Urstrom ungeahnter Motivationen und Kräfte »engrammiert«. Diese Tiefen liegen noch unter den Bereichen Neptuns.

Im Mythos »trägt« die Unterwelt die Erde wie diese den Himmel; ebenso wird unser psychisches Leben vom Untergrund des Unbewußten getragen und bestimmt. Daraus gestalten sich unsere seelischen Erfahrungen und Bilder und die ins Bewußtsein steigenden Gedanken, und schließlich auch Erlebnisse, die diese wieder transzendieren.

Als Hades nicht mehr nur als schrecklich und fürchterlich empfunden wurde, als man sich »bewußter« mit ihm in Verbindung setzen konnte und auch die Fülle und den Reichtum der Tiefen unter der Erde erkannte, da wurde er Pluto genannt; und sein Zeichen wurde das Füllhorn. Unter diesem Aspekt zeigt sich die mildere Seite der chthonischen Mächte.

Beide Pole gehören zu dem Wirken plutonischer Kraft: Pluto kann ins Dunkel ziehen oder Fülle ans Licht steigen lassen; in ihm kann der Mensch vom Unbewußten verschlungen oder darin gefangengehalten werden – oder es wird je neues Aufsteigen zum Bewußtsein möglich. Die beiden Pole können im Bild von Nacht und aufsteigendem Tag gefaßt werden – oder im Bild der Metamorphose eines

Samenkorns, das erst in der dunklen Erde absterben muß, um in neuer Gestalt im Licht zu wachsen.

Auch astrologisch wird zu Pluto »Gestaltwandel« im weitesten Sinne assoziiert; sei es, daß Gestalt zerstört oder neu hervorgebracht wird. Sowohl die destruktive, bedrohliche, Angst erregende Seite Plutos wie – möglicherweise – die Fülle spendende müssen gesehen werden.

Die zwei extremen Pole plutonischer Wirkung zeigen sich in der Tendenz zum Hinabziehen, Auslöschen, Zerstören (auch im Sinne von Unsichtbar-Machen, Verdunkeln) und in aufsteigender Keimkraft und Sprengkraft, in Energiezuwachs und Durchschlagsvermögen.

In Pluto finden wir Ende oder Fülle des Lebens.

Die neue Weltordnung unter Jupiter

Am Ende der anfänglichen Zeit ist der Weltraum, sind die seelischen Innenräume weit geworden.

Mit Jupiter kommt es zu einer neuen Weltenordnung, zu einer Aufteilung der verschiedenen Bereiche an die verschiedenen Mächte: zu einer Profilierung des einzelnen und zu einem kosmischen Zusammenspiel aller. Himmel, Meer und Unterwelt sind auseinandergerückt, und auf dem Schauplatz der Erde kann sich fortan vielfältiges Leben entwickeln. Die Götter sind dem Menschen näher gekommen, ihre Bereiche sind erfahrbar geworden. Damit aber rückt der Mensch und sein Geschick in die Nähe der Götter, wird er zentrales Anliegen in den Mythen und Sagen, wie sie zum Beispiel durch Homer überliefert sind.

Was anfänglich in der Geschichte der Menschheit wie des einzelnen als geheimnisvolles Außerhalb, als numinose Erscheinung in Göttern oder Planeten erlebt wurde, ist nun nicht nur in die Nähe des Menschen gerückt, sondern ist *in* ihm lebendig. Schon in den Homerischen Epen vermischen sich Innen- und Außenraum häufig: Ein Gott nimmt Menschengestalt an, im Menschen wirkt Göttliches; das Göttliche ist von Menschlichem oft kaum zu unterscheiden: ein Blick, eine besondere Gebärde allein lassen es den Sehenden erkennen.

Unter Jupiters Herrschaft beginnen Erfahrungsmöglichkeiten sich aufzufächern. Es gibt jetzt eine Vielfalt von Orten und Betroffenen oder Mithandelnden. Und alle »Orte« und alle Zeugnisse seines Wirkens bilden zusammen eine Einheit: einen Kosmos, außerhalb und innerhalb des Menschen. Jupiter hatte – wie wir bereits gesehen haben – verdrängtes Leben zum Leben zugelassen und Entfaltung ermöglicht, wo vorher Fessel, Gefängnis und Dunkel war.

Unter Jupiters Herrschaft gibt es weder starres Maß noch chaotisches, überflutendes Unmaß. Jede der olympischen Göttergestalten bekommt ihren Eigenbereich und kann ihre spezifischen Qualitäten ins Gesamtspiel einbringen. Jede göttliche Kraft hat ihre ihr eigene Funktion und spiegelt eine Möglichkeit menschlicher Erfahrung wider. Jupiter selbst sorgt dafür, daß jedem sein Recht wird und daß auch ungeschriebene Gesetze eingehalten, daß Ordnung und Sinn aufrechterhalten bleiben.

Prägende Urbilder, Archetypen, sind auch in den »jungen Göttern« konstelliert, die den erdnächsten Planeten zugeordnet wurden: Mars, Venus und Merkur, den Kindern und Nachfahren Jupiters und seiner Generation. Gerade in ihnen manifestiert sich das Göttliche in immer menschlicheren Bereichen, in menschlicher Nähe, das heißt, es ist dem Bewußtsein näher. Es geht um immer »persönlichere« Bereiche, wenn wir zum Beispiel die Funktionen von Mars, Venus und Merkur in uns bedenken. Sie sind uns in unserem täglichen Leben oft so selbstverständlich, daß es schwerfällt, in diesen Funktionen noch die »göttlichen Urmuster« zu erkennen. Sie alle sind Auffächerungen Jupiters: durch ihn gezeugt, ermöglicht, zugelassen. »Nach der Erde Rat« hatte er ». . . den Unsterblichen gerecht verteilt Vorrechte und Ehren« (Th. 884).

Jupiter als Ursprung und Entfaltungsmöglichkeit verschiedener Lebensaspekte

Unter Jupiters Herrschaft fand nicht nur eine allgemeine Entfaltung statt, sondern er selber »entfaltete« sich und zeugte sich vielfältig fort in Göttinnen, Halbgöttinnen und Menschen. Aus den verschiedenen Verbindungen entstanden ebenso verschiedene neue Möglichkeiten.

Jupiters erste Geliebte war Metis, die Weisheit. Sie hatte ihm schon den Trunk gegeben, der Saturn die verschluckten Kinder erbrechen ließ. Als sie nun aber schwanger war, überfiel Jupiter die alte Angst, die schon Saturn geplagt hatte: Uranos und Gaia hatten auch ihm vorausgesagt, daß er die Geburt eines »Sohnes mit gewalttätigem Herzen, der König der Menschen und Götter« werden sollte, zu fürchten habe (Th. 897). Hier zeigt sich – in heutiger psychologischer Sprache – »familiäres Erbe«, »frühkindliches Trauma«, das nicht so leicht zu überwinden ist, selbst von einem Gotte nicht. Jupiter scheint den Generationenkonflikt weitertragen zu müssen; so schwer ist es, neuen Entwicklungen Raum zu geben, Verhaltensmuster zu durchbrechen. Trotzdem wiederholt Jupiter wiederum nicht einfach das Tun seines Vaters: Er verschlingt nicht das neugeborene Kind, sondern er verschlingt schon vor der Geburt die ganze Göttin mitsamt dem Kind in ihr. Und was er sich damit einverleibt, ist Metis, die Weisheit. Das konnte für zukünftige Konflikte größere Weitherzigkeit und Besonnenheit, größere Weisheit bedeuten. Er »tat sie hinein in seinen eigenen Leib, auf daß mit ihm vereint die Göttin dächte / und riete Gutes wie Schlimmes ...« (Th. 900).

Aber zunächst mußte Jupiter die Frucht dieser Verbindung selber austragen und gebären: Als die Zeit dafür gekommen war, schien sein Kopf vor Schmerz zu bersten, und er schrie laut. Poseidon/Neptun aus der Meerestiefe mußte ihm einen Spalt in den Kopf schlagen, damit er Athene daraus gebären konnte. Das erste Kind Jupiters war also im wahrsten Sinne des Wortes eine Kopfgeburt und war nur mit dem Hebammendienst des Meeresgottes, mit der Hilfe aus der Tiefe möglich. Nachdem aber Jupiter diese Geburt selber und unter Schmerzen durchgestanden hatte, war seine »Angst« vor weiteren neuen Schöpfungen und »Nachfahren« offenbar überwunden. Er zeugte mit Themis, der Gerechtigkeit, die Schicksalsgöttinnen[31] und die Göttinnen des Wachstums[32]; mit Eurynome die Grazien[33]; mit Mnemosyne die Musen; mit Demeter Persephone; mit Leto Apollon und Artemis; und später – in vielerlei Gestalt – noch weitere göttliche oder heldenhafte »Möglichkeiten«.

Zunächst aber vermählte Zeus sich mit Hera, einer Tochter des Chronos, des Saturn. Diese Ehe war dauerhaft, aber oft unfroh. Hera wachte eifersüchtig über ihren Gemahl und versuchte, seine Aufmerksamkeit allein auf sich zu lenken, was zu ihrem großen Leidwesen nicht immer gelang. Sie verfolgte ihn dann mit Zorn und Eifer und beschämte ihn ohne Skrupel. Väterlichem Erbe gemäß versuchte sie alles Unpassende auszuklammern, zu vertreiben, zu vernichten. Die schöne Jo zum Beispiel, die Jupiter gefiel, verzauberte sie in eine Kuh, um sie so seinem Blick zu entziehen. Semele, die durch Zeus schwanger war, brachte sie durch eine List zu Tode; Zeus aber nahm sich des noch ungeborenen Kindes an, trug es in seiner eigenen Lende bis zur vollen Reife aus und gebar Dionysos. In dieser Ehe lebt die alte Spannung zwischen Saturn und Jupiter, zwischen eng patriarchalem und weitherzig matriarchalem Geist in Hera und Zeus fort. Aber sie wird auch durchgestanden und immer wieder versöhnt.

Eine geglückte Frucht dieser Beziehung, dieser Vereinigung von Gegensätzen, ist die Tochter Hebe, »ewige Jugend«, die später Herakles heiratet. Sie ist eine treue Ehefrau, eine gute Mutter, und das Paar verbringt gemeinsam ein glückliches Alter.

Jupiter
Planetenbuch 1553

Anders ist es mit Mars, Jupiters und Heras Sohn, dem von Göttern und Menschen Ungeliebten, dem »Schilderzerschmetterer« und Schlachtengott. Auch ihm aber widerfährt Recht vom Vater, wie den andern Olympiern auch.

Unter Jupiters Schiedsspruch kommt jeder zu seinem Recht, denn Jupiter richtet lebendigem Wesen gemäß und nicht nach starrem Recht. Er läßt Gegensätze zu, denn nur durch die Dynamik ist Bewegung, ist Leben und Wachstum möglich. Jupiter läßt den divergierendsten Möglichkeiten Entfaltungsraum, »Vorrecht und Ehre«, denn er regiert mit der Weisheit, die er sich einverleibt hat und die ihm »Gutes wie Schlimmes« rät. Erst hell *und* dunkel, Licht *und* Schatten ergeben ein organisches Ganzes.

Psychologisch gesehen und astrologisch verstanden, ermöglicht die Funktion Jupiters in uns Neuorientierung: Aufbruch aus Ausweglosigkeit, aus Enge und Festgefahrenheit, aus Stagnation und Starre. Mit Jupiter erhebt sich die Frage nach Sinn und Sinnzusammenhängen, nach lebendiger Lebensmöglichkeit, nach Entfaltung und Vollständigkeit – und das impliziert das Zulassen auch unerfreulicher Aspekte, ja selbst bedrohlicher Möglichkeiten, solange in ihnen ein Ansatzpunkt zur Wendung ins Positive liegt.

Das Prinzip Jupiters impliziert vor allem das wertfreie Zulassen gegenpoliger Prinzipien wie männlich - weiblich, ja selbst von Gutem und Bösem (»Gutes wie Schlimmes«). Jupiter setzt – wie wir sahen – selbst ein Beispiel: Als »Herr« von Himmel, Olymp, Donner und Blitz (dem männlichen Prinzip zugehörig), ist er von Anfang an mit weiblichen Qualitäten genährt und gestärkt worden und integriert später als erstes Metis, einen Aspekt seiner weiblichen Seite, seine »weibliche Weisheit«. Dazu hatte ihn die Angst vor einem Überhandnehmen des männlichen Prinzips getrieben, die Angst vor dem Sohn, »übervoll von Stärke«, der zu erwarten war. (Aber Metis hatte eine Tochter erwartet, Athene, die Zeus später aus dem Kopf gebar; eine Tochter mit hervorragenden männlichen Qualitäten.)

Dank dem Trunk, den Weisheit braute und der Saturn die verschluckten Kinder wieder hergeben ließ, stehen unter Jupiters Herrschaft die alten Werte zu neuer Verfügung, müssen aber auch in eigene Verantwortung genommen werden. Neuorientierung heißt Überwindung alter, eingeprägter Verhaltensmuster und starrer Normen; Durchbruch zu Weitherzigkeit; Zulassen polarer Möglichkeiten, damit Ganzheit möglich werde.

Mit der Einverleibung von Metis hatte Jupiter zwar die Verinnerlichung des Weiblichen vollzogen – und zwar unter dem doppelten Aspekt des Mütterlichen wie des Zarten, Zukünftigen, der Tochter –, dennoch war dieser Schritt zur Ganzwerdung anfangs noch nicht ganz problemlos. Das zeigt nicht nur die Geburt aus dem Kopf, sondern auch das Wesen der Tochter selber, die Hesiod die »strahlenäugige Athene« nennt, die »unbezwingbare Herrin«, die Freude am Gemetzel und an Schlachten habe (Th. 924). Sie war nicht viel anders geraten als ein Sohn mit starkem Herzen, nur erkannte sie Zeus als Vater an, teilte die Macht und konkurrierte nicht mit ihm.

Die weiteren Geburten bringen eine vielfältige Auffächerung weiblicher Qualitäten: Die Grazien sind Anmut, Liebreiz und Frohsinn; die Horen verkörpern den Wandel des Wachstums in der Zeit; die Schicksalsgöttinnen teilen dem einzelnen seinen Anteil an Gutem und Bösem zu und legen ihm die Verantwortung und das Ertragen des eigenen Geschicks auf; mit Kore, die Jupiter »weisen Sinnes« von Hades entführen läßt, leistet er seinen Beitrag – oder Tribut – an die Unterwelt. Durch Jupiter wird Weibliches in alle Bereiche des Lebens hineingeboren. Die »pfeilfrohe Artemis« gehört dazu ebenso wie die Musen, die Göttinnen, »denen Feste gefielen und Lust des Gesanges«.

Danach kann Jupiter auch in die sehr konkrete Auseinandersetzung mit dem weiblichen Teil in sich selbst treten, der noch saturnisches Erbe trägt; mit seiner anderen, wenn vielleicht auch nicht »besseren« Hälfte Hera. Das bedeutet Bindung, nicht nur unverbindliche Freude; bedeutet ewige Erneuerung, ewig neuen Anfang: mit Hebe, der Tochter, der ewigen Jugend. Es bedeutet auch Auseinandersetzung und Streit, nicht nur Eintracht und Frieden: So ist Mars, Ares, der Kriegsgott, ihr Sohn. Die Ehe mit Hera verlangt das Annehmen auch fremder, unerfreulicher, widerstrebender Kräfte – und einen kreativen Umgang mit ihnen; und immer wieder von neuem Versöhnung der Gegensätze.

Daß Gegensätze sich im Laufe des Lebens zusammenfügen lassen, daß Ganzwerdung oder Vollständigkeit unter Jupiters Zeichen möglich ist, zeigen auch seine beiden Söhne Apollon und Dionysos. Apollon, der mit Leto gezeugte erstgeborene Sohn, und Dionysos, von Zeus ausgetragen und zur Welt gebracht, zeigen die Nähe von apollinischem und dionysischem Wesen in Zeus selbst, von Besonnenheit und Rausch, klarer Ruhe und Hingerissenheit. Die Nähe dieser beiden sich gegenseitig bedingenden Gegensätze fand in Delphi Ausdruck, wo Dionysos neben Apollon in den heiligen Bezirk aufgenommen wurde.

Bei der Betrachtung des Geburtsbildes kann die Stellung Jupiters einen Hinweis geben, in welcher Form und in welchem Lebensbereich für den einzelnen Entwicklung zu größtmöglicher Vollständigkeit möglich werden könnte. Unter dem »Stern des Jupiter« kann Arbeit an belastendem Erbe, Auseinandersetzung mit alten Konflikten oder innerer Verspanntheit zu einem fruchtbaren Prozeß führen, in dem gebundene Kräfte freigesetzt werden können und Gegensätzliches zu fruchtbarem Austausch kommen kann. Streit, Kampf und Enttäuschung gehören zum Prozeß der Auseinandersetzungen dazu, sie geben aber auch immer wieder Anlaß zu neuen Impulsen. Allerdings gilt auch: Quod licet Jovi non licet bovi.[34] Nicht in jedem Menschen besitzt Jupiters Funktion dieses schöpferische Durchsetzungsvermögen oder hat Vollständigkeit auch einen göttlichen Glanz in sich.

Ares – Mars ♂

Ares ist der einzige Sohn des Zeus und der Hera. Er war von allem Anfang an ein ungeliebtes Kind. Hera mochte ihn nicht, weil er ungestüm, unbeherrscht, aufbrausend und ungehorsam war. Keiner war seiner unberechenbaren Streitlust gewachsen.

Manche Quellen erzählen von einer Zwillingsschwester des Mars, von Eris (Streit), die wie ihr Bruder den Kampf um seiner selbst willen liebte. Sie suchte Streit und verbreitete Gerüchte, um Mars neue Händel zu ermöglichen.

Aber nicht nur bei den Göttern, auch bei den Menschen war Ares unbeliebt. Es gab wenige Kultstätten, an denen er verehrt wurde. (Die entstanden erst später in Rom zahlreich, wo Mars nach Jupiter der mächtigste Gott war.) Die Griechen siedelten ihn in Thrakien an, im Land der Barbaren, die den Krieg um des Krieges willen liebten.

Die Dichter haben Ares (Mars) gern ignoriert. Nur wenn vom Heer die Rede ist, tritt Ares in Erscheinung. Im Heer ist er gegenwärtig. Er *ist* das Heer: eine unpersönliche, zerstörerische Macht. Wenn er verletzt wird, brüllt Mars »wie zehntausend Mann«. Mars ist nicht Kriegsgott in dem Sinne, daß er sein Volk zum Kampf und Sieg führt und als moralische Macht den Kampfgeist stärkt. Er ist Repräsentant der Kampfesleidenschaft als solcher. Mars gehört keiner Partei an. »Wankelmütiger« wird er genannt, weil er wahllos einmal bei den Griechen, dann bei den Trojanern kämpft. Lust an Mord und Totschlag wird ihm nachgesagt. Als er sich einmal bei Jupiter beklagt, weil ihm Unrecht geschehen sei, wehrt dieser ab: »Belästige mich nicht mit deinen Klagen, Unbeständiger, der du mir der verhaßteste unter allen Göttern bist, die den Olymp bewohnen. Denn du hast nur Gefallen an Krieg und Streit . . . Wärst du der Sohn eines anderen Gottes und nicht mein Sohn, so lägst du längst schon tiefer, als Uranos' Söhne liegen.«[35]

Mars und seine Kinder
Holzschnitt von Hans Sebald Beham, um 1530

Und doch gehört Mars zu den zwölf olympischen Göttern, und Jupiter, der ihn zeugte, steht auch dazu, daß es das Zerstörerische gibt. Unter Jupiter gibt es die hellen und die dunklen Mächte im Olymp, in ihm selbst, und ebenso auch in seiner Tochter Athene, die zwar oft »besonnene Weisheit« genannt wird, die aber auch das Schlachtfeld, ja selbst das Gemetzel nicht meidet. Als Mars im Kampf einmal wütend mit der Lanze gegen ihren Schild anstürmt, »hebt sie mit starker Hand vom Felde einen ungeheuren Grenzstein auf, den schleudert sie gegen die Stirn des Kriegsgottes, daß er darniederfällt und sieben Joch Landes deckt«.[36]

Mars ist durchaus verwundbar und kann auch von Menschen, von Sterblichen besiegt werden. Die Aloaden fesseln ihn und halten ihn dreizehn Monate lang gefangen. Er wäre verhungert und schmählich umgekommen, wenn Merkur ihn nicht befreit hätte. Diomedes verwundet ihn im Trojanischen Krieg. So muß Mars immer wieder auf den Olymp flüchten, um sich zu retten.

Nur Hades hat Gefallen an dem Treiben des Kriegsgottes, kommt doch so mancher Tote durch ihn in sein Reich. Geschieht Mars aber einmal wirklich Unrecht, wie durch den König Kadmos von Theben, dann kann auch er mit gerechtem Schiedsspruch Jupiters rechnen. Als Kadmos einen dem Mars geheiligten Drachen getötet hatte, gebietet Jupiter, daß er Mars ein Jahr lang (manche sagen vier oder acht Jahre) Sklavendienste zu leisten habe. Das heißt: Kadmos muß die Macht erst gründlich kennenlernen, deren Repräsentanten er einfach beseitigen wollte.

Konnte Athene zuvor ein Stück Mordlust in Mars auslöschen und seinem Kampf Grenzen setzen, so sorgt sie jetzt für neue Dynamik. Auf ihren Rat hin sät Kadmos die Zähne des Drachen auf dem Marsfeld aus, und es erwachsen daraus hundert bewaffnete Krieger. Diese aber bringen sich in blinder Wut gegenseitig um, bis auf fünf, die später die Stammesheroen Thebens werden. Und König Kadmos bekommt nach seinen Diensten bei Mars schließlich dessen schönste Tochter zur Frau: Harmonia, die Tochter von Ares und Aphrodite, des Mars und der Venus.

Dieser scheinbar eindeutig zerstörerischen Macht gehört auch eine andere Seite zu. In Ares, Mars, dem Ungeliebten, im abgelehnten Raufbold erwacht Sehnsucht nach Ergänzung und Befriedung, nach Lust und Liebe. Er begehrt Aphrodite, Venus, die Stürme besänftigt und Ruhe und Ausgleich schaffen kann. Sie ist in allem sein Gegen-Teil, sein Gegenpol, seine Ergänzung.

Ares-Mars wirbt mit Begehr, Initiative – und mit Erfolg, obwohl Aphrodite-Venus längst mit Hephaistos, dem Schmiedegott, verheiratet ist.[37] Auch er ist ein Sohn der Hera.[38] Ein geduldiger oder eher wenig leidenschaftlicher Gemahl, trotz seiner Liebe zu Aphrodite. Die Ehe bleibt kinderlos, ist unfruchtbar.

In Ares und Hephaistos, dem Geliebten und dem Gatten der Aphrodite, begegnen sich zwei Enkel Saturns: Zerstörungswut und hinkende Schwerfälligkeit; heftiges Begehren und Intoleranz. Lange bemerkt Hephaistos nichts von der Liebesbeziehung zwischen Ares und Aphrodite, bis Helios, die Sonne, die Liebenden im Palast des Ares entdeckt und ihre Beziehung ans Licht bringt; bis sie dem Hephaistos »ein Licht aufsteckt«. Daraufhin ersinnt Hephaistos eine List. Er gibt vor, zu verreisen, und als Ares und Aphrodite in Liebe vereint beieinander sind, wirft er heimlich ein kunstfertig gearbeitetes Fangnetz aus Bronze, fein wie Spinnengewebe, doch unzerreißbar, über sie. So sind die beiden nun gefangen und können nicht entfliehen. Hephaistos, der Gehörnte, ruft die Olympier zusammen, um die beiden Liebenden dem Gespött der Götter preiszugeben. So will er sie demütigen, sich selber aber Rache verschaffen: Er verlangt von Zeus seine Heiratsgaben zurück. Die Olympier amüsieren sich. Apoll neckt Hermes-Merkur, der gern mit Ares getauscht hätte; Poseidon-Neptun verliebt sich heftig in Aphrodite und verbürgt sich für Ares-Mars (in der Hoffnung, dessen Erbe antreten zu können); Zeus-Jupiter erklärt

Hephaistos zum Narren: Wer zieht schon seine Angelegenheiten so ans Licht; und alle zusammen verlassen den Ort, wo Intoleranz diesmal nicht gesiegt hat. (Die Göttinnen – empört, diskret, verlegen – waren gar nicht erst erschienen.) Die Beziehung zwischen Ares und Aphrodite, Mars und Venus, war aber nicht so leicht zu beenden, denn sie waren »wie füreinander geschaffen« und bleiben als Pole aufeinander bezogen.

Mars und Venus zeugen Furcht und Schrecken: Deimos und Phobos. Aber auch Eros wird geboren, der Liebe weckende Knabe, dessen Zauber sich keiner entziehen kann. Sein Pfeil war mit Honig und Galle bestrichen: Süße und Leid brachte er über die von ihm Getroffenen. In Eros zeigt sich noch einmal in anderer Form, wie jede Bewegung ihre Gegenbewegung fordert. Eros bleibt Knabe, bis Venus, wiederum aus der Verbindung mit Mars, den Anteros gebar, die Gegenliebe. Erst Liebe und Gegenliebe konnten miteinander wachsen und reifen.

Mars ist auch der Vater von Harmonia, der schönsten Tochter der Venus, in der sich Wildes und Sanftes, Begehren und Lust zu vollkommener Harmonie verbanden. Sie war es, die König Kadmos zur Frau bekam, nachdem er Mars gedient hatte.

In Griechenland blieb Ares als Kriegs- und Schlachtengott eine anonyme Macht. Individuelle Qualitäten zeigen sich nur in den wenigen persönlichen Begegnungen, von denen berichtet wird, vor allem aber in seiner Beziehung zu Aphrodite. Erst im Römischen Reich wird Mars vor allem als Kriegsgott, später auch als Vegetationsgott verehrt.

Mars – psychologisch gesehen

Versuchen wir, die Qualitäten von Mars als Projektionen unserer Psyche zu erfassen, so kann uns Furcht und Schrekken packen vor den zerstörerischen Kräften in der Seele des Menschen – wie sie uns bereits gepackt haben im Erleben unseres Zeitgeschehens, in dem Mars vornehmlich am Werke scheint.

Das Energiepotential, das Mars verkörpert, wird dadurch ins Negative verkehrt, daß ihm von Anfang an mit Unverständnis und Ablehnung begegnet wurde (Hera). Ares – etymologisch: der Schädiger – schadet sich selbst und bringt beinahe allen Schaden, denen er begegnet. Unruhe, Haß, Aggression, unbestimmte zerstörerische Wut sind das Ergebnis von nicht bewältigten Spannungen, die in einem Menschen angelegt sein können, die aber durch mangelnde (mütterliche) Zuwendung verstärkt werden. Allein Jupiters Loyalität läßt Mars faßbarer, sozusagen »menschlicher« werden. Indem Jupiter den Sohn nicht verstieß, sondern ihn im Blick, das heißt im Bewußtsein behielt, konnte er zur rechten Zeit für sein Recht sorgen: Seine geheiligte Naturkraft, seine Drachenkraft durfte ihm nicht ungestraft genommen werden. Kadmos mußte ihm dienen, das heißt, wir müssen Ares unseren Tribut zahlen, sein Wesen von innen »dienend« kennenlernen, damit wir unsere Einstellung ändern können wie König Kadmos.

Es ist unmöglich, unsere Marsseiten zu ignorieren, zu »verdrängen«, ihnen ihre Drachenkraft abzusprechen. Sie erstehen hundertfach als unser Schatten. Und wenn wir selber diesen Schatten nicht sehen können, bekommen unsere Mitmenschen diese Seiten um so härter und deutlicher zu spüren. Nur eine bewußte Auseinandersetzung mit Mars in uns kann uns weiterführen. Das aber braucht seine Zeit. König Kadmos diente ein, vier, acht Jahre lang.

Die Belohnung für die mühsame Auseinandersetzung mit Mars war für Kadmos dessen Tochter Harmonia, die Frucht liebevollen Umgangs von Venus und Mars, geglückte Vereinigung extremer Gegensätze. (Aber auch hier ist nicht jedem dieses Ziel erreichbar. Andere Kinder von Mars sind »Furcht« und »Schrecken«.)

Die auf dem Marsfeld ausgesäten Drachenzähne konnten nur eine Vervielfältigung alter Aggression sein. Als Kadmos sich mühsam mit dem Marsprinzip auseinandersetzt und dessen positive Möglichkeiten besser kennenlernt – Selbstbehauptung, Durchsetzungsvermögen, Tatendrang, Initiative, Drang nach harmonischer Ergänzung, nach Verständnis und Liebe –, da sind die alten Aggressionen überholt. Sie heben sich gegenseitig auf. Die übriggebliebenen fünf, die Stammesheroen der Thebaner aber sind die Quintessenz des marsischen Kampfgeistes: nicht mehr blinde Zerstörungswut, sondern Heldentum, das auf Zukunft hin ausgerichtet ist.

Mars – astrologisch übersetzt

Auch astrologisch wird zu Mars grundsätzlich zweierlei assoziiert, Negatives wie Positives: Aggression, Gewaltsamkeit, Unrast, Kampflust, Trieb, Begierde, Sturm und Drang, Angriff, Schärfe etc.; wie auch Initiative, Frische und Stärke, Unternehmungslust, Tatendrang und Tatkraft, Liebesbegehr und Liebesglut, Eroberungsdrang, Zeugungskraft, Impuls, Entschlossenheit und Energie etc. An sich sind alle diese Qualitäten wertfrei. Sie bekommen einen positiven oder negativen Wert erst durch die Art des Gebrauchs oder durch das Ziel, dem sie dienen, das heißt durch den Zusammenhang, in dem sie erlebt werden.

Die Bewegungstendenz

Der Lauf des Planeten und sein Licht spiegeln das Wesen – oder unterstützen die Projektionen –, die Mars zugeschrieben werden. Sein Licht wechselt von einem schwachen Funkeln zu einem glühenden Rot; und ebenso unstet ist sein Lauf: Einmal läuft er schneller, als es seiner Umlaufzeit entspricht, er wird von der Sonne überholt und bleibt für unser Auge stehen. Aber dies ist kein Ausruhen, sondern ein spannungsgeladener Zwischenzustand vor einem plötzlichen Wechsel der Aktionsrichtung. Nun läuft er gegen die

Sonne an, wird »rückläufig«, sein Leuchten wird schwächer, bis er schließlich wieder die Richtung ändert, nun mit der Sonne zieht, als wolle er den Kampf oder den Wettstreit von neuem beginnen.

Entsprechend dem äußeren Lauf des Planeten kann man die innerpsychischen Bewegungstendenzen sehen, die zu der Wirkkraft des Symbols Mars assoziiert werden. Es ist immer eine Bewegung, die impulshaft ist, unregelmäßig, drängend. Sie steht sozusagen unter Druck, unter Spannung, dem Pfeil auf einem gespannten Bogen vergleichbar; schnell abgeschossen, kann er treffen, übers Ziel hinausfliegen, wieder neu treffen, ist immer schnell neu gespannt, von neuem in Bewegung. Die Mars-Bewegung ist der Saturns entgegengesetzt: Sie drängt nach außen, stößt und sprengt, während jener zusammenzieht, komprimiert. Marsbetonte Bewegungen sind: stechen, stoßen, durchdringen, eindringen, analysieren, verletzen, sich ergießen. Mars ist Energie in Bewegung, ist Anstoß, Antrieb. Das Ziel kann ein bestimmtes sein, die Bewegung ist dann gerichtet – oder es kann unbestimmt sein, und es kommt zu passiver Aggression, die sich in unbewußtem Drängen und Getriebenwerden äußert.

Manchmal kann das Ziel »in blinder Wut« gar nicht erst genau ins Auge gefaßt werden, oder aber es wird haarscharf angepeilt, analysiert und getroffen. Es kann draußen ein Objekt, ein Mensch oder ein Thema sein, oder es kann innen im Menschen selber liegen. Es wird vom Entwicklungsstand des inneren Mars abhängen, ob er unstet, ungerichtet, getrieben, unpersönlich, zerstörerisch ist, oder zielgerichtet, werbend, angespannt begehrt; ob ihn Wut oder Kampfgeist treiben, Trieb oder Initiative, Aggression oder Intention.

Ein Traum

Der folgende Traum zeigt, wie das alte Bild von Mars auch heute noch in der Seele Gestalt findet: »Ich sehe einen jungen, starken Mann, ›bis an die Zähne bewaffnet‹. Bei näherem Zusehen ist seine ›Rüstung‹ eine enganliegende, anscheinend undurchlässige Plastikhaut, die vor allem seinen jugendlichen, starken Leib nachzeichnet. Sie läßt die ganze Kraft, die in ihm steckt, erkennen. Zwischen seinen Zähnen stecken Glasscherben, wie von Fensterglas, große und kleine, scharf und spitz. Er tastet hin – und panische Angst ergreift ihn.« Da bricht der Traum ab. Ob der Mann in seiner Panik Verheerung anrichtet, an sich oder andern, ob er auf jemanden trifft, der die Gefahr erkennt und helfen könnte, bleibt offen.

Das Traumbild zeigt die Hilflosigkeit eines scheinbar aggressiven »Helden«. Seine Rüstung, seine enganliegende Plastikhaut zeichnet zwar angeberisch herausfordernd seine Körperstärke nach; aber sie läßt ihn nicht atmen, kann ihn eher bloßstellen als schützen. Die zwischen den Zähnen steckenden Glasscherben zeigen sein schneidendes, verletzendes Mundwerk, das Angst erwecken soll. Aber man erkennt bei näherem Zusehen seine eigene Bedrohtheit. Dieser Held kann zwar verletzen, aber er ist in Gefahr, sich dabei auch selber zu schneiden. Er kann nicht essen, sich nicht nähren, weil er nicht kauen und verdauen kann. Aggressionen können hier schlecht verarbeitet, verdaut werden. Er kann die Glassplitter nicht selber entfernen, weil er sie nicht sieht. Panische Angst muß ihn packen, denn die Splitter bedeuten seinen eigenen Tod.

Hier zeigen sich in knapper Form noch einmal wesentliche Züge des Mars-Mythos: das ungestüme, angeberische Draufgängertum, das oft nur Hilflosigkeit vertuschen soll.

Zerstörung bedeutet immer auch Selbstzerstörung: Was ich außerhalb meiner selbst vernichte, kann ich *in mir* nicht erkennen, nicht erfassen oder nicht ertragen, schon gar nicht ändern. Das »beißende Mundwerk« eines Menschen ist für seine Umgebung unerfreulich, für ihn selber aber am vernichtendsten. Reine Aggression ist nur ein Ausdruck der durch Mars vertretenen Kraft. Um so nötiger ist es, subtilere Formen von Mars-Qualitäten zu entwickeln, und vor allem, zu einer Zusammenschau der im Menschen angelegten Kräfte – wie sie sich zum Beispiel im Horoskop spiegeln – zu kommen. Ganzheitlich gesehen, gehört Mars ganz ausschlaggebend als lebensnotwendiges Prinzip zum Kräftespiel.

Nur ein nicht integrierter Mars attackiert die Lebensordnungen. Von Jupiter akzeptiert, kommt er im Olymp zu Ruhe und Besinnung und kann Lebensordnung erhalten helfen, Leben zeugen.

»Narzißtisch gestört« würde man einen Mars heute vielleicht nennen. Und Mütter, die ihn ablehnen, gibt es in allen Menschen; Väter wie Jupiter, die ihn als Eigenanteil nicht unbedingt lieben, aber doch annehmen, dagegen selten. Und die besänftigende Venus muß sich ihm erst immer von neuem zuwenden. Auf sie hin ist er angelegt, auf sie ist er angewiesen, durch sie als ergänzendes Prinzip wird er erlöst.

Mars
Planetenbuch 1553

Aphrodite – Venus ♀

Im Zusammenhang mit den Mythen der Ursprungszeit wird berichtet, wie sich um das Glied des Uranos, das Saturn hinter sich ins Meer geworfen hatte, Schaum bildete. In diesem Schaum wuchs Aphrodite heran. Als sie erwachsen war, stieg sie in Zypern ans Land. Und kaum berührten ihre Füße den Erdboden, sproßte frisches grünes Gras daraus hervor, und die Erde erblühte unter ihren Füßen.

Die Tiere folgen ihr, die zahmen wie die wilden. Aphrodite ist die Göttin der blühenden Natur. Bei Lukrez heißt es: »Wenn die Frühlingstage sich auftun . . ., dann künden zuerst die Vögel der Luft, o Göttin, dein Kommen, herzergriffen von deiner Gewalt; dann springen die wilden Tiere durch üppige Triften und durchschwimmen reißende Ströme: So folgt dir ein jedes, vom Zauber erfaßt, wohin du es führst; im Meer, in Gebirgen, in wilden Flüssen, in den laubumwachsenen Behausungen der Vögel und im Grün der Felder füllst du allen das Herz mit süßer Liebe und wirkst, daß sie brünstig in Arten sich fortpflanzen.«[39] Aphrodite ist also auch die Göttin der Liebe und des sich fortzeugenden Lebens.

Homer beschreibt Aphrodite als Tochter des Zeus und der Dione, einer Tochter des Okeanos[40]. Ihr heiliger Baum ist eine Eiche, in der lüsterne Tauben nisten. Ob als Schaumgeborene oder als Enkelin des Okeanos: »Es ist die gleiche Herrlichkeit, die ihren göttlichen Zauber auch über das Meer ausgießt. Meeresfrieden und glückliche Schiffahrt zeugen von ihrer Gottheit.«[41] Aphrodite als Meeresgöttin läßt die Wogen zur Ruhe kommen, die Wellen sich glätten. Das Meer ist jetzt belebt und nicht mehr »unfruchtbar«, wie Gaia es aus sich gebar (Th. 132).

Als Aphrodite zum ersten Mal das Land betritt, wird sie von den Göttinnen der Anmut, den Grazien, empfangen. Ihnen und den Horen, den Göttinnen des Wachstums, bleibt

Venus und ihre Kinder
Holzschnitt von Hans Sebald Beham, um 1530

sie aufs engste verbunden. Sie tanzt mit ihnen, wird von ihnen gebadet, gesalbt und köstlich gekleidet. »Wonne der Menschen und Götter« wird sie genannt, und »Göttin, die das Lachen liebt« (Th. 989).

Ihr fallen, so erzählt Hesiod, durch das Los »Mädchengeflüster und Lachen und Hintergehen und süßes Erfreuen und Lust und Kosen als Götterehren zu« (Th. 205). »Die das Lächeln Liebende« hieß zugleich die »Schamteile Gern-Habende, weil sie aus den Schamteilen erschienen ist« (Th. 200). Schöpferischer Quell und weiche Anmut, lockere Kommunikation, Geplauder und innige Hingabe, »Wonne der Götter und Menschen«, das ist Venus.

Venus-Aphrodite wird vor Hochzeiten angerufen; ebenso, wenn eine Witwe oder ein Witwer wieder heiraten möchten. Sie läßt Herzen füreinander entflammen und verleiht der Liebe ihren Reiz.

Aphrodite besaß, so wird uns erzählt, einen magischen Gürtel, der jeden mit Liebe zu seiner Trägerin erfüllt. Nur selten konnte sie sich entschließen, ihn einer anderen Göttin auszuleihen, obwohl sie oft darum gebeten wurde. Selbst Hera lieh sich diesen Gürtel der Aphrodite aus, als sie Zeus zur Liebe verführen wollte. Ihr selber mangelte es an dem Liebreiz, den Aphrodite im Übermaß besaß. Ansonsten war Hera, als Hüterin der Ehe, der Göttin der Liebes- und Verführungskünste nicht wohlgesonnen, selbst dann nicht, wenn es um Eheschließung oder Kinderzeugung ging.

Auch Athene war Aphrodite feind. Als sie Aphrodite eines Tages beim Weben ertappte, verbot sie ihr dieses Handwerk, dessen Göttin Athene selber war. – Athene, Hestia (die Göttin des häuslichen Zentrums, des Herdfeuers) und Artemis (die Göttin der Jagd) waren die einzigen, die sich von Aphrodite nie und zu nichts verführen ließen. Sonst aber konnte Aphrodite alles Getrennte und noch so Widerstrebende miteinander verbinden, zueinander führen oder verführen. Eindrucksvollstes Beispiel hierfür ist ihre innige Beziehung zu Mars, ihrem Gegenpol: Balance, natürliche

Anmut verbindet sich mit Unrast und Kampfeslust. Aber auch ihre Ehe mit Hephaistos schildert eine Vereinigung von Gegensätzen: Die leichtfüßige Schöne hatte sich dem hinkenden Häßlichen verbunden, und sie blieb bei ihm, weil er sie als seine Ergänzung liebte und brauchte und ihr sogar verzeihen konnte, daß sie ihm nicht allein gehörte, weil er sie als seine »bessere Hälfte« brauchte.

Aphrodite ist die Liebe, ist das Verbindende, Ergänzende. Sie ist der sich schenkende Reichtum, der durch Schenken nicht ärmer, sondern voller wird. Sie nimmt nicht in Besitz. Sie ist das Entzücken, das Hinreißende, ist Sinnenfreude. Alles, was liebenswürdig erscheint, sei es in Gestalt, Gebärde, Rede oder Tun, trägt einen Schimmer von ihr. Die Dichter rufen sie an, ihren Werken »unvergänglichen Reiz« zu verleihen. Sie kann zur Wonne des Tastens, Sehens, Hörens und Fühlens führen – in der Kunst und im Leben.

Aphrodite-Venus ist der Natur, den Tieren und Pflanzen, dem natürlichen Wachstum verbunden. Sie kann auf einfache Lebensbedürfnisse eingehen: Mädchengeplauder, Lachen und Kosen. Sie ist der äußeren und der inneren Schönheit zugewandt: den Sinnenfreuden und der inneren Weichheit. Ihr Wirken ist absichtslos, unberechnend, darum schenkend. Sie liebt den Kriegsgott, sie liebt den Schmied, sie liebt den einfachen Hirten Anchises, sie liebt Hermes und Poseidon. Sie führt Paris und Helena zusammen, unbekümmert um alle Folgen, selbst die des Krieges.

Aber auch in dieser Göttin gibt es eine Dunkelseite, ist eine Abgründigkeit vorhanden, die erst ihre wirkliche Macht zeigt. So selbstverständlich ihre Anmut ist, so reizend und begehrt ihre Gaben sind, so muß ihr doch auch gebührend Achtung, Dank und Bewunderung entgegengebracht werden. Sie kann sich wild und zerstörerisch all jenen zeigen, die ihr ihren Tribut verweigern. Wehe dem, der ihr nicht richtig begegnet oder sie gar mißachtet: Von Begierde zu Begierde wird sie ihn locken, Eifersucht, Zwietracht, Neid und Mißgunst wird sie säen. Unstillbare Sehnsucht kann sie erzeugen und vor Kummer zerrissene Herzen bis in den Wahnsinn treiben. Wo sie als Liebes- und Lebensprinzip ausgeklammert oder gar abgelehnt wird, verkehrt sie es in sein Gegenteil und schwört Rache und Tod.

Davon zeugt der Mythos von Hippolytos. Dieser Sohn des Theseus und einer Amazone war ein Freund der Artemis und darum ein Verächter der Aphrodite-Venus. Er liebte allein männliche Qualitäten, liebte heldenhaften Kampf, die Jagd, das Töten. Da verkehrte sich das Liebesprinzip: Venus bewirkte, daß er sich in Phaedra, seine Stiefmutter, unsterblich verliebte. Aphrodite zwingt ihn also zu einer Verfallenheit an eine Mutterfigur, die ihm aber weder Mutter noch Geliebte sein konnte. Er begehrt nun ein unerreichbares Ziel, weil er sich Venus, dem weiblichen Liebesprinzip, der Liebe und Hingabe entzogen hatte. Die Göttin rächt sich an ihm mit noch allerlei weiteren Ränken und gewinnt dabei die Hilfe Poseidon-Neptuns, der Hippolytos schließlich von seinen eigenen Pferden zu Tode schleifen läßt. So bringt die übermäßige männliche Triebkraft oder »Pferdestärke« Hippolytos schließlich zu Fall.

Aber nicht nur die Männer, auch die Frauen müssen sich in richtigem Einklang mit Venus befinden und ihr den ihr gebührenden Rang einräumen, sonst kann es ihnen wie der Königstochter Myrrha ergehen. Myrrha war sehr schön, aber auch sehr eitel und fand ihre eigenen Haare schöner als die der Venus. Myrrha wird bestraft: Unsäglich muß sie sich in ihren eigenen Vater verlieben. Als dieser erfährt, daß sie von ihm schwanger ist, verfolgt er sie mit seinem Schwert. Da verwandelt Venus sie schnell in einen Myrrhenbaum. Als der Vater diesen durchschlägt, entspringt daraus der Knabe Adonis, das Kind der Myrrha.

Wenn eine Frau sich nicht in Einklang mit dem Venus-Prinzip befindet, wenn sie sich gegen Venus sperrt oder mit ihr konkurrieren will, das heißt: wenn sie Venus nicht dient oder sie dankbar wirken läßt, sondern ihren eigenen »Kopf« durchsetzen will (ihre Haare – ihre Gedanken – gegen die der Venus setzt), dann wird ihre weibliche Hingabe pervertiert. Sie bleibt infantil, gebunden an das väterliche Prinzip und eine patriarchale Welt; sie ist voller Haß oder auf der Flucht vor dieser Welt.

In Venus selber streiten lichte und dunkle Seiten um den Vorrang. Das zeigt sich nicht nur in ihren sehr verschiedenen Geneigtheiten, sondern auch in ihrem Streit um Adonis, den Sohn der Myrrha, den sie anfangs nicht recht einzuschätzen weiß: Sie übergibt ihn in einer Truhe Persephone, der Unterweltgöttin. Als sie später sieht, zu welch einem schönen Jüngling und Liebhaber er herangewachsen ist, will sie ihn Persephone streitig machen. Der Schiedsspruch entscheidet, daß Adonis ein Drittel des Jahres bei Aphrodite-Venus und ein Drittel bei Persephone verbringen, das letzte Drittel aber frei sein soll. Aphrodite verführt ihn dann dazu, länger bei ihr zu verweilen. So versetzt sie den Jünglingsgeliebten in den Widerstreit zwischen der Göttin des Lebens und der Natur und der Göttin des Dunkels und der Unterwelt. Diesen Streit aber will Jupiter nicht schlichten; er überläßt den Schiedsspruch der Muse Kalliope: Er muß vom weiblichen Prinzip in seinen verschiedenen Aspekten selber ausgetragen werden.

Wieder umfaßt das Wesen auch dieser Gottheit die ganze Fülle: hell und dunkel, Liebe und Zerstörung – je nachdem, wie man ihr begegnet, welche Seite in ihr angesprochen ist.

Venus – psychologisch und in astrologischem Deutungszusammenhang gesehen

Psychologisch wie astrologisch ist Venus als Beziehungsfunktion zu sehen. In ihrem Bilde verkörpern sich Beziehungsmöglichkeiten auf verschiedenen Ebenen. Venus wirkt – wie alle Planetenfunktionen oder archetypischen Kräfte – im Mann gleichermaßen wie in der Frau. Sie bewirkt das Streben nach Ergänzung des in sich Unvollständigen.

Für den Mann ist Venus sein ihn ergänzender weiblicher Anteil (in Jungscher Sprache: die Anima) unter einem bestimmten Aspekt. (Weiteren Auffächerungen dieses weiblichen Anteils werden wir im Zusammenhang mit dem Mond begegnen.) Für die Frau gehört Venus zu ihrer weiblichen Identität, in der sie zur Ergänzung durch das Männliche bereit ist.

Venus ist ein Lebensprinzip, dem sich keiner unbeschadet verweigern kann. Hippolytos hatte das weibliche Prinzip in sich verneint und wird durch seine tödliche Einseitigkeit gestraft. Ebenso kann es der Frau ergehen, die nicht zu dieser Seite ihrer weiblichen Identität findet.

Venus strebt nach Ausgleich. Sie kann introvertierend wie extravertierend wirken. Sie bringt den Menschen in Beziehung zu sich selbst und in Zusammenklang mit seinem Gegenpol, innerpsychisch wie außerhalb der eigenen Person, wo sie Beziehung zu Menschen und zur Welt herstellt.

Wo Venus stark ist, kann Mars nicht vergewaltigen, weder als innere Qualität (als »Animus« in Jungscher Terminologie) noch als Partner. Zwei gleich starke Kräfte begegnen einander und bringen Neues hervor. Aus der »Umarmung, wie die goldene Aphrodite sie wirkt« (Th. 1005), wird neues Leben geboren.

Venus weckt die Sinnenfreude, setzt die Sinne in Bezug zur inneren und äußeren Natur. Sie ermöglicht Kommunikation auf allen Ebenen, in allen Bereichen: durch Hören, Sehen, Riechen, Tasten, Schmecken.

Im Hören wird Wohl- oder Mißklang wahrgenommen; in der Stimme der Mutter, des Freundes, der Liebenden. Stimmungen werden geweckt: Zueinander-Gestimmtsein, Einklang, Harmonie – oder Zwieklang, Zwist, Dissonanz.

Im Sehen nehmen wir die Welt in uns auf. Innere und äußere Bilder werden miteinander verknüpft und bestimmen uns in unserem Kontakt zur Welt.

Gerüche erzeugen Wohlgefühl, wecken Erinnerungen, auch Unbehagen (man kann manchmal jemanden »nicht riechen«). Ein bestimmter Geschmack prägt sich aus, bestimmt die Umgebung, die Kleider, die ich trage, die Bücher, die ich lese. Venus ist am Werke.

Die naheliegendste Form, sich mit etwas in Beziehung zu setzen, ist das Tasten. Der Säugling greift das Nächste; wir ergreifen Umwelt und versuchen, zu be-greifen. Erfühlen, Ergriffensein, Erfülltsein sind Umschreibungen von Venusfunktionen.

Ergreifen wie Ergriffenwerden bedeuten Emotion: Ich bin bewegt und bewege mich meiner Gestimmtheit gemäß, in Gang, Ausdruck und Gebärde.

Von der einfachsten Form bis zur vollendeten Gestalt kann Venus sich manifestieren; im einfachsten Bezug zu einer Sache, einem Thema, bis hin zum künstlerischen Werk; im einfachsten mitmenschlichen Kontakt bis zur Erfüllung tiefster Liebeslust.

Aller Bezug zur Welt und aller Kontakt zu Menschen wird über unsere Sinne möglich, auf welcher Ebene auch immer die Wahrnehmungen danach verknüpft und die Beziehungen zueinander gesehen werden. Die Mythen von Venus zeigen ein breites Spektrum ihres möglichen Wirkens, ihrer Funktion.

Astrologisch wird Venus in Zusammenhang gebracht mit Geselligkeit, Genuß, Ästhetik, Vergnügen, Luxus, Liebeslust und Liebeskunst; mit Kunst überhaupt, mit Schönheit, Spiel und Sinnenfreude; mit Sinn für Proportion und Harmonie; mit Streben nach Ausgleich und Ergänzung, Harmonie und Wohlgefühl.

Bewegungstendenz

Viele Qualitäten, die man im Symbol Venus erfährt, lassen sich im Lauf des Planeten wiederentdecken.

Die Kunst der Venus, Gegensätze zu verbinden, spiegelt sich zum Beispiel darin, daß Venus als Planet einmal leuchtender Abendstern, ein andermal hellster Morgenstern sein kann. Sie leuchtet vom hellen Tag in die Nacht hinein, und von der Dunkelheit her strahlt sie in den Tag, vereint und verbindet hell und dunkel, Tag und Nacht.

Das Licht der Venus ist ruhig und warm, ihr Lauf von allen Planeten der gleichmäßigste (da ihre Bahn fast kreisförmig ist). Sie galt schon früh als das Gestirn des Gleichmaßes und der Harmonie.

Nach ihrem Lauf konnte man die Zeit messen und eine Jahreslänge bestimmen. Besonderes Gewicht bekamen diese Qualitäten, als bestimmte Zahlengesetze entdeckt wurden. Diese zeigten, daß sich aus dem Lauf der Venus und ihrer Stellung zur Erde und zur Sonne Zahlenverhältnisse ergeben, die denen des Goldenen Schnitts entsprechen, jener Proportion, die als Inbegriff des Harmonischen gilt und in der Kunst überall da nachgewiesen wird, wo ein Werk als besonders harmonisch und schön erlebt wird: Den harmonischen Proportionen im Makrokosmos oder in der sichtbaren Welt entsprechen ebensolche im Mikrokosmos oder in der menschlichen Psyche.

Zeichnet man die Stellen der unteren Konjunktion[42] von Venus und Sonne in den Tierkreis ein, so ergibt sich daraus ein Fünfeck, ein Pentagramm, das seit Pythagoras' Zeiten als Glückszeichen gilt.[43]

Harmonie, Wärme, Glück sind Erlebnisqualitäten, die dem Symbol Venus entsprechen. Als psychische Bewegungstendenzen könnte man Verbinden – Zusammenführen – Vereinen – Bewegen – Erfüllen – Geben – Schenken – Verströmen – Verführen – Einschwingen – In-richtiges-Maß-Setzen – In-Beziehung-Bringen – und so weiter anführen. Anmut, Frohsinn und Wonne sind die Grazien, die Venus begleiten.

Wieder gilt aber: Keine psychische Kraft, kein Planetensymbol steht für sich allein. Es erfährt die verschiedensten Abwandlungen und Schattierungen durch den Zusammenhang, in den es gestellt ist.

Im folgenden Traum tritt Venus zwar nicht selber in Erscheinung, aber es scheint mir, daß sie hier – unsichtbar – doch allgegenwärtig wirkt: »Es ist warmer Sommer. Am Gartenzaun ein Brombeerbäumchen mit köstlichen Beeren: halb wie Granatäpfel, halb pralle Beere. In einer Rabatte daneben wachsen Tomatenstauden mit glänzend runden roten Früchten und dunkelgrünen satten Blättern, wie ich sie noch nie sah. (Tomaten hießen in meiner Kindheit ›Paradeiser‹, Paradiesäpfel.)

Ein Fest beginnt. Freunde kommen und bringen Geschenke: Salz und Pfeffer in Gefäßen aus herrlich geschliffenem Glas auf einem Tablett aus getriebenem Silber, eine Augenweide und Würze fürs Leben zugleich. In der Küche haben junge Mädchen zur Überraschung schon gekocht. Viele sitzen draußen zusammen auf dem Gras, das vorher Kinder geschnitten und mit bunten Kissen versehen haben, und genießen die köstlichsten Speisen.

Ein Trunk wird herumgereicht, den eine ältere Frau mitgebracht hat: ein kleiner Schluck schon genüge und erzeuge das herrlichste Wohlgefühl. Große rote Johannisbeeren liegen auf einer weißen Decke im Sonnenlicht.

Da hört man Musik: Aus den Fenstern der Nachbarhäuser klettern Kinder und vereinzelt Erwachsene und spielen auf Saiteninstrumenten und Flöten. Ein Mann hat aus einem Teekessel einen Dudelsack gemacht und versteht ihn aufs kunstvollste zu blasen. Der Zug führt durch die Straßen – wohin?«

Wohllaut – Wohlgeschmack – Früchte – Liebestrunk – »Mädchengeplauder, süße Wonne, Umarmung und Kosen« – die Götterehren der Venus sind hier vom Traum gestaltet; fast zu schön vielleicht für manche, denen etwas mehr Dramatik lieber wäre. Es fehlen die Schattenseiten, da Venus uneingeschränkt wirkt, ohne Gegenspieler oder Neider, aber auch ohne Ergänzung.

Hermes – Merkur ☿

Merkur ist der sonnennächste Planet und ist von allen Göttern den Menschen vielleicht der nächste. Zu fast allen menschlichen Bereichen hat er einen Bezug und vermittelt zwischen allen, so wie er im Mythos Mittler zwischen Himmel, Erde und Unterwelt war; Götterbote und Wegeleiter der Menschen.

Hermes-Merkur ist ein Sohn des Zeus und der Nymphe Maia.[44] Im Homerischen Hermes-Hymnus wird berichtet, wie er in ihrer Höhle auf dem Berge Mykene heimlich gezeugt und geboren wurde. Vom ersten Tage aber schon wurde das Außergewöhnliche, das Göttliche in ihm offenbar. Im Hymnus heißt es: »Da gebar sie den Sohn, den verschlagenen, listigen Schmeichler, / ihn, den Räuber, den Rinderdieb, den Lenker der Träume, / Hermes, den mächtigen Späher und Pfortenhüter . . . Morgens war er geboren, am Mittag schlug er die Leier, /abends stahl er die Rinder dem großen Schützen Apollon . . .«[45], seinem großen Bruder, der ihn überschattet.

Schon am ersten Tage entschlüpft er den Windeln und springt hinaus über die Schwelle des Hauses. Dort findet er eine Schildkröte und ergreift sie sogleich. Er »heimst sie ein, den unschätzbaren Schatz«: »Nicht verachten werde ich dich, erst sollst du mir nützen.« Er nimmt ihr den Panzer mit scharfem Zugriff und fertigt sehr geschickt ein Musikinstrument daraus: die Leier, auf der er auch sogleich ganz herrlich spielen kann, so daß er später damit Apollons Herz erweichen und bezaubern, aber auch einen günstigen Handel abschließen kann.

Danach wird berichtet, wie er auf der Suche nach Abenteuern die Rinderherde Apollons entdeckt und sogleich alle fünfzig Rinder stiehlt. Dabei denkt er sich eine List aus: Er läßt die Tiere rückwärts gehen und macht für sich selber »Schuhe« aus Zweigen und Gras, damit man seine Fußtritte

Merkur und seine Kinder
Holzschnitt von Hans Sebald Beham, um 1530

nicht erkennt und alle Spuren verwischt sind. So treibt er die Tiere in der Dunkelheit hinterwärts in eine Höhle hinein.

Dort schlachtet er zwei der Tiere zum Opfer, zerlegt und brät sie und schichtet sie sorgfältig in zwölf Teilen auf. Dabei widersteht er der Versuchung, von dem köstlichen Braten zu probieren, und beachtet alle Opfergebräuche genau.

Dann eilt er heim, schlüpft wieder in seine Windeln und liegt zusammengerollt, klein wie ein unschuldiger Säugling, wieder in der Wiege. Als Apollon früh am nächsten Morgen kommt, um nach seinen Rindern zu sehen, kann er sie nirgends finden und sucht lange vergebens. Ein alter Hirte schickt ihn schließlich zu Hermes. Apollon droht, den Bruder in den Tartaros zu werfen, wenn er ihn nicht zu seinen Kühen führe. Hermes aber sagt: »Letos Sohn, welch garstige Worte sprichst du da eben! So? Du kamst hierher, um Rinder vom Felde zu suchen? Ich hab' nichts gesehen noch gehört . . . Daß ein eben geborenes Kind mit Kühen vom Felde / durch den Vorhof geschritten! Wie töricht hast du geredet!«[46]

Apollon bringt Hermes vor Zeus, beschuldigt ihn des Diebstahls und verlangt sein Recht. Hermes leugnet: »Glaube mir, bin ich doch eben dein Kind, so lieb, wie der es dir ist« (Apollon), »daß ich die Küh' nicht habe im Hause – noch den Fuß auf die Schwelle gesetzt. Ich sage es wahrhaft.«[47] Das ist nicht ganz falsch geschworen, denn er war ja über die Schwelle gesprungen, und die Rinder hatte er in der Höhle und nicht im Hause versteckt. Zeus kann seinem jüngsten Sohne nicht richtig zürnen. Er »lachte von Herzen heraus, wie der Bube von Sohn da wacker und wissentlich stand und es ablog wegen der Kühe«. Hermes merkt, daß er schon halb gewonnen hat, und auf Apollons Drängen hin ist er schließlich bereit, ihn zu den Rindern zu führen. »Du kannst deine Herde wiederhaben. Ich habe nur zwei Tiere geschlachtet und diese in zwölf Teile geteilt, als Opfergabe an die zwölf Götter.« – »Zwölf Götter?« fragte Apollon,

»wer ist denn der zwölfte?« – »Ihr Diener, Herr.«[48] So schmuggelte Hermes sich selbst unter die olympischen Götter; wurde aber später auch in allen Ehren von Zeus selber eingesetzt.

Als Apoll die geschlachteten, wohl gehäuteten und aufgeteilten Rinder sieht, ist er erstaunt: »Wie nur mochtest du, Ränkebold, zwei Kühe metzgen, noch neugeborn du und ein Säugling. Wahr und gewißlich fürchte ich künftig deine Stärke noch!«

Apoll will Hermes fesseln, doch der kann sich durch einen Zauber lösen. Dann holt er die Leier hervor, spielt darauf und singt ganz zauberhaft schön dazu. Mit »nutzabsichtlichen« Worten preist er die unvergänglichen Götter und die Ehren Apolls. Dieser aber ist von der Musik so im innersten Gemüt ergriffen, daß er in »seliges Lachen« ausbricht. Hermes gibt ihm die Leier und bekommt Apolls goldenen Stab dafür. Apoll setzt ihn auch als Herrn über alle Viehherden ein und lehrt ihn alles, was er dazu wissen muß. Hermes-Merkur verspricht, ihm weder die Leier noch sonst etwas von seinem Besitz je wieder zu entwenden. »Goldstabbruder« und »Herzlieber« nennt Apoll ihn jetzt, bringt ihn selber wieder zum Olymp und erzählt Zeus alles, was geschehen ist. »Des Zeus Tiefsinn, wie er's ansah, freute sich« an dem einfallsreichen, beredten und überzeugenden kleinen Gott. »Mache mich zu deinem Boten, Vater«, sagt Hermes und verspricht, für die Sicherheit allen göttlichen Besitzes zu sorgen und niemals mehr zu lügen. Nur kann er nicht versprechen, immer die ganze Wahrheit zu sagen. Darauf überträgt Zeus ihm die Obhut über das Schließen von Verträgen, die Förderung des Handels und Aufrechterhaltung des Wegerechts für alle Reisenden und auf allen Straßen der Welt. Dazu gibt er ihm einen runden Hut gegen den Regen und geflügelte goldene Sandalen, die ihn mit der Geschwindigkeit des Windes überallhin tragen. – Von Hades erhält er die Tarnkappe, so daß er überall ungesehen erscheinen kann.

Hermes wurde von allen gerne in der olympischen Familie aufgenommen. Und allen diente er. Er rettete den noch ungeborenen Dionysos und nähte ihn in den Schenkel des Zeus, daß er ihn so die drei Monate bis zur Geburt weiter austragen konnte. Er war es, der Ares-Mars aus dem Gefängnis herausstahl, in dem er zehn Jahre lang gefangengehalten worden war und zu verschmachten drohte. Er war Bote für Hades und »entrief« die Seelen der Sterbenden, indem er ihnen sanft seinen Stab auf die Augen legte, so daß der goldene Schimmer sie in den Hades hinab geleitete.

Mit dem goldenen Stab kann Hermes in Schlaf versenken, aber auch wieder daraus erwecken. Er bringt die Träume und führt die Menschen im Wachen wie im Schlafen. »Geleiter der Träume« war sein Beiname. Er führt die Seelen, ohne Lohn, ohne Entgelt zu verlangen.

Hermes hatte wohl den Ehrgeiz, zu den Olympiern zu gehören, doch ging es ihm dabei nicht um Macht oder Ruhm. Die Ilias läßt ihn sagen, Leto solle sich ruhig rühmen, ihn durch ihre Stärke besiegt zu haben; er vermied lieber weiteren Streit mit ihr. Als Hephaistos mit seinem fein gesponnenen Netz Ares und Aphrodite in der Liebesumarmung eingefangen und dem Gespött der Götter preisgegeben hatte, da stand Hermes dazu, daß er ebensogern wie Ares bei Aphrodite läge, und wenn es dreimal so viele Netze gäbe und alle Göttinnen mißbilligend zusähen. (Später kam er zu dem reinen Vergnügen, ohne Zuschauer, und zeugte den Hermaphroditos.)

Hermes ist auch der Gott der Händler und Handwerker. Und Odysseus sagt zu Eumaios, dem Schweinehirten, daß alle Menschen es Hermes verdanken, wenn ihre Werke »Anmut und Ruhm« begleiten, auch diejenigen, die so einfacher Art seien wie das seine.

Hermes ist an keinem Ort verwurzelt, ist immer unterwegs. Als Gott der Wege und des Wegerechts fand er für alle den passenden Weg – und nicht immer nur den »geraden«. Selber Dieb, beschützte er auch die Diebe und Wegelagerer.

Die vielen Hermen, die man allerorts fand, wiesen auf ihn hin: rechteckige, auch phallische Steine oder Stelen, die vor den Häusern als Abwehrzauber und zum Schutz vor Dieben aufgestellt waren; oder Steinhaufen am Wegrand, denen jeder Wanderer ehrfürchtig einen Stein hinzufügte, im Gedenken an den Weggeleiter und mit der Bitte um seine Gunst.

Hermes-Merkur wirkt nie durch Gewalt, sondern durch freundlichen Zuspruch, durch List und auch durch Zauber (oder er hilft gegen Zauber, zum Beispiel, als er Odysseus ein Heilkraut gegen den Zauber der Kirke gab), durch Beredsamkeit und Gewandtheit, durch gute Einfälle. Wortgewandt, wie er sich schon als Säugling erwies, wurde er der Gott der Sprache, des gesprochenen wie des geschriebenen Wortes. Er soll den Schicksalsgöttinnen geholfen haben, das Alphabet zu erfinden.

Merkur – in psychologischer Sicht

Merkur verkörpert, wie Ares, eine bestimmte Seite Jupiters, der schon Maia »heimlich« liebte, der Merkur »heimlich« zeugte und der damit Hera »hinterging«. Das alles sind Züge, die sein Sohn in reichem Maß vertritt. Aber wieder steht Jupiter zu dieser Möglichkeit in sich und nimmt Merkur unter die Götter des Olymp auf, so wie er auch Mars akzeptierte. Sie alle vertreten einzelne Funktionen in dem Gesamtgefüge seiner Weltordnung.

Jupiter kann sich gerade dem besonderen Charme Merkurs nicht entziehen, seiner Gewandtheit, der scheinbar kindlichen Unbefangenheit, der großen Erfindungsgabe, Geschicklichkeit und Tüchtigkeit. Er »freute sich in seinem Herzen«, daß die beiden so verschiedenen Brüder Apoll und Merkur herzlichen Frieden geschlossen hatten.

So amüsant oder herzerfrischend die Geschichten von Merkur sind, sosehr man sich in Identifikation mit ihm an seinen gelungenen Schelmereien freuen muß, es wird doch manchem gelegentlich auch etwas unbehaglich dabei. Nicht ganz ungetrübt kann man sich an seinem meisterlichen Leierspiel und dem zauberhaften Gesang freuen: Während Apoll durch diese Musik zutiefst ergriffen und beseelt ist, pflegt Merkur »nutzdienliche« Gedanken, folgt berechnenden Plänen.

Je nach eigener Veranlagung mag man ihm näher- oder fernstehen. Was aber vielleicht doch jedem in der Gestalt Merkurs gelegentlich fehlt, sind Gefühle, Tiefe, Innerlichkeit.

Betrachten wir noch einmal seine verschiedenen Qualitäten, wie sie sich im Hermeshymnus darstellen. Merkur ist beweglich und unternehmungslustig. Er ergreift den Augenblick und tut, was sich daraus ergibt, voller Erfindungsgabe. Man wird ihn – wie Apoll es tat – nur bewundern können. Nicht jeder, der etwas sieht – eine Schildkröte zum Beispiel –, kann auch etwas daraus machen. Es ist auch nicht jedermanns Sache, mit entschlossenem, sicheren Griff ein Tier zu töten und auszunehmen, selbst wenn es von Vorteil ist oder höheren Zielen dient.

Merkur stiehlt, aber nicht, um zu besitzen. Man wird ihm verzeihen. Er will Ehre, aber es geht ihm nicht um Macht. Ja, er dient ohne Lohn, unentgeltlich. Man weiß das zu schätzen, zumal so etwas heute wohl kaum noch zu finden ist. Er ist furchtlos, aber er hat auch nicht viel zu verlieren. Er ist freundlich und hilfsbereit, aber leider zu jedem.

Merkur liefert die Instrumente oder Mittel, aber nicht die Inhalte, denen sie dienen; so zum Beispiel das Musikinstrument, aber den Geist und die Seele der Musik bringt Apoll. Er liefert Sprache, die Möglichkeit logischen Denkens, aber es geht ihm nicht um Wahrheit oder tiefen Sinn. Er schickt die Träume, aber nicht die Deutungen dazu, nicht den Sinn, den sie zeigen könnten.

Zur Verfolgung seiner Ziele, seiner Zwecke kann er täuschen, ja zaubern, was eine Steigerung der Täuschungskunst ist. Und es kann bedrückend werden, wenn er gar Gefühl vortäuscht oder bewußt einsetzt (seinen göttlichen Gesang zum Beispiel), dabei aber nicht emotional engagiert ist, sondern nutzdienlich denkt.

Hier spätestens setzt das Unbehagen ein, das jeden in der Begegnung mit rein merkurischen Funktionen gelegentlich packt, sei es bei sich selbst oder bei anderen. Man wird mißtrauisch gegenüber gewissen Motivationen: Ist es Berechnung? Bestechung? Überredungsgabe? Gewinnheischendes Trachten ohne Sinn für höhere Werte?

Ein solches Unbehagen stellt sich immer ein, wenn wir es ganz ausschließlich und extrem mit einer vereinzelten, sozusagen autonom gewordenen Funktion zu tun haben. Ganz ähnlich kann es uns mit der drängenden Triebkraft von Mars oder der hinreißenden Sinnlichkeit von Venus ergehen.

Während uns bei den anderen Funktionen bestimmte Qualitäten näher oder ferner waren, ist es, als fehle bei Merkur jede eigentliche Qualität: Er kann, tut und ist alles, in allen Bereichen. Er hat keine Vorlieben oder Abneigungen; er ist nicht wertbezogen. Insofern ist er »unethisch«. Es gibt keine Göttergestalt, keine Funktion, die sich so geschmeidig schmeichelnd dem ihm Begegnenden angleichen, anschmiegen und damit so »charmant« sein kann.

Das heißt aber auch, daß Merkur immer ein Gegenüber braucht, um zur vollen Entfaltung seines Zaubers zu gelangen. Ging von Venus natürliche, spontane Anmut aus, so setzt Merkur seinen Zauber und seine Vermittlungskunst bewußt ein. Darum ist es bei Merkur von besonderer Bedeutung, *wer* sein Gegenüber oder Weggenosse ist, *wem* er dient. Apoll kann ihn adeln zum »Goldstabbruder«, der Seelen führt und Träume lenkt. Einem Dieb gegenüber ist Merkur Meisterdieb, mit einem Wegelagerer ein »Ränkebold«.

Es wird von unseren eigenen Begabungen oder Fähigkeiten, unseren Werten auch abhängen, zu welchem Begleiter er uns wird. Es wird von den Zielen und der Qualität der anderen Funktionen in uns abhängen, in welcher Form und auf welcher Ebene er vermitteln kann und wie er wirkt. Seine Werte-Losigkeit oder Bereitwilligkeit, allen zu dienen, hat den Vorteil, daß es durch ihn nicht zu Kollision, Kampf oder Krieg kommt, sondern daß gerade er versucht, diese zu verhindern. Er verhält sich immer diplomatisch. Merkur hat sozusagen keinen eigenen Charakter, aber ein eigenes Können, und das stellt er zur Verfügung. Und gerade im Olymp – oder der menschlichen Seele – geht es im Widerstreit der verschiedenen Kräfte oft so turbulent zu, daß es einen geschickt abwägenden, nüchtern verhandelnden, klugen und sogar möglichst wertfreien Vermittler braucht. Das ist Merkur.

Merkur – astrologisch gesehen

In der Astrologie wurde immer Merkurs große Nähe zur Sonne und damit verbunden sein schwaches Licht, seine eigene »Unausgeprägtheit« genannt, die ihn nur zum Vermittler, zum Boten zwischen den anderen Mächten werden ließ. Sei es vom Planetenlauf, von alter astrologischer Tradition oder Erfahrung her – es wird astrologisch zu ihm asso-

Merkur
Planetenbuch 1553

ziert: Nüchternheit, Nützlichkeit, Berechnung, Geschicklichkeit, Genauigkeit, Taktik, Technik, Zweckdenken, Wendigkeit, Realismus, Intelligenz, Begrifflichkeit, Routine, Eigennutz, Beredsamkeit etc. Diese Begriffe versuchen, die symbolischen Bilder zu »übersetzen« – und dienen selber einer bildhaften Darstellung.

Bewegungstendenzen

Das gleiche geschieht, wenn man sich die Bewegungstendenzen vor Augen führt. Der »hastige Lauf« des Planeten, der hin- und herzueilen scheint – einmal vor der Sonne, dann nach ihr auf- oder untergeht –, entspricht der psychischen Bewegung des »Immer-unterwegs-Seins«, »Immer-in-Bewegung-Seins«, entspricht dem Wegegeleiter. Das ständige In-Bewegung-Sein (nicht: Bewegtsein im Sinne von Emotion oder Rührung!) spiegelt die besonders heute verbreitete Neigung zu Unrast und Hetze – man hat keine Zeit mehr für etwas »Sinnvolles«, zum Beispiel für sich selbst. Es entspricht der Reiselust, ja Reisesucht, ist das Hinundhereilen von Unternehmung zu Unternehmung, von Kontinent zu Kontinent, und alles mit immer besseren »Mitteln«.

Das Unverwurzelte in Merkur selber läßt ihn sich jedem Weggenossen anschließen; all unsere Aktivitäten haben vielleicht denselben Hintergrund: Immer weniger Menschen sind noch fest verwurzelt, sei es in der Familie, in der Gemeinde, in der Heimat, in geistigen oder religiösen Zusammenhängen. Man zieht in wechselnde Wohngemeinschaften, versucht es in verschiedenen Gruppen, verknüpft alle möglichen Interessenbewegungen miteinander, ist eben »unterwegs«; »auf der Suche« nach einem glücklichen Fund: »Konios« im Griechischen. »Konios Hermes« war das Losungswort jeder geschäftlichen Unternehmung im antiken Griechenland. Damit wünschte man sich »Gemeinsamen Fund und Raub«! Heute heißt es: Viel Glück.

Auch die Tendenz, viele Worte zu machen, aber nicht immer ganz die Wahrheit zu sagen, entspricht merkurischer Bewegungstaktik. Die vielen Wörter, Fakten, Bücher – das erweiterte Alphabet der Schicksalsgöttinnen – spiegeln in ihrem immer rascheren Umlauf Merkur in unserer Zeit. »Getarnt« – uns unbewußt – ist Merkur unterwegs und am Werke, wo wir gar nicht mehr an ihn denken. Wo wir etwas an-fassen, auffassen, aufgreifen, verarbeiten, vermitteln, da ist Merkur dabei. Wo wir unsere psychischen Mittel zur Verfügung stellen, anleiten, begleiten, ebenso.

Merkur ist Seelenführer ohne Entgelt: Er bekommt von uns keinen Dank, auch wenn wir ständig seine Hilfsmittel benutzen. Auch für die geschickten Träume wissen nur wenige dankbar zu sein. Bei sehr vielen heißt es immer noch: Ich träume immer nur dummes Zeug.

Der kleinste oder neutralste, der unscheinbarste Gott, dieser »Säugling« in uns wurde vernachlässigt, weil er sich unter der Tarnkappe verstecken kann. Nur Bote wollte er sein, Vermittler, und hat sich jetzt – zumindest in vielen Zivilisationserscheinungen und in vielen Menschen – verselbständigt, »automatisiert«, »computerisiert«. Er »vermittelt« allmählich fast autonom und scheint – kaum noch getarnt – der mächtigste Gott in dieser Zeit zu sein, im »technischen«, »naturwissenschaftlichen« Zeitalter, mit dem ein einzelner kaum noch Schritt halten kann.

Wo aber noch ein Gespür für Merkur vorhanden ist, wo die vermittelnde Funktion der Seele zwischen bewußten und unbewußten Inhalten noch lebendig ist und zu Hilfe gerufen wird, da kann es zu einem »Gespräch der Götter« (zwischen den psychischen Funktionen, Archetypen oder wie man sie nennen mag) kommen.

Traum

Der folgende Traum, in dem sich wohl einige Merkurfacetten zeigen, ist schon in seiner äußeren Form »merkurisch«: wie ein ablaufender Filmstreifen, in dem mehrere Sequenzen kurz aneinander geschnitten sind. Ein Bild folgt dem anderen wie in der Tagesschau im Fernsehen:

»1. Ein Zugabteil. Ein Kondukteur öffnet die Tür – und wirft nur einen fragenden Blick herein: ›Etwa eine Auskunft nötig?‹

2. Eine Frau ist zu einer Horoskopbesprechung gekommen. Aber sie schaut nicht auf das Geburtsbild, sondern schreibt in Windeseile, um alle Fakten mitzubekommen; beschreibt ein Blatt nach dem andern und läßt die vollen Blätter neben sich auf den Boden gleiten.

3. In einer Geschäftsstraße. Ein etwas ›schmierig‹ wirkender Mann: klein, breitschultrig, heller Anzug, Aktenköfferchen; aber von hinten kann man sehen, daß er ohne Strümpfe in den Schuhen steckt. Eine recht beleibte Amerikanerin in grellen Farben geht neben ihm. Sie sind unterwegs zu einem Geschäftslunch mit einem ›Banker‹.

4. In einer Kirche: Ein Pfarrer in schwarzem Mantel und Hut steht auf der Kanzel und macht die Abkündigungen: Vor dem Abendmahl solle jeder gehen, der wolle. – Praktisch alle Leute verlassen die Kirche.

5. Ein großer Bahnhof: sehr funktional, aber merkwürdigerweise alles in Jugendstillinien. Ovale Linien bestimmen alle Elemente: in Fenstern, Mauern, oberem Lichteinfall. Alles konsequent durchgezogene Linien (es scheint keinen einzigen rechten Winkel zu geben), streng und geschmeidig zugleich.«

Heitere – und auch unangenehm berührende Bilder. Der Kondukteur (Zusammen-, Mitführer) *möchte* eigentlich gebraucht werden und schaut fast schelmisch herausfordernd, ob denn niemand eine Auskunft für seine Fahrt haben will.

Im zweiten Bild können Lebensmuster, kann das Geburtsbild nur »intellektuell« zur Kenntnis genommen werden. Fakten bedecken die Fläche vieler Blätter, aber alles bleibt oberflächlich. Die Frau schreibt wie ein Automat, ohne seelische Beteiligung.

Der Geschäftsmann im dritten Bild steckt etwas »entblößt« in seinen Schuhen. Vielleicht das Bild eines modernen Diebes?

Der Pfarrer hütet göttlichen Besitz vielleicht etwas allzu ängstlich oder geizig – oder ist dies seine geschickte Methode, herauszufinden, für wen sich »Botendienst«, »Seelengeleit« noch lohnt?

Der »moderne« Bahnhof ist Knotenpunkt vieler Wege: Wirkfeld Merkurs.

Diese kurzen »Momentaufnahmen« zeigen Merkur in verschiedenem Gewand, angepaßt, getarnt, aber ohne »glückliche Funde«. Es haben hier wohl die richtigen Partner oder Herausforderer gefehlt.

Sonne und Mond

Sonne und Mond nehmen in verschiedener Hinsicht unter den Planeten eine besondere Stellung ein. Nur von den Astrologen werden sie als Planeten »behandelt«, als Symbole seelischer Komponenten oder Kräfte. Astronomisch gesehen sind sie es ja nicht.

Als Repräsentanten zweier grundlegender psychischer Prinzipien wurden sie aber zu allen Zeiten und in allen Kulturen erfahren. Als Tag- und Nachtgestirn sind sie auch für uns heute noch Symbole, selbst dann noch, wenn wir uns scheinbar ganz sachlich mit ihnen zu befassen haben. In bezug auf Sonne und Mond ist es evident, daß unser Leben von diesen Gestirnen beeinflußt, ja geprägt ist: im physischen, psychischen wie im sozialen Bereich.

Tag und Nacht sind die Grundlage unseres Lebensrhythmus' und unseres Handelns. Der Wandel von hell und dunkel, von Tag zu Tag, von Jahr zu Jahr prägt unser persönliches und soziales Leben. Seine Wirkung auf organisches und soziales Leben und die sich daraus ergebenden Möglichkeiten werden physikalisch, biologisch und soziologisch erforscht. Die Wirkungen auf unsere Psyche aber, unsere seelische Reaktion, entziehen sich weitgehend kausal-rationalen Zugriffen. Sonne und Mond bleiben Symbole.

Jeder Planet, den wir bisher betrachteten, enthielt – vor dem mythischen Hintergrund gesehen – Polaritäten: »positive« wie »negative« Qualitäten. Durch Sonne und Mond – das Tag- und das Nachtgestirn – sind noch einmal ganz extreme Gegensätze bezeichnet wie: hell – dunkel; Himmel – Erde; männliches – weibliches Prinzip; Yin – Yang; oder die chinesischen Zeichen Kien, das Schöpferische, ䷀ und Kun, das Empfangende, ䷁ [49].

Von beiden Prinzipien – oder Wesenskräften – ist *jeder* Mensch geprägt, jeder hat Teil an ihnen. Männliches und weibliches Prinzip sind in beiden Geschlechtern, im Mann wie in der Frau gleichermaßen angelegt, so wie sie in jedem Horoskop vertreten sind und von jedem auch (ob bewußt oder unbewußt) als bestimmte Strebungen und Erlebensqualitäten erfahren werden. Je bewußter dies geschieht und je besser es gelingt, beide Prinzipien in sich zu ihrer lebendigen Entfaltung kommen zu lassen, desto vollständiger oder abgerundeter wird eine Persönlichkeit erlebt und ein Leben erfahren werden.

An Sonne und Mond ist für uns besonders beeindruckend ihr Licht und ihr Lauf, die die Zyklen von Tag und Nacht, Monat und Jahr bestimmen. Dabei sind sie wiederum in ihrer Bewegung ganz grundsätzlich voneinander verschieden. Im Mondlauf beeindruckt der schnelle Zyklus der sich wandelnden Mondphasen: Zunehmen – Wachsen – Vollwerden – Vergehen, um wieder neu zu beginnen; im Sonnenlauf der stetige Rhythmus von Tag zu Nacht und der Jahresrhythmus, Urbild des gesamten Lebenslaufes oder der Lebensrhythmen.

Zyklische Wiederkehr gehört zum Wesen des Mythischen. Entsprechend der verschiedenen Wirkkraft und den verschiedenen äußeren Erscheinungsformen des Symbols Sonne und des Symbols Mond ergeben sich auch sehr verschiedene Symbole, die sie umkreisen.

Der Mond steht in näherem Zusammenhang mit Mythen, in größerer Nähe zu Bildern aus dem Unbewußten, die die verschiedenen Aspekte des weiblichen Prinzips umkreisen. Die Erfahrung des Symbols Sonne hat – wie wir sehen werden – zu Bildern geführt, die dem Bewußtsein näherstehen, wie sie sich am eindrucksvollsten in den Tierkreiszeichen darstellen.

Mond ☾

Zu Mond wurde seit je und wird auch heute noch in astrologischer Tradition und psychologischer Deutung »das Empfangende« assoziiert; Aufnahmebereitschaft und die sich daraus ergebende Bereitschaft, zu reagieren, zu antworten. Für »das Empfangende« steht im Chinesischen das Zeichen KUN: die empfangende Hingebung. »Das Empfangende trägt in seinem Reichtum alle Dinge. Seine Art ist in Übereinstimmung mit dem Grenzenlosen. Es umfaßt alles in seiner Weite und erleuchtet alles in seiner Größe. Durch dasselbe kommen alle Einzelwesen zum Gelingen.«[50] Im seelischen Bereich bezeichnet KUN den Zustand des empfangenden Geöffnetseins zum Leben, zur Welt hin.

Zu unserer Ursprungsgegebenheit gehört Eingebettetsein in den »Reichtum aller Dinge«, in grenzenlose Fülle – oder in psychologischer Sprache: ins kollektive Unbewußte, in dem der Reichtum aller menschlichen Erfahrungsmöglichkeiten enthalten ist.

Dies entspricht im Leben des einzelnen dem Zustand des Kindes, das noch ganz in der Mutter enthalten ist. Und aus diesem Eingebettetsein werden durch Empfangen und Reagieren die einzelnen Erfahrungen und Entwicklungen herausdifferenziert: Die »Einzelwesen« treten in Erscheinung, sie werden geboren. Das Bild für diesen Prozeß des Wachsens und Reifens ist im Symbol des Mondes gefaßt; im Zusammenspiel von Mond und Erde und in den Zyklen der Mondphasen. Die Mondzyklen wiederum spiegeln das Wesen des »weiblichen Prinzips« in verschiedenen Facetten, das sich in allen menschlichen Lebensbereichen erleben läßt.

Immer hat der Mond das Gemüt der Menschen bewegt und die verschiedensten Antworten in Mythen, Märchen, Legenden, Kulten und Riten, in Brauchtum, Kunst, Magie und Zauberei hervorgerufen. Ganz verschiedene Vorstellungen bestehen dabei nebeneinander und zur gleichen Zeit, im gleichen Menschen: Die Erfahrung der Veränderlichkeit steht neben der Hoffnung auf verläßliche Wiederkehr des Vertrauten.

Das Wesen des Mondhaften läßt sich am besten anhand seiner Bewegung und der Bewegungstendenzen, die es bewirkt, erfassen: Die Anziehungskraft des Mondes bewirkt Ebbe und Flut. Das Ansteigen, Schwellen und Sinken des Wassers hat Entsprechungen im organischen wie psychischen Bereich. Das Steigen und Fallen der Säfte gehört zu allem Wachstum – wie auch zur sexuellen Erfahrung des Mannes und der Frau.

Es wiederholt sich in jedem Monatszyklus der Frau, der den Mondzyklus spiegelt: Zunehmender Mond, Vollmond, abnehmender Mond, Leermond haben eine Entsprechung im Sich-Vorbereiten und Anschwellen der Gebärmutterschleimhaut, im Sprung des Eies (das, wenn es befruchtet würde, die volle Frucht der Frau zur Erscheinung bringen könnte) und schließlich im Abstoßen der alten, nicht gebrauchten Schleimhaut, der Blutung. Und kaum ist diese Phase vorbei, beginnt der neue Zyklus.

Noch eindrücklicher wird der Mondzyklus in Empfängnis, Schwangerschaft, Geburt (Vollmond), im Stillen (dem Abgeben) und schließlich im Hergeben, der allmählichen Ablösung des Kindes erlebt.

Die Biologie der Frau selber ist nur ein Bild (in sich selbst wieder ein Symbol) für das Wesen des weiblichen Prinzips oder des Yin-Prinzips. Frau und weibliches Prinzip sind aber nicht gleichzusetzen!

Das Yin-Prinzip ist allem Lebendigen inhärent. Erst Yin *und* Yang, männlich *und* weiblich, ergeben die Ganzheit eines lebendigen Organismus.

Bedenken wir das Symbol Mond, so ist dieses natürlicherweise mit dem Bild des Weiblichen verbunden, und es erstaunt nicht, daß alle Mythen oder mythischen Gestalten, die dem Mond zugeordnet wurden, Aspekte des Weiblichen darstellen.[51]

Luna und ihre Kinder
Holzschnitt von Hans Sebald Beham, um 1530

Mond-Mythen

Es gibt verschiedene mythische Gestalten, die den verschiedenen Phasen des Mondes zugeordnet wurden, so zum Beispiel

Selene

Selene ist *die* Mondgöttin in der griechischen Mythologie. Sie ist eine Tochter von Hyperion und Theia, beide Titanen, »Kinder« von Uranos und Gaia. Helios, die Sonne, und Eos, die Morgenröte, sind ihre Geschwister. Aber Helios ist auch ihr Gatte, und wenn sie sich mit ihm vereint, wenn sie das Lager teilen, dann ist Selene nicht mehr zu sehen: Es herrscht Neumond. Ein Bild der uranfänglichen Zeit. Das Empfangende »ist in Übereinstimmung mit dem Grenzenlosen«.

Selene galt als Göttin der Frauen ganz allgemein, als Göttin des Wachstums von Pflanze, Tier und Mensch; und auch als Göttin der Nacht, des Schlafes und des Todes. Selene liebte einen Jüngling, Endymion, einen Sohn des Zeus, dem dieser ewige Jugend und ewigen Schlaf geschenkt hatte. Selene, von ihm entzückt, besuchte ihn im Schlaf und schenkte ihm fünfzig Töchter.

Diese Erzählung beschreibt *eine* Möglichkeit des Mondhaften: die Vereinigung mit ewiger Jugend und ewigem Schlaf. Sie ist ein Verbleiben im selig Unbewußten, in »reiner Unschuld«, im rein Vegetativen, im Sich-selber-Genügen und Sich-Vermehren. Selene »schenkt« sich Endymion immer von neuem und schenkt ihm fünfzig Töchter, viele Erneuerungen ihres Erscheinens. Aber Endymion konnte sie nicht sehen, da er schlief: So gibt es keine Beziehung zwischen beiden, kein Erwachen und kein Reifen. Dieser Aspekt des Mondhaften oder des »weiblichen Prinzips« ist Fülle, die zyklisch sich neu schenkt, ohne daß aber »Einzelwesen zum Gelingen« kämen, ohne Bewußtwerdung und Differenzierung.

Später wird Artemis Selene gleichgesetzt. Artemis ist die jungfräuliche Jagdgöttin, die Herrin der Tiere. Mit Pfeil und Bogen gerüstet, ist sie die »Herrin des Draußen«. Heim, Herd und Familie sind nicht ihre Sache. Sie steht dem Weiblichen ambivalent gegenüber: Wo sie einmal Frauen im Wochenbett tötet, kann sie zum andern auch bei einer Geburt helfen. Näher sind ihr die Tiere des Waldes. Sie selbst lebt gern in der freien Natur, unter Nymphen, jugendlichen Frauen, die jung bleiben, ein langes Leben haben, aber nicht unsterblich sind. – Artemis wird dem zunehmenden Mond zugeordnet, denn alles liegt immer noch vor ihr.

Leicht läßt sich in Artemis ein Prinzip des Weiblichen erkennen, das heute wieder wichtig geworden ist: Artemis ist frei; Herrin der Tiere, der lebendigen Triebe. Was früher durch Keuschheit, ist heute durch die Pille möglich. Artemis jagt, läßt sich aber nicht jagen. Sie haßt – oder beneidet die Mütter im Wochenbett, denn auch in ihr ist der Wunsch und die Möglichkeit, ein Kind zu haben. Aber Artemis entzieht sich der Bindung, die Muttersein bedeutet, immer wieder. Ihr liegt das Umherschweifen, nicht das Haus. Die jungen Frauen, mit denen sie lebt, bleiben lange jung, sind aber nicht unsterblich: Sie haben nicht mehr die ewige Jugend des Endymion, noch können sie in ewigem Schlaf, in seligem Unbewußtsein verbleiben. Sie müssen entweder sterben, ohne gereift zu sein, denn sie haben sich nicht ins Leben verbindlich eingelassen, oder ihre »Jungfräulichkeit« stirbt: Die Zeit des jungen Mädchens ist nicht unendlich.

So ist die Verbindung mit Artemis kein Dauerzustand, sondern eine Möglichkeit, eine Facette oder Phase weiblichen Seins oder einer Gemütsverfassung.

Auch Kore wurde Selene zugeordnet, und zwar, wie Artemis, dem Mond in seiner zunehmenden Phase. Kore heißt »das Mädchen« oder auch »das Kornmädchen«. Ihre Mutter ist Demeter, die Korngöttin, die den Feldern Fruchtbarkeit schenkt. Demeter und Kore zusammen sind Göttinnen des pflanzlichen Wachstums, wie Selene auch, doch wird in ihnen besonders das »Wachsen und Reifen« betont. In Kore spiegeln sich zwei Phasen oder Möglichkeiten des »weiblichen Prinzips«.

Kore ist eine Tochter von Demeter und Zeus, und dieser hatte sie »in weiser Voraussicht« seinem Bruder Hades, Pluto, versprochen.[52] Doch Demeter widersetzt sich dem Plan. Sie will Kore bei sich behalten. Kore wird auch »die Keusche« genannt, denn Demeter wacht über sie, behält sie stets in ihrer Nähe und will sie vor allem nicht Pluto überlassen. So kommt es dazu, daß Pluto Kore schließlich – und mit dem Einverständnis und Zusehen Jupiters – entführen muß.

Die Erde ließ »nach des Zeus' Ratschluß« in üppigem Grün neben Veilchen und Sternhyazinthen eine Narzisse erblühen, »wundervoll in Duft und in Wuchs, mit einhundert Häuptern«; vor ihr »knieten, die's ansahn«. – Als Kore hier spielte, »fern der Mutter, der Goldensichligen, Fruchtbarn«, da erblickte sie plötzlich diese Blume. »Sie aber graute vor Wonne / und vorwärts warf sie die Hände, daß sie das Prachtding griffe: da gähnte die Erde . . . da stand der raffende Meister / auf mit unsterblichen Rossen, unnennbarer Erbe des Kronos . . .«

Von nun an wird Kore Persephone genannt. Nicht länger ist sie das Mädchen, das unbeschwert spielt und tanzt.

Neun Tage sucht Demeter nach ihrer Tochter und durchwandert die ganze Erde nach ihr. Am zehnten Tage schließlich erzählt Hekate ihr, daß sie das Mädchen habe schreien hören, als es verschwand. Sie bitten Helios zu Hilfe, der alle Winkel ausleuchten kann; und dieser erzählt Demeter, daß alles auf den Rat des Zeus hin geschah, »welcher sie Hades gab zu Gemahl«. Und er tröstet sie, daß doch Hades ein Bruder des Zeus sei, »aus gleichem Mutterleib«. Aber Demeter ist nicht zu trösten, sie ist zornig und schwört, nie wieder etwas auf Erden wachsen zu lassen, wenn sie ihre Tochter nicht wiederbekäme. Später – nach langen Zeiten der Dürre – ist sie bereit, sich mit Hades versöhnen zu lassen. Zeus schickt Hermes zu Pluto und läßt bitten, Persephone wieder auf die Erde zurückzulassen. Dieser »willigte Zeus, dem Könige, die Folge«. Aber bevor Persephone geht, gibt er ihr »einen honigsüßen Kern der Granate zu essen, heimlich, und dachte dabei an sich, daß jene nicht dauernd dort bei Demeter bleibe, der Ehrbaren . . .« Er bestätigte ihr auch noch einmal die Ehren als Unterweltsgöttin: »Du wirst Herrscherin sein hier unten für alles, was wandelt. Größte Ehren bei den Unsterblichen wirst du genießen . . .«[53]

Hermes bringt Persephone auf die Erde zurück. Als aber Demeter aus der Tochter eigenem Munde erfährt, daß sie Totenspeise gegessen hat (wenn auch nur sieben Kerne eines Granatapfels), weiß sie und fügt sich darein, daß Persephone nun nicht mehr ganz auf die Erde zurückkehren kann.

Von nun an verbringt Persephone ein Drittel des Jahres als Unterweltgöttin bei Pluto und zwei Drittel des Jahres bei Demeter oben auf der Erde. Seit ihrer Rückkehr läßt Demeter das Getreide wieder reichlich wachsen.

In diesem Mythos steht der Aspekt des Wachsens und Reifens im Vordergrund; in der Natur, im Vegetativen – wie im psychischen Bereich. Kore kann nicht nur Mädchen bleiben, nicht nur keusch. Sie muß in die Tiefe hinabsteigen, muß Persephone werden, um wieder neue Fülle von Pluto heraufzubringen. Sieben Kerne eines Granatapfels hat sie gegessen: Samen für neue Frucht auf der Erde. Zyklen werden eingesehen und akzeptiert.

Es zeigt sich auch der festhaltende, verschlingende Aspekt der Mutter, die diese Art des Reifens nicht zulassen will. Demeter will den seligen Anfangszustand des Einsseins von Mutter und Kind, von Mutter und Tochter nicht hergeben. Aber indem Kore die Blume des Hades – mit Grauen und Wonne – wahrnimmt und pflückt, kann er sie entführen, *hat* er sie entführt. Aus Kore wird »Persephone«, die Keusche wandelt sich zur Gereiften, und in zyklischer Wiederkehr wird neue Fruchtbarkeit möglich.

Jupiter unterstützt den Wunsch des Bruders aus der Tiefe, sich mit des Zeus' Erdentochter, der Tochter der Erdenfülle, zu vermählen. Zur Ganzheit der kosmischen Ordnung gehört die Verbindung zur Tiefe. Ein Symbol dafür ist die Hochzeit der Tochter von Himmel (Zeus) und Erde (Getreidegöttin) mit dem Gott des Dunkels, der Toten und der Unterwelt.

Mit anderen Worten: Es geht um die Vereinigung der empfangenden Yin-Seite des Bewußtseins mit dem Gott der Tiefe und des Unbewußten. (»Totenland« ist auch ein Synonym für das kollektive Unbewußte, in dem das persönliche Unbewußte wie ein Samenkorn enthalten ist.)

Leben und Tod bedingen einander, ebenso Wachen und Schlaf. Wo die Tiefe nicht freiwillig ihr »Opfer« oder ihre Göttin bekommt, da tut sich der gähnende Schlund auf, und es wird mit Gewalt geholt, was versagt werden soll.

Auch in der Tiefe gibt es »süße« Früchte: Granatäpfel; Aphrodites Frucht, die Getrenntes zusammenführt und Verlangen weckt. Wer von der Totenspeise gegessen hat, und gar von dieser, dem süßen Granatapfel, muß wiederkehren ins Totenland.

Das wird von allen selbstverständlich hingenommen: Zu einem Drittel gehört Persephone – das empfangende Gemüt, die Seele – den Bereichen der Tiefe. Das Aufsteigen und Wieder-Hinabsteigen geschieht zyklisch. (Etwa ein Drittel des Lebens verbringen wir im Schlaf.) Wer einmal in den Zyklus von Leben und Tod, Wachen und Schlaf eingetreten ist, muß immer wieder zur Tiefe zurückkehren. Dort werden nicht nur die physischen Kräfte erneuert, auch die Psyche bekommt ihre Speise: die Bilderwelt der Träume.

Daß Demeter ihre Tochter nicht hergeben will, entspringt zweifacher Wurzel. Es fällt ihr schwer, etwas Liebgewordenes herzugeben, auf die verjüngende und belebende Spiegelung in der Tochter zu verzichten. Außerdem hat sie Angst vor dem Unbekannten, vor dem »Unnennbaren« (wie Hades genannt wird). Ihre Angst ist die Angst des Bewußtseins vor dem Versinken, dem Verschlungenwerden im Unbewußten; die Angst vor der Ungewißheit und der Fremdheit einer anderen Welt, eines anderen Zustands. Die Welt des Hades *kann* aber nicht bekannt, das heißt bewußt sein, weil sie eben dem Unbewußten zugehört und damit das Bewußtsein ausschließt. Eine Vereinigung der Gegensätze ist nicht möglich, nur ein Hin- und Hergehen von dem einen Bereich in den anderen, wie Persephone es tut.

Es gehört zur wunderbaren Weltordnung Jupiters, daß die Verbindung zur Tiefe durch Persephone möglich wurde, auch wenn sie ursprünglich nicht freiwillig zur Grenzgängerin zwischen der Welt des Bewußtseins und der des Unbewußten geworden war. Doch kehrt sie aus Einsicht in die Notwendigkeit – und vielleicht aus Einsicht in den Sinn – zyklisch dahin zurück.

Auch der Mensch muß zyklisch wie Persephone in die Bereiche des Unbewußten eintauchen. Er kann dies – im übertragenen Sinn gesprochen – dank seiner Mond-Funktion. Wenn er es nicht freiwillig tut, wird er geholt (man wird vom Schlaf »übermannt«, »befallen«, vom Tode »geholt« etc.).

Die Speise der Tiefe kann verführerisch »süß« sein. Im Granatapfel des Hades kann man ein Gegenstück zum Paradiesapfel sehen, den Eva dem Adam reichte. Jener stammte vom Baum der Erkenntnis und verlieh den Menschen Bewußtheit. Der Apfel des Hades, Plutos, enthält die Süße, die einen wieder zurückkehren läßt in die Tiefe, ins Dunkel, ins Unbewußte.

Unter diesem Gesichtspunkt sind Paradies und Hades, Himmel und Unterwelt, nahe zusammengerückt. Aber das Unbekannte des Anfangs, das hinter uns liegt, hat nicht den erschreckenden Aspekt wie das Unbekannte und Unnennbare, das noch vor uns liegt und als Bedrohung und als Gefahr erlebt wird.

Im Kreislauf des Mondes sind Anfang und Ende zusammengerückt. Die Dunkelheit des Leermondes wurde als Tor zur Unterwelt erfahren. Von der gähnenden Dunkelheit wurde Persephone verschlungen. Durch das Tor der Unterwelt steigt sie wieder empor zum Licht und wird jubelnd empfangen: Neue Fruchtbarkeit kann beginnen.[54]

Die Zeit des Übergangs, die Zeit der Dunkelheit ist voller Angst und Schrecken. Hier, zur Zeit des Leermondes, wirkt Hekate, ein weiterer Aspekt des Mondes, der »Mondnatur«.

Hekate

Hekate ist die Göttin des Leermonds, der Finsternis und der Nacht. Als Tochter der Asterie (der Sternenhaften) und des Perses gehört sie zu den ältesten Göttern. Schon vor Zeus war sie Herrin »auf Erden wie im Himmel und im Meer«; und Zeus ließ ihr alle ihre »Vorrechte« und »Ehren«, als er die Reiche teilte (Th. 410–450).

Später ist Hekate überall zu finden und doch nirgends ganz daheim. Am ehesten trifft man sie an dunklen Orten, an Übergängen zu dunklen Welten. »Dreiwege-Göttin« wird sie genannt, drei Welten kennt sie. An den Dreiwegen setzte man Opfer für sie aus und stellte dort auch Totenmahle für ruhelose Geister auf, denen sie helfen sollte. Sie nahte des Nachts, und heulende Hunde kündigten sie an. Sie wurde zur Göttin von Zauber und Spuk, Schutzpatronin der Hexen. Sie kann böse Geister rufen, aber auch bannen. Hekate führt über Schwellen und Übergänge. Sie hockt am Eingang zur Tiefe. Sie hört Persephone schreien, als Hades sie entführt, und ist eine der ersten, die sie wieder begrüßen.

Hekate kann Wachstum fördern und mindern, wie es ihr beliebt, kann Viehherden vermehren, »wenn sie es mag« (Th. 430 ff.). Dann »bringt sie aus wenigen die Fülle« – oder aber »sie läßt aus vielen weniger werden« (Th. 446). Bei schweren Geburten ruft man sie an, denn sie ist »allmächtige Herrin«.

Es wurden Hekate-Stelen vor dem Haus aufgestellt, damit sie die Schwelle behüte und Böses banne. Man mußte sie wohlgeneigt halten, denn ihre Nähe war nicht geheuer; wo sie auftauchte, war das Dunkel nahe.

Hekates Verhalten ist ambivalent. Es erstaunt nicht, sie am Tor zur Unterwelt zu finden. Sie kennt die verschiedenen Bereiche der Höhe und der Tiefe und kann die Angst, die »bösen Geister«, bannen, die an der Schwelle zur Tiefe lauern und dort die Eingehenden überfallen. Sie wacht über die Riten des Übergangs: Sie bindet das Böse und entbindet zum Licht. Geburtshelferin ist sie und hilft dem zum Licht, was aus dem Dunkel aufsteigen will.

Hera

Mit der vollsten Erscheinung des Mondes wurde oft Hera in Zusammenhang gebracht. Der Vollmond erscheint wie ein Zeichen der Fülle ihrer Macht: Er leuchtet weit und bescheint enthüllend alles, was sich verstecken will.

Der volle Mond hat sehr verschiedene Erscheinungsformen: Er geht zuweilen glutrot oder orange auf, strahlt drei bis vier Stunden später im Zenit in bleichem Gelb und geht in fast gleißendem Weiß unter, während im Osten Eos, die »rosenfingrige Morgenröte« aufsteigt. Und je nachdem, wie das Licht des Mondes sich wandelt, wandeln sich auch die Erscheinungen auf der Erde vom Gespenstisch-Unheimlichen bis zum sanft schimmernd Ruhenden.

So kann auch die Fülle des Weiblichen als sanft umfangend, bergend, einhüllend und mildernd erlebt werden, aber auch als kalt und abweisend, verzerrend und unheimlich. – Und schließlich muß auch die noch so weite Fülle des großen Lichtes der Nacht verblassen vor der aufsteigenden Helle des neuen Tages.

Diese Bilder schildern Hera in ihren verschiedenen Aspekten. Einmal kann sie Jupiters Gefährtin sein, »strahlende Gattin«, zumal wenn sie auch noch den Gürtel der Venus ausgeliehen haben sollte. Als »kuhäugige«, »weißarmige Göttin« (Th. 314) ist sie eine helle Figur, Schützerin des Hauses und des Herdes, der Ehe und der ehelichen Treue. Dann wieder ist sie strenge Hausherrin, und ihrem düsteren Blick bietet sich Verhaßtes gespenstisch dar: Dann kann sie die Unholdin Lamia entdecken, die Geliebte des Zeus, und sie in den Wahnsinn treiben, so daß sie ihre eigenen Kinder tötet. Oder sie zieht die Lernäische Schlange auf, die »Hydra, das Untier von Lerne« (Th. 314), mit dem Herakles kämpfen muß, ihr wenig geliebter Stiefsohn. Und um seinen Kampf zu erschweren, schickt sie zudem den Krebs, der ihn in die Ferse sticht. Sie gibt dem Nemeischen Löwen Wohnstatt, der »eine Plage der Menschen« war. Und wieder muß Herakles gegen ihn kämpfen. Aber selbst zu ihrem eigenen Sohn Hephaistos, den sie »ohne Vereinigung in Liebe« aus sich selbst hervorbrachte, weil sie »in Groll und Streit mit ihrem Gatten« war (Th. 928), konnte sie hart sein und ihn aus dem Olymp werfen, weil er ihr mißfiel.

Schließlich muß aber auch Hera wahrnehmen, daß eine neue Helligkeit sie verdrängt: Junge Göttinnen nachfolgender Geschlechter »weiblicher« Möglichkeiten steigen auf, die sie doch so gerne aus ihrem Blick bannen wollte.

Das weibliche Prinzip, das seinem Wesen nach dem Wachstum offen ist, kann sich auch verhärten und in sein Gegenteil verkehren; kann dunkel und zerstörerisch werden und sich gegen das Leben stellen, bis es – im Bilde des Mondes gesprochen – ganz leer geworden ist und Neuanfang nötig und wieder möglich wird. Wenn das Licht am dunkelsten ist, weiß man um die baldige Wiederkehr Persephones.

Das Mond-Prinzip in psychologischer Sicht

Das Mond-Prinzip bestimmt einen ganz wesentlichen Teil des Menschen und seines Lebens. Es prägt unsere seelische Einstellung zur Welt und zu uns selber. Es prägt unsere Art, aufzunehmen und mit dem Aufgenommenen umzugehen. Das Mondhafte in uns ist unsere emotionale Beeindruckbarkeit, aus der sich die Notwendigkeit zur Verarbeitung ergibt, das heißt die Notwendigkeit, zu verwirklichen, was uns bewegt.

Da das Mond-Prinzip eine so wesentliche Rolle im Leben spielt und da es gerade das Gegenprinzip zum Rationalen, aktiv Ergreifenden darstellt, entzieht es sich in besonderem Maße begrifflicher Analyse. Es läßt sich am ehesten in Bildern umschreiben, die jeder in sich hat oder in sich entdekken kann.

Ich habe versucht, das Mond-Prinzip mit Hilfe der Mythen, die dazu in Beziehung stehen, zu umkreisen. Und ich habe versucht zu zeigen, daß es – vom chinesischen Tai-chi ausgehend – die Yin-Seite des Menschen repräsentiert und mit dem »weiblichen Prinzip« zusammenzusehen ist.

Aber so wie das weibliche Prinzip und die Frau nicht identisch sind, so sind auch das weibliche Prinzip und der Mond nicht identisch; und erst recht sind Mond und Frau nicht gleichzusetzen. Ebenso falsch wäre es, Mond und Mutter gleichzusetzen, obwohl immer wieder der mütterliche Aspekt im Zusammenhang mit dem Mond-Prinzip anklingt. Sowohl die Mutter wie die Frau wie die Tochter oder das Mädchen sind nur je ein Bild für das Mond-Prinzip, das jedem Menschen innewohnt.

Mit dem Mondhaften ist unsere emotionale Ausgangslage angesprochen, *unsere Bereitschaft, Eindrücke aufzunehmen, und unsere Fähigkeit, darauf zu reagieren.* Hier zeigt sich unsere Art der Offenheit dem Leben gegenüber, unsere Bereitschaft, zu empfangen, zu antworten, zu geben.

In besonderer Nähe zum Mondhaften steht die frühe *Kindheit.* Sie ist ein Spiegel der Beeindruckbarkeit und des Offenseins der Seele. Das Kind ist noch ganz in »Übereinstimmung mit dem Grenzenlosen«, noch ganz im »Reichtum aller Dinge« eingebettet, indem es zuerst noch in der Mutter enthalten und danach ganz bei ihr geborgen ist und von ihr alles empfängt, was es zum Leben braucht.

Das kleine Kind – wie später der mondhafte Teil unserer Seele – ist wie eine *offene Schale*, in die alles fällt und ohne Wahl aufgenommen wird, sei es nährend und lebenspendend oder belastend und zerstörerisch. Dieses Bild zeigt aber auch die seelische Verletzbarkeit, die in der Bereitschaft, zu empfangen und aufzunehmen, immer enthalten ist. Diese psychische Verfassung gehört nicht nur zum Kindsein. Wir erfahren sie immer wieder in Zeiten intensiven Erlebens. Und wir erleben sie zyklisch wieder im Zustand des Schlafs, des Wieder-Unbewußtseins. Im Schlaf sind wir hingegeben, ausgeliefert, offen – allen Bildern zum Beispiel, die in unseren Träumen aufsteigen. Träume, Phantasien, Ahnungen, Imaginationen gehören in den Bereich des Mondhaften in uns.

Von der Kindheit und dem Mondbereich nicht zu trennen ist die Erfahrung der *Mutter.* Dabei erlebt jeder Mensch die reale Mutter dem inneren Mutterbild entsprechend, das uns als Urmuster eingeprägt ist (und das sich zum Beispiel im Mond-Stand im Horoskop, im Kosmogramm, spiegelt). An der realen Mutter wird das Mutterbild, das der Psyche inhärent ist, »verifiziert«, oder es wird auf sie projiziert.

Das Mondhafte kann sich in *sehr verschiedenen Mutterbildern* zeigen: Es kann sich als lebenspendend und lebensfördernd erweisen, als Urgrund und Quelle allen Reichtums. Oder es wirkt bindend, zurückhaltend, verschlingend oder erstickend. Die Mutter kann strahlend sein, aber auch überstrahlend, übermächtig. Volles Licht wirft harten Schatten; und als hart kann eine noch so großzügig scheinende Mutter erfahren werden. Ihre Fülle kann auch erdrücken. Das Bild der Mutter kann beunruhigend sein, wenn sie für uns nicht greifbar, nicht präsent ist; wenn wir sie als stets in die Ferne getrieben erfahren, als selber ungeborgen. Dann kann sie nicht Geborgenheit und Sicherheit, sondern höchstens Pfeil und Bogen vermitteln: Waffen zur Selbsterhaltung. (Spätestens hier ist deutlich: Ich folge den Spuren der mythischen Bilder im Nachzeichnen der Varianten des Mutter-Bildes.)

Es bleibt noch das Bild der Hexe, die sich zwar hilfreich zeigt (oder auch nur hilfreich tut, wie Hekate bei Persephone), in deren Bereich man aber wachsam sein muß. Es gilt, die Schwelle zu übertreten, an der sie steht, und hinüberzukommen zum eigenen – neuen – Leben.

Zu der Palette des Mondhaften in den verschiedenen Bildern des »Weiblichen« gehören, wenn wir es noch einmal in Stichworten zusammenzufassen versuchen, das Geben und Nehmen (Selene und Endymion); das Hegen und Festhalten (Demeter); das Ersehnen, Nachjagen, Instinktiv-etwas-Treffen (Artemis); spielerisches Genießen, Zuversicht, Erwartung (Kore); das Sich-Sinken-Lassen, Hinuntersteigen, Einlassen (Persephone); In-Bann-Halten, Verhexen (Hekate); strahlende Lebenskraft und Vernichtung von Leben (Hera).

Die einzelnen Qualitäten, für sich genommen, verbinden sich mit anderen Bildern aus eigenen Erfahrungen, und es entspricht dem mondhaften Wesen, weiterzuweben, sich nicht an Einzelheiten zu klammern, sondern alles mit allem zu verbinden.

Die verschiedenen Aspekte des »Weiblichen« oder des weiblichen Prinzips stellen nicht Stufen dar, sie sind nicht wie eine Treppe oder gar eine Entwicklungsskala – und erst recht keine Wertskala. Es sind vielmehr Aspekte, die immer wieder von neuem anklingen; psychische Erfahrungen und Verhaltensweisen, die jedem bekannt sind.

Natürlich findet man vieles davon in der eigenen leiblichen Mutter, in entsprechenden Mutterfiguren oder in anderen Vertretern des weiblichen Prinzips wieder. Eine bewußte Auseinandersetzung mit dem Bild der Mutter und des Weiblichen ganz allgemein ist für die Frau wichtig, damit sie zu ihrer eigenen *Identität als Frau* findet. Das Bild der Mutter, wie es persönlich erfahren wurde, wird dabei tiefgreifend wirken, im positiven wie im negativen Sinne.

Der Mann erfährt im Bild der Mutter die ersten Facetten des weiblichen Prinzips überhaupt und wird zu einer entsprechenden Einstellung zu dem ihm eigenen *Anteil am Weiblichen: seiner Anima* (im Jungschen Sinn) gelangen. Entsprechend diesem Seelenbild wird er bei der Wahl einer Frau beeinflußt und geleitet sein, wiederum im positiven wie im negativen Sinne. Die Beziehung zum Mondhaften in ihm bestimmt aber auch – abgesehen von allen mitmenschlichen Kontakten – seinen Umgang mit eigenen »weiblichen« Werten: emotionaler Empfänglichkeit wie antwortendem Gefühl.

Die Wirkung, die das Bild der Mutter in der Kindheit hat, die Art, wie sich in ihm das Mondhafte präsentierte, bestimmt unsere *Einstellung zum Leben* ganz allgemein. Wirkte die Mutter spendend und nährend, werden wir Lebensförderliches, Positives immer für möglich halten. Zeigte sie sich ablehnend und verweigernd, werden wir immer Ablehnung und Verweigerung im Leben erwarten und offenes Bitten, weiches Annehmen gar nicht erst wagen.

Entsprechend unserer mondhaften Prägung gehen wir auch mit uns selber um, mit dem *Kind in uns*: Die einen können sich annehmen und zuversichtlich sich selber wohlgesonnen sein; die andern sehen sich überkritisch oder ängstlich, überfordern sich und sind doch nie zufrieden.

Mondhaftes im Sinne der Artemis treibt das Gemüt in die Weite, in *Freiheit und Offenheit* allem Natürlichen gegenüber. Mit ihr kann man Elternhaus und Sicherheit verlassen, sich wehren und durchsetzen lernen. Man braucht ihre Art in jeder neuen Phase des Weiterkommens, Weiterschweifens, wenn alte Fesseln abgestreift und innere Freiheiten erreicht werden sollen.

Mond
Planetenbuch 1528

Zum weiblichen Prinzip gehört *Wachsen und Reifen*. Zum Mondhaften gehört *Hingabe*, sei es, daß wir uns hinreißen lassen, ein Opfer bringen oder die Tiefe in uns und in andern annehmen, uns gehen- und fallen lassen können. Oder es geht um die Hingabe an die Natur, an alles natürliche Leben, an alles zu Hegende und zu Pflegende.

Ebenso bedeutet das Mond-Prinzip: *Fülle* haben oder Fülle ersehnen. Aber wie der Mond uns zeigt, kann dies nur in Wandel und Bewegung geschehen. Es gehört zum Erreichen der Fülle auch die Notwendigkeit, loszulassen, und die Kraft, durch das Dunkel zu gehen. Dem Mond-Prinzip folgen heißt Wachstumsprozesse annehmen, die man nicht willentlich steuern und lenken, wohl aber achtsam verfolgen kann.

Wie durch die Anziehungskraft des Mondes auf der Erde die Wasser ansteigen und wieder abschwellen, so steigen und fallen im psychischen Bereich die *Stimmungen* oder die Getöntheit unserer Gefühlslage. Einmal werden wir durch das, was auf uns zukommt, was uns aufgebürdet wird (was in unsere offene Schale fällt und uns zu verarbeiten bleibt), belastet und bedrückt. Ein andermal erleben wir Anforderungen und Ansprüche an uns als Herausforderung und Anregung.

Das zyklische Anschwellen und Verebben psychischer Kraft erleben wir phasenhaft, aber auch in täglicher Wiederkehr: Frische und Spannkraft – meistens am Morgen –, Müdigkeit, Erschöpfung und Sehnsucht nach Schlaf. Darin spiegelt sich ein allgemeines psychisches Energiegesetz: Um voraneilen, wachsen und sich entfalten zu können, braucht es auch ein Verweilen, Loslassen, Sich-Sinkenlassen, um danach von neuem wieder aufsteigen zu können. Progression ist nur möglich, wenn wir zwischendurch Regression (ein Zurücknehmen, im Schlaf zum Beispiel) zulassen können.

Das veranschaulicht der Persephone-Mythos: Ein Drittel des Jahres lebt sie in der Unterwelt, um zwei Drittel des Jahres auf der Erde Fruchtbarkeit zu bewirken.

Ort und Zeit des Mythos ist: Hier und Jetzt. Jeden Monat erleben wir – oder könnten wir erleben –, was der Mythos in Bildern faßt. Jeder hat Teil daran, Mann und Frau; jeder in seiner Weise.

Der Mond – astrologisch gesehen

Es ist nicht anders zu erwarten, als daß die astrologischen Ausführungen zur Mond-Funktion und die psychologischen sich besonders nahe kommen, denn das Symbol steht jedem noch deutlich vor Augen in seiner sinnlich wahrnehmbaren Erscheinung und seinem »Wirken«, auch wenn sich nicht für jeden hilfreiche Symbolketten mythologischer Gestalten um ihn ranken.

Trage ich zusammen, was astrologisch zu Mond formuliert wird, so ergeben sich folgende zusammenfassende Wiederholungen: psychische Empfänglichkeit und Beeindruckbarkeit, die Fähigkeit, auf Eindrücke und Reize zu reagieren. Der Mond steht in Beziehung zur Kindheit und zu Prägungen, die in der Kindheit erfahren wurden. Der Mond repräsentiert in der Kindheit die Mutter – oder die Mutterfigur –, durch die der Mensch geprägt wurde. Die Erfahrung der Mutter ist aber bis zu einem gewissen Grad unabhängig von der realen Mutter, denn das Kind muß sie seiner eigenen Struktur, seinem Horoskop gemäß erleben. Das heißt: Das Kind konstelliert die Mutter bis zu einem gewissen Grad und bewirkt in der Mutter bestimmte Reaktionen – ebenso wie das Kind auf die Mutter re-agiert, auf ihr Wesen antwortet und durch sie bestimmt wird. (Nicht alle negativen Erinnerungen gehen also nur auf »objektiv« schlechte Mütter zurück! Und manchmal gibt es freundlichere Kindheitserinnerungen, als »objektiv« zu erwarten waren.)

Mit dem Mond wird weiter in Verbindung gebracht: Instinkt, Wachstum, Wandlung; Kindheit, Kindlichkeit, Jungsein-Können; Unbewußtes, Traum, Phantasie, Bilderwelt; Offenheit, Stimmung, Stimmungswandel, Verletzbarkeit; Empfangen- und Loslassen-Können; Natürlichkeit, rhythmische Lebensbeseelung, Gemüt; Tradition, Familiensinn, Dauer im Wechsel.

Wir sehen: Wir kreisen in immer ähnlichen Assoziationsketten und umkreisen doch nur in immer neuen »Übersetzungen« das Symbol Mond.

Mondträume

Zum Abschluß vier kurze Träume, die meines Erachtens stark vom Mondhaften geprägt sind. Zuerst ein Traum, in dem Kore sich zu Persephone wandelt:

»Ich sitze auf einer Bank in einem Friedhof. Es ist Nacht. Über mir fliegt ein Vogel, ich höre das Rauschen seiner Flügel. Ich schaue auf: eine weiße Taube. – Sie hat etwas in meinen Schoß fallen lassen: Es ist ein Mondstein. Ich sehe, wie das Mondlicht in ihm schimmert.«

Plutos Nähe: Totenland, Dunkel – und die Lockung durch das Rauschen der Flügel: »Brich auf!« – Und in den Schoß gelegt ein Same des Mondhaften, der Yin-Seele, daß sie aufkeime und Frucht bringe bei Tag, auf der Erde. Der

Traum, vor langer Zeit geträumt, blieb unvergessen; es brauchte Zeit, die jedes Wachsen braucht, ihn zu »verstehen«, das heißt, ihn zu leben.

Ein anderer Traum, geträumt nach der Geburt des dritten Kindes: »Ich gehe auf einem sonnenbeschienenen Weg einem großen steinernen Tor entgegen. Für seine Größe ist es sehr schmal. Von der anderen Seite, wie aus dem ›Nichts‹, kommt mir eine übergroße Frau entgegen. Ich stehe schon beinahe vor ihr, mit meinen drei Kindern an der Hand. Da sehe ich: Zwischen uns, mitten auf dem Weg – im Zentrum –, sind vier Hyazinthen aus der harten Erde gewachsen.«

Hier stehen die Hyazinthen nicht im »saftigen Grün der Wiese« wie noch bei Kore, sondern sind ins Zentrum gerückt, mitten auf den Weg zu dem Tor, durch das es »hinübergeht« und woher die Gestalt kommt, die Göttin aus dem »Nichts«. Sollte ich jetzt dem Bild einen Namen geben, so käme mir »Scheuer Vollmond« in den Sinn: Es nicht für möglich zu halten, daß die Fülle – schon beinahe – erreicht ist. Die vier voll erblühten und stark duftenden Hyazinthen bilden den Mittelpunkt, das zentrale Anliegen. Sie sind ein Bild der Vereinigung von unten und oben: Aus der Zwiebel in der dunklen Erde stießen sie durch die harte Schicht des Weges und blühen im Licht. Und es sind vier: Zahl der Ganzheit. Vollständigkeit.

Ich habe die Kinder an der Hand, voller Zukunft; und durch das Tor tritt in der großen Frau Höhepunkt und beginnendes Ende entgegen: Sie erinnert mich an Dore Hoyer, die Vertreterin des deutschen Ausdruckstanzes, die damals gerade aufgehört hatte, öffentlich zu tanzen. Begegnung in der Höhe, im vollen Licht – und Durchgang zur anderen Seite, beginnender Abstieg: Ein mögliches Bild für den Vollmond.

Und zwei weitere Traumbilder zum Abschluß; sie sprechen für sich selber:

1. »Renate (sie hieß wirklich so: die Wiedergeborene, eine vor einigen Jahren verstorbene Jugendfreundin) überreicht mir ein Foto aus unserer Jugendzeit. Es ist ein Gruppenbild, mit uns beiden in der Mitte. Auf der Rückseite ist ein Seidenpapier angeheftet, auf dem die Namen aller in der Folge der Aufstellung stehen. Ich schaue das Bild näher an und sehe: Obwohl das doch vor vielleicht dreißig Jahren aufgenommen wurde, sahen wir damals schon so aus, wie wir heute sind. Aber dann sehe ich noch näher hin: Waren das vielleicht unsere Mütter, die uns so ähnlich sahen?«

2. »Ich halte ein Albumblatt in der Hand und erkenne mit Mühe, daß es von mir geschrieben ist. Ich muß es schon vor mehreren Jahren geschrieben haben. Ist es ein Gedicht? Eine Tagebuchaufzeichnung? Beim Lesen finde ich die ganz kleine Unterschrift ›Ida‹ – und erkenne daran, daß es ein Blatt meiner Großmutter ist.«

Nahtloser Übergang zwischen den Generationen, ein Ineinanderfallen der Zeiten. Mondzeit kennt keinen linearen Verlauf, historischen Anfang und gesetztes Ende. Was meine Großmutter schrieb, könnte meines sein: Was wir sind oder waren, könnten unsere Mütter gewesen sein. Mond als Rad des Wachsens – Reifens – Vergehens – und Wiederbeginns. Im Mond-Prinzip webt mythische Zeit: ein Immer – und immer ein Jetzt.

Sonne ☉

Mit dem Zeichen der Sonne ist der Gegenpol des Mondhaften oder des »weiblichen Prinzips«, des Yin-Prinzips, gesetzt. Gehörte zum Mondhaften das Element des Weichen, des Wassers, der Anziehung, des Empfangens und Aufnehmens, so ist mit Sonne das Element des Feuers, der Stärke, der bewegenden und bewirkenden Kraft angesprochen. Dem »Weiblichen« oder Yin-Prinzip steht hier das »Männliche« oder das Yang-Prinzip gegenüber. Deutlich zeigt sich die Polarität der beiden Prinzipien: Tag – Nacht; Licht – Dunkel; Starkes – Weiches; männlich – weiblich; bewirkende Kraft – Empfangen.

Aus dem grundsätzlichen Gegensatz von Sonne und Mond, von »Sonnenhaftem« und »Mondhaftem«, von Yang und Yin ergibt sich Spannung, Bewegung – und damit Leben überhaupt. Denn Leben ist nicht möglich ohne Bewegung. Leben ist ein energetischer Prozeß und bedarf der Gegensätze, damit es Gefälle und Energiespiel geben kann. »Die Gegensatzspannung, welche Energie ermöglicht, ist ein Weltgesetz, passend ausgedrückt durch das Yang und Yin der chinesischen Philosophie.«[55]

Sonne und Mond, Kien und Kun, Yang und Yin, männliches und weibliches Prinzip sind vollkommene Gegen-Stücke, die sich aber nicht bekämpfen, sondern ergänzen; die sich gegenseitig fordern und bedingen: Eines kann ohne das andere nicht sein. Das Helle gibt es nur, weil es Dunkel gibt; kein Tag ist denkbar ohne Nacht. Das Schöpferische bedarf des Empfangenden, in dem es wirken und zur Realisation kommen kann. Man spürt hier deutlich: Mit dem »weiblichen Prinzip« des Mondhaften und dem »männlichen Prinzip« des Sonnenhaften sind nicht »persönliche« Qualitäten gemeint, die auf die Rollenträger Mann oder Frau verteilt sind. Es geht vielmehr um zwei sich bedingende Prinzipien, die in jedem Menschen angelegt sind.

Sonne und ihre Kinder
Holzschnitt von Hans Sebald Beham, um 1530

Der Mythos von Helios

Bei den Griechen war – zur Zeit Hesiods und Homers – die Sonne, Helios, nicht ein Gott, der ins menschliche Leben eingriff, dem man im Kult begegnete. Er hatte von Jupiter auch keinen bestimmten Welten- oder Lebensbereich zugeordnet bekommen, sondern war oberster Lenker des Lichtes und selber immer in Bewegung. Als unmittelbar sich offenbarendem Naturphänomen, als Sinnbild von Aufgang und Untergang, Leben, Licht und Ordnung wurde ihm Achtung entgegengebracht. Morgens und abends grüßte man Helios, die Sonne, wenn sie aufstieg oder unterging.

Im Mythos heißt es, Helios habe einen Palast im Osten und einen im Westen. Jeden Morgen verläßt er mit seinem Vier-Rosse-Gespann den Palast im Osten, fährt durch das hohe Himmelsgewölbe und steigt des Abends im westlichen Palast wieder ab. In einer Schale segelt er dann durch die Tiefe des Okeanos zurück zum Palast des Ostens, um am Morgen von neuem aufzusteigen. – Später wurde erzählt, er besteige mit seinem Rossegespann im Westen eine goldene Fähre, die Hephaistos für ihn angefertigt hatte, und schlafe dann tief.

Die Hauptqualitäten des Helios waren sein Rossegespann und die Fähigkeit, alles zu sehen. So verriet er Hephaistos die Liebesaffäre von Venus und Mars. Er wußte aber auch, was im Dunkel der Unterwelt geschah, und wußte darum von Persephones Schicksal. Aber Helios war nicht immer aufmerksam. So hatte er zum Beispiel nicht gemerkt, wie die Gefährten des Odysseus ihm seine Rinder stahlen.

Im Mythos von Helios sind die verschiedenen Formen von Energie Bild geworden:

Energie als *Kraft* zeigt sich in den vier Pferden, die seinen Sonnenwagen ziehen. Und noch heute drücken wir unsere Fortbewegungsstärke in PS, in Pferdestärken, aus! In Helios zeigt sich auch Energie als *Bewegung*. Sonnenenergie kann nicht nur einen Sonnenwagen, sondern auch Automobile von heute antreiben, bewegen. Helios strahlt Energie als *Licht* und *Wärme* aus und verkörpert des Nachts *potentielle Energie* (in der Schale ruhend re-generiert er seine Kraft).

Kinetische Energie, Strahlungs- und potentielle Energie werden hier in eindrückliche Bilder gefaßt, und es wird in ihnen auch deutlich, wie eine Form der Energie jeweils in eine andere umgewandelt werden kann. Ein physikalisches Gesetz, das in der modernen Physik noch ebenso gilt, wie es im alten Mythos erfaßt wurde.

Die Sonne in psychologischer Sicht

Im Symbol der Sonne findet die Seele das gesamte Energiepotential, das dem Menschen zur Verfügung steht, gespiegelt: Lebenskraft, Lebensimpuls, mögliche Lebensintensität.

Auch im menschlichen Leben gibt es die verschiedenen Formen der Energie, und eine kann in die andere umgewandelt werden, oder eine kann die andere bewirken. Dank der Muskelkraft und Stärke bewegen wir uns, Bewegung läßt uns warm werden, wir strahlen Wärme aus, und im Ruhezustand müssen wir regenerieren. All dies gilt im physischen wie – übertragen – auch im psychischen Bereich.

In Jungscher Terminologie wird diese Lebensenergie »*Libido*« genannt und umfaßt die gesamte dem Menschen zur Verfügung stehende Energie, im Physischen wie im Psychischen. Es ist uns in unserem Erleben ganz geläufig – wenn auch nicht immer bewußt –, daß eine Form von Energie in je eine andere umgewandelt werden kann.

Ein starkes Herz läßt uns schnell laufen, mit »Herzlichkeit« an Menschen, mit Intensität an eine Aufgabe, an ein Thema herangehen; wir »erwärmen« uns an einer Idee, unser Herz schlägt schneller, wenn wir bewegt sind, und so fort.

Kraft, Bewegung und Bewegtheit – Ausstrahlung, Wärme, Bewußtseinshelle – Ruhe, Erfrischung, Sammlung sind Erfahrungen im physischen wie psychischen Erleben und können auch im Zusammenhang mit unserer Libido als Formen von »kinetischer Energie, Strahlungs- oder potentieller Energie« gesehen werden.

Die Sonne im Bild des Vier-Rosse-Gespanns entspricht der Lebenskraft, die in Bewegung bringt, Aktivität bewirkt, schöpferische Kraft bedeutet.

Sonne als psychisches Phänomen hat zur Voraussetzung den *Persönlichkeitskern* oder Ich-Kern; das Bewußtsein um die eigene Identität: Ich bin ich. Erst dieses Ich-Bewußtsein ermöglicht bewußtes Erleben und Reflektieren des Erlebten. Zum Ich-Bewußtsein gehören verschiedene Merkmale, die alle im Symbol der Sonne mitenthalten sind: Das Ich weiß sich als eine *aktiv gestaltende Kraft*. Es erlebt sich als *Ganzheit*, die zwar verschiedene Gegensatz-Spannungen in sich spürt, die Konflikten ausgeliefert sein kann, die aber immer als ganze Person ein Ich ist. Das Ich bleibt das ganze Leben lang *identisch mit sich selbst*: Von der Kindheit bis ins Alter bleibt das Ich – trotz aller leib-seelischen Wandlungen – dasselbe Ich, derselbe Kern der Persönlichkeit. Das Ich erlebt sich als etwas Selbstverständliches und Einmaliges mit eigener Kraft, eigener Intention, eigenem Willen, das heißt mit dem Bewußtsein disponibler, verfügbarer psychischer Energie.

Das Ich-Bewußtsein ist nicht mit Intellekt zu verwechseln (dem unter den Planetensymbolen nicht Sonne, sondern Merkur zugeordnet würde). Und dieser Persönlichkeitskern (der im Geburtsbild mit dem Zeichen der Sonne bezeichnet wird) stellt auch nicht die Ganzheit des Menschen dar, sondern liefert sozusagen nur die Voraussetzung dafür, daß Ganzheit möglich wird; daß die übrigen Persönlichkeitsanteile oder psychischen Funktionen (die anderen Planeten-Götter) »gesehen« und gelebt werden können. (Im Hinblick auf den von Jung postulierten Individuationsweg wäre dies erst der Weg vom Ich der Sonne zum Selbst der Ganzheit.[56])

Im Zeichen der Sonne ist eine Nahtstelle zwischen Leib und Seele, physischer und psychischer Energie gegeben; auch zwischen Bewußtsein und Unbewußtem.

Bisher bin ich – mit dem Helios-Mythos – nur dem »oberen« Bogen der Kraft und Bewegung und des Lichtes gefolgt. Es bleibt noch die »Nachtmeerfahrt«, das Zurücksegeln des Helios in der Schale durch die Tiefe des Okeanos, der die ganze Welt umströmt (Hesiod).

Hier zeigt sich dasselbe psychische Energiegesetz, dem wir bereits bei der Betrachtung der Mondzyklen begegneten: Progression, Aufsteigen, Helle, Licht und Kraft bewirken eine Gegenbewegung, eine Umwandlung der Energie: In der Regression – im Rückweg durch das Dunkel – herrscht Passivität. Helios *liegt schlafend* in der Schale oder der Fähre, läßt sich vom Strom des Okeanos tragen, und es baut sich so neue Energie auf: potentielle Energie, die am Morgen wieder in Aktivität umgewandelt wird, wenn die Sonne im Osten aufzusteigen beginnt.

Entsprach der bewußten Tagesbewältigung die Aktivität des Ich-Bewußtseins, so ist dieses während der Nacht »stillgelegt«. Es gibt im Schlaf kein bewußtes Ich mehr, sondern nur noch Unbewußtsein oder ein Traum-Ich (das im Traum handelnde und erlebende Ich), das beim Erwachen erst an das bewußte Ich wieder angeschlossen werden muß, was dann gelingt, wenn Träume erinnert und ins Bewußtsein integriert werden. Hier aber braucht es die Hilfe von Merkur, dem Mittler zwischen unten und oben, Bewußtem und Unbewußtem.

Ebenso wie Helios im Mythos erleben wir, daß wir manches auch bei hellem Tagesbewußtsein nicht wahrnehmen oder sehen, weil es sich unserer Aufmerksamkeit entzieht. Andererseits können wir – mit einiger Mühe und Zuwendung – allerlei aus dem Dunkel der Unterwelt, aus dem Unbewußten, in die Helle des Tages, ins Bewußtsein heraufholen.

Wie die Sonne den Rhythmus von Tag und Nacht setzt, so bestimmt unsere innere Sonne unser Kräftepotential und Kräftespiel im physischen wie im psychischen Bereich, von Tag zu Tag, von einem Lebensabschnitt zum anderen; und sie bestimmt unsere Zuwendung zu bestimmten Lebensbereichen sowie unsere Art, die Welt zu sehen und zu erfahren.

Die Sonne – astrologisch gesehen

Wieder ist es wie bei dem astrologischen Beitrag zum Symbol des Mondes selbstverständlich, daß astrologische und psychologische Betrachtungen weitgehend zusammenfallen, da der Projektionsträger unserer inneren Wesenskraft Sonne sowohl als Symbol wie als von außen wirkende Kraft allen gleichermaßen sichtbar und erfahrbar ist.

Ich nenne eine Reihe von Assoziationen, die die vorangegangenen Überlegungen zum Teil wiederholen. Die Sonne kann gesehen werden als: Zentrum der Persönlichkeit, das Ich; als Lebenswille, Lebenskraft oder Lebensstärke; als Ich-Stärke, aber auch als Ichhaftigkeit; als Eigenwert, Selbstbejahung, Selbstsicherheit, Selbstwertgefühl; aber auch als Geltungsdrang, Machtanspruch; Sonne bedeutet Kraftzentrum, Energiequell, Einsatzbereitschaft, Aktivität; Mut, Beherztheit, Einfluß, Ausstrahlungskraft, Autorität; Wille, Durchsetzungsvermögen und so fort.

Wir sehen: Wir umkreisen einen bestimmten Kern, stoßen dabei aber auf sehr verschiedene Schattierungen. Damit haben wir auch bereits die ganz allgemeine Betrachtung oder Umkreisung des Symbols Sonne verlassen.

Die weitere Annäherung an die verschiedenen Aspekte der Sonne geschieht in der Betrachtung der Tierkreiszeichen.

II. Der Tierkreis

*Tierkreis-
zeichen-
mann
Ende
13. Jahrh.*

Tierkreis, Sonne, Präzession

Bevor wir die zwölf Tierkreiszeichen betrachten, die Ausdruck verschiedener Sonnenqualitäten sind, müssen wir uns einigen grundlegenden Gedanken zuwenden: der Tatsache, daß der Mensch als Erdenbewohner sich als abhängig von der Sonne, dem Sonnenlicht und den durch den Stand der Sonne bedingten Jahreszeiten erlebt und seit je versucht hat, die Zusammenhänge von Sonnenstand und uns umgebender Himmelssphäre zu erkennen. Außerdem müssen wir kurz auf die sogenannte Präzession (wörtlich: Vor-rückung) eingehen, ein astronomisches Phänomen, das einerseits in der Kritik der Astrologie eine Rolle spielt, andererseits mit den viel genannten astrologischen Zeitaltern in Zusammenhang steht (»Wassermann-Zeitalter« etc.). Hierzu muß der Unterschied zwischen Tierkreisstern*bild* und Tierkreis*zeichen* geklärt werden.

So wie die Erde auf die Sonne bezogen und durch ihr Kräftefeld bestimmt ist, wie alles Wachstum auf der Erde vom Sonnenlicht abhängig ist, so ist es auch der Mensch. Biologisch, soziologisch wie auch psychologisch gesehen, ist der Mensch von der Sonne abhängig: vom Wechsel des Lichtes, vom Hell-Dunkel-Rhythmus, vom Rhythmus der Jahreszeiten und den damit verbundenen energetischen Kräftefeldern.

Wie anders ist das Lebensgefühl im Sommer, wenn die Sonne ihren höchsten Stand erreicht hat und am heißesten strahlt, wenn die Fülle der Früchte zu reifen beginnt und bunte Blumen blühen – als im Winter, wenn die Sonne nur für wenige Stunden aufgeht, ihr Licht flach einfällt, blaß erscheint und kaum zu wärmen vermag; wenn alles Wachstum unterbrochen scheint und die Natur keine leuchtenden

Farben hervorbringt.[57] Es erstaunt nicht, daß so verschiedene Tiere wie Löwe und Steinbock als Bilder auftauchen, um diese verschiedenen Licht- und Wärmequalitäten zu symbolisieren: der in heißen Gegenden lebende Löwe und »König der Tiere« als macht- und kraftvolles Sommerzeichen – und der einer rauhen Lebenswelt angepaßte und genügsame Steinbock als Winterbild.

Alle Menschen werden beeinflußt durch den Wechsel des Lichtes, den Wechsel der Jahreszeiten, aber nicht alle reagieren in gleicher Weise darauf. Wir bezeichnen uns als Tag- oder Nacht-, Morgen- oder Abendmenschen, weil wir uns zu bestimmten Zeiten frischer und wohler fühlen als zu anderen. Wir fühlen uns auch nicht alle in den heißesten Sommermonaten am wohlsten; auch auf die Wärmequalitäten der Sonne antwortet jeder Körper auf seine Weise. Das geschieht nicht zufällig oder willkürlich, sondern im Einklang mit der inneren psychischen Struktur des Menschen, seinem Kosmogramm – und damit auch seiner »inneren« Sonne, von der im letzten Kapitel die Rede war. Die in jedem Menschen anders angelegte Lebenskraft (die im Geburtsbild im Zeichen der Sonne erscheint) und die damit zur Verfügung stehenden Energien bedingen sehr verschiedene Weisen des Welt-Erlebens.

So wie wir ohne das Sonnenlicht unsere Umwelt nicht wahrnehmen könnten, so können wir – psychologisch betrachtet – keine Wahrnehmungen realisieren, wenn sie nicht durch das Bewußtsein reflektiert werden. Insofern besteht eine Analogie zwischen der realen Sonne und dem durch sie symbolisierten Bewußtsein. Ebenso gibt es eine Parallele zwischen den Licht- und Wärmeverhältnissen (beziehungsweise den Kräftefeldern) der Außenwelt und der »inneren« Sonne als Symbol für die physische und psychische Kraft eines Menschen.

Neben der Beobachtung der Sonnenbewegung galt die Aufmerksamkeit der Menschen seit je dem sich um uns bewegenden Sternenhimmel. Er vollzieht täglich eine Drehung von Ost nach West (wenn man von Norden nach Süden schaut), und zwar um einen ruhenden Pol herum. Das ist auf unserer nördlichen Halbkugel ungefähr der Polarstern, der weniger als ein Grad vom Nordpol entfernt und leicht zu finden ist.[58] Um ihn bewegen sich konzentrisch die umliegenden Sterne. Andererseits sieht man in der Nähe des östlichen Horizontes immer neue Sternbilder aufsteigen und im Westen wieder untergehen. Dabei verschieben sich Auf- und Untergang täglich um einige Zeit, und erst nach Verlauf eines Jahres sind diese Bilder wieder an der gleichen Stelle zu beobachten. So scheinen sie für das menschliche Auge zu wandern wie die Sonne und jährlich an denselben Ort wiederzukehren.[59]

Die Astronomen erkannten schon früh, daß durch eine Beobachtung des Fixsternhimmels auch der Sonnenstand näher bestimmt werden konnte. Das Himmelsgewölbe wurde zur besseren Orientierung in verschiedene Sternbilder eingeteilt, in Gruppierungen von hellen Fixsternen, die sich jederzeit leicht wiederfinden ließen, in denen man bestimmte Figuren sah und die bestimmte Namen erhielten. Um die Zeitenwende waren 48 Sternbilder bekannt und katalogisiert. Heute ist die gesamte Himmelskugel in 88 verschieden große, aber genau begrenzte Sternbildflächen aufgeteilt.

Im Sternenkatalog des Hipparch (ca. 190–125 v. Chr.) wurden über 1000 Sterne mit Namen aufgeführt.[60] Aristarch von Samos (ca. 310–250 v. Chr.) schloß bereits 2000 Jahre vor Nikolaus Kopernikus auf ein heliozentrisches System. Und Hipparch hatte bereits 150 v. Chr. die Präzession der Erdachse entdeckt, deren Bedeutung erst heute voll ermessen wird.

Zu den ältesten bekannten Sternbildern gehören die zwölf Tierkreissternbilder. Sie waren von besonderer Bedeutung, weil sie den Hintergrund der Bewegungen von Sonne, Mond und den Planeten bildeten, den Hintergrund der scheinbaren Sonnenbahn. Diese Bahn, die in Wirklichkeit die Bahn der Erde um die Sonne ist, wird Ekliptik oder Ekliptikebene genannt.[61] Im Laufe des Jahres wandert die Sonne – von uns aus gesehen – dieser Ekliptikebene entlang; und in jedem Monat bildet eines der zwölf Tiersternbilder den Hintergrund zu diesem Bahnabschnitt. Da sieben der zwölf Sternbilder Tierfiguren sind, nannte man sie insgesamt Tierkreissternbilder.

Die Sternbilder sind verschieden groß, und die Sonne braucht verschieden lang, um vor den einzelnen vorbeizuziehen. So ist sie nur 19 Tage im Sternbild des Krebses, dagegen 43 Tage in dem der Jungfrau zu sehen.[62] Um einer einfacheren Kalenderrechnung willen hat man die zwölf Abschnitte auf der Ekliptik in gleich große Abschnitte von 30 Grad eingeteilt und sie dann nach den dazugehörigen Sternbildern benannt. Das war auch deshalb sinnvoll, weil es bei der Bezeichnung der Ekliptik nicht um die Beobachtung und Erforschung der Fixsternbilder, sondern um die Beschreibung der Sonnenbahn ging, die für unser Erdenleben so ausschlaggebend und prägend ist. Die dahinterliegenden Sternbilder haben nur Orientierungsfunktion.

Wir müssen hier deutlich unterscheiden zwischen Tierkreis*sternbild* und Tierkreis*zeichen*. Das Tierkreis*sternbild* ist eine astronomisch festgelegte Sternbildfläche in der Himmelssphäre von verschieden großer Ausdehnung und umfaßt eine bestimmte Anzahl von Fixsternen. Das Tierkreis*zeichen* trägt zwar den Namen des Sternbildes, das zur Orientierung diente, bezeichnet aber einen bestimmten, immer gleich großen – nämlich 30 Grad umfassenden – Abschnitt der Sonnenbahn, der Ekliptik, und bezeichnet damit auch ganz bestimmte Sonnenqualitäten, die wir auf der Erde deutlich erkennen können.

Für uns sind mit den Tierkreiszeichen Erfahrungen bestimmter Sonnenqualitäten aufs engste verbunden. Insofern wurden die Tierkreiszeichen im Laufe der Zeit zu Projektionsträgern wichtiger menschlicher Erfahrungen. In ihnen erfahren wir den Rhythmus von Energie im Wandel des Jahres.

Auch die Tatsache, daß alle Planeten (außer Pluto) sich innerhalb der Ekliptikebene bewegen, erhebt diese zu besonderer Bedeutung. Zwischen den in den Mythen gefaßten Qualitäten der Planeten und den energetischen Strukturen, die sich in den zwölf Tierkreiszeichen spiegeln, wurden – und werden auch heute noch – verschiedene Entsprechungen und Beziehungen erfahren. Daß diese Erfahrungen nichts mit den Fixsternen zu tun haben, die den Tierkreiszeichen die Namen liehen, kann man sich vielleicht etwas besser vorstellen, wenn man gewisse Größenordnungen und astronomische Zahlen zur Orientierung hinzuzieht. Dem bloßen Auge erscheinen die Planeten leuchtender und auch größer als die meisten Fixsterne, aber immerhin sehen wir auch Fixsterne, die den Planeten an Größe gleichkommen, ja manche leuchten gelegentlich sogar heller. Wie groß sind aber die Unterschiede zwischen Planeten und Fixsternen, in Zahlen gefaßt!

Das Licht, das die Planeten reflektieren, erreicht uns in wenigen Stunden, selbst das der fernsten Planeten Uranos, Neptun und Pluto. Das Licht der Fixsterne dagegen braucht Lichtjahre bis zur Erde, und ein Lichtjahr bedeutet bereits den Weg von zehn Billionen Kilometern. Der Fixstern Pollux in den Zwillingen ist »nur« 32 Lichtjahre (Lj) von uns entfernt, der leuchtende Regulus im Löwen bereits 85 Lj. (Er ist aber 400mal so hell wie die Sonne und darum immer noch so gut und hell leuchtend zu sehen.) Das Licht der Spica in der Jungfrau braucht 260 Lj, das des Antares im Skorpion fast doppelt so lang: 500 Lj, bis es uns erreicht, 500mal 10 Billionen Kilometer (5 000 000 000 000 000 km). Der Fixstern Antares ist im übrigen 700mal größer als die Sonne und 80 000mal heller als sie. Darum ist er immer noch so groß wie ein Planet für unser bloßes Auge. Das Licht aber, das uns von dort erreicht, wurde vor 500 Jahren ausgestrahlt.[63]

Das Leben auf der Erde wie der Lauf der Planeten ist durch die Sonne bestimmt. Die verschiedene Qualität der Sonne aber wird – kalendermäßig wie astrologisch – durch ihren Stand innerhalb der Ekliptik, des Tierkreisgürtels, ausgedrückt.

Dieser Tierkreisgürtel liegt schräg zum Himmelsäquator, dem ins Unendliche verlängerten Erdäquator. Der Winkel zwischen Tierkreis und Äquator beträgt 23,5 Grad und heißt die Schiefe der Ekliptik. Der Himmelsäquator steht rechtwinklig zur Himmelsachse, der verlängerten Erdachse.

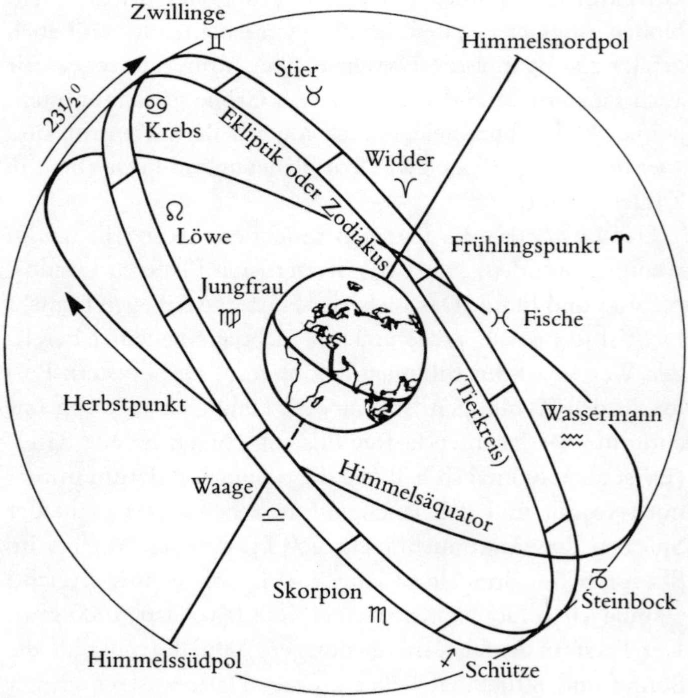

Himmelsäquator und Ekliptik

Zur Zeit der Tagundnachtgleiche, der Äquinoktien, tritt die Sonne in den Schnittpunkt von Tierkreis und Himmelsäquator, und zwar am 21. März in 0 Grad Widder in den Frühlingspunkt, der nördlichen Halbkugel entgegen; am 23. September in den Herbstpunkt, in 0 Grad Waage, wo der Abstieg zur südlichen Halbkugel beginnt. So liegen Frühlings- und Herbstpunkt immer noch bei 0 Grad des Tierkreis*zeichens* Widder und 0 Grad des Tierkreis*zeichens* Waage, auch wenn die Stern*bilder* Widder und Waage jetzt nicht mehr den Hintergrund zu diesem Sonnenstand bilden.

Die Aussage »Ich bin ein Widder« zum Beispiel bedeutet, zwischen dem 21. März und 20. April geboren zu sein, wenn die Sonne durch den Ekliptikabschnitt zieht, der durch das Tierkreiszeichen Widder gekennzeichnet ist.

Zu der Zeit, als Frühlings- und Herbstpunkt auf der Ekliptik festgelegt wurden (ca. 300 v. Chr.), entsprach eine solche Feststellung auch der optischen Wahrnehmung. Aber schon etwa 150 Jahre später bemerkte Hipparch eine Verschiebung des Frühlingspunktes beziehungsweise eine Verschiebung zwischen dem Sternbild des Widders und dem auf der Ekliptik festgelegten Tierkreiszeichen Widder. Diese Verschiebung betrug 1 Grad in fast 72 Jahren.[64] Seit der Festlegung des Frühlingspunktes sind ungefähr 2300 Jahre vergangen. Das ergäbe nach Hipparch eine Verschiebung von etwa 32 Grad – und diese Zahl kommt den neuesten Berechnungen erstaunlich nahe. »Optisch« bedeutet das, daß die Sonne am 21. März noch tief in den Fischen dahinzieht und erst am 18. April das Sternbild Widder erreicht.

Hipparch nannte diese Verschiebung »Präzession«, da er annahm, daß die Fixsterne der Ekliptikebene sehr langsam »vorrücken«, »voranschreiten«, der Bewegung der voranziehenden Sonne folgend. Ptolemäus aber stellte 300 Jahre später fest, daß die Lage der Ekliptiksternbilder und der übrigen Sternbilder zueinander die gleiche blieb. Innerhalb des Sternenhimmels finden also keine Verschiebungen statt, sondern nur in bezug zur Sonnenbahn. Seit Kopernikus wissen wir, daß die täglichen Drehungen der Gestirne und das jährliche Kreisen der Sonne nur scheinbare Bewegungen sind, die in Wirklichkeit durch zwei Bewegungen der *Erde* zustande kommen: die tägliche Rotation um ihre eigene Achse und das Kreisen der Erde um die Sonne.

Die moderne Physik konnte auch die Präzessionsbewegung als Bewegung der Erde erklären: Die Erdachse, die schief zur Umlaufebene gestellt ist, beschreibt in der Drehung einen Kegelmantel, bleibt also zu sich selbst nicht absolut parallel. Die Weltachse (die Verlängerung der Erdachse) trifft also nicht weiterhin genau auf den Polarstern, sondern der Himmelsnordpol beschreibt infolge der Präzessionsbewegung im Lauf von 25 800 Jahren einen Kreis innerhalb der Sternbilder um den Nordpol, und zwar rückläufig. Die auf diesem Kreis befindlichen Sterne werden im Lauf dieser 25 800 Jahre abwechselnd zu Polarsternen.

Wie der Nordpol und damit der Polarstern, so verschiebt sich auch der Frühlingspunkt im Laufe der Jahrtausende rückwärts und braucht ebenfalls 25 800 Jahre bis zur Rückkehr an den einstmaligen effektiven Stand von 0 Grad im Sternbild Widder.

Oder anders gesehen: Unser Sonnenjahr, das sogenannte tropische Jahr (tropos heißt im Griechischen Wende, hier bezogen auf die beiden Sonnenwenden), das den Rhythmus der Jahreszeiten bestimmt, ist etwas kürzer als das sogenannte siderische Jahr (sidera = Gestirne), das durch die Wiederkehr der Sonne vor demselben Fixsternpunkt berechnet wird. Der Unterschied ist gering: 20,5 Minuten pro Jahr. Das macht aber in 25 800 Jahren die Summe eines vollen Jahres aus, und das ist ein sogenanntes Weltenjahr. In dieser Zeit ist der sich rückwärts verschiebende Frühlingspunkt an seinen »ursprünglichen« Ort in 0 Grad Widder zurückgekehrt.

Dies sind nicht nur Berechnungen oder abstrakte Überlegungen. Wir sind mit solchen Fakten zum Beispiel konkret konfrontiert, wenn wir die monatlichen Berichte über die

Himmelserscheinungen lesen, wie sie zum Beispiel in der Neuen Zürcher Zeitung immer gegen Ende eines Monats als Vorausschau für den folgenden Monat veröffentlicht werden. Wenn es da heißt, der Mars eile durch den Stier, so kann man ihn – wenn Zeit und Sicht günstig sind – tatsächlich im Sternbild des Stieres entdecken. Schlägt man dagegen in den Ephemeriden nach, den Tabellen, die die Planetenpositionen in den Tierkreis*zeichen* angeben, also in dem jahreszeitlich festgelegten Abschnitt der Ekliptik, so findet man ihn dort schon durch das Stern*zeichen* Zwilling »eilen«. – Saturn ist zur selben Zeit gemäß astronomischer Angabe am Morgenhimmel im Sternbild des Skorpion zu finden, in den Ephemeriden-Tabellen jedoch im Tierkreiszeichen des Schützen, und so weiter.

Die Feststellung der Präzession ist für die Astronomie von großer Wichtigkeit. Für die Astrologie bleibt sie bedeutungslos. Die Astronomie (griechisch = Sternkunde) ist die Lehre von den Sternen, von ihrer räumlichen Anordnung, Bewegung, Beschaffenheit und der Entwicklung der Himmelskörper. Sie ist eine der ältesten Wissenschaften und wurde eine der modernsten – durch die Verflechtung mit Nachbarwissenschaften wie Physik, Meteorologie, Geowissenschaften, Technik und so weiter. Die Astrologie ist in diesem Sinne keine Sternkunde. Sie ist an den Milliarden von Himmelskörpern, ja auch an der Himmelssphäre selbst nicht interessiert. Was hier Bedeutung hat, sind allein die »Wandelsterne«, die Planeten, die sich im Raum, im Verhältnis zur Erde und zur Sonne und in ihren Positionen zueinander verschieben. Ist der Blick in der Astronomie nach außen gewandt, ins Unendliche, das der Mensch mehr und mehr zu vermessen versucht und vermag, so richtet sich der Blick der Astrologie sozusagen von außen nach innen: von dem Bilde der Außenwelt auf die innere Struktur des Menschen. Und das Erstaunliche ist, daß sich im menschlichen Mikrokosmos Analogien zum Makrokosmos des Weltalls finden, wie die modernen Naturwissenschaften zeigen.

In der astrologischen Betrachtung geht es um die ältesten Fragen der Menschheit, die immer von neuem vom erwachenden Bewußtsein des einzelnen gestellt und von Religion und Philosophie aufgegriffen werden: Woher komme ich? Wer bin ich? Was ist mein Ziel?

Für diese Art von Fragen ist die Präzession ohne Bedeutung. Es bleiben die Planeten, Repräsentanten numinoser Erfahrungen oder archetypischer Strukturen. Es bleiben die sonnenbestimmten Tierkreiszeichen als Erfahrungsniederschlag bestimmter Rhythmen im physischen wie psychischen Leben. Und hinzu kommt schließlich der Bezug auf den einzelnen Menschen, auf Ort und Stunde seiner Geburt und damit auf seine individuellen Lebensmöglichkeiten, wie sie im System der Häuser erfaßt werden.

Die Tierkreiszeichen

Die zwölf Tierkreiszeichen können als zwölf Facetten des Sonnensymbols gesehen werden. Diese Zeichen sind zunächst keine Symbole im eingangs bestimmten Wortsinn. Auch die einzelnen Fixsterne, die in den Tierkreissternbildern zusammengefaßt sind, sind keine Symbolträger wie etwa die Planeten. Die Sternbilder – und gerade die der Tierkreiszeichen – lassen eine sinnlich wahrnehmbare Gestalt nur schwer erkennen, die sie als Symbolträger geeignet erscheinen lassen könnte. Man versuchte zwar, in die astrologischen Sternkarten phantastische, ausdrucksvolle Figuren einzuzeichnen; aber die einzelnen Sterne, die zu dem Bilde führten, sind darin nur mit Mühe und manchmal an eher unwichtigen Stellen der Figur zu finden.

Was mit den Tierkreiszeichen erfaßt wurde, läßt sich nur durch die prägende Erfahrung der verschiedenen Sonnenqualitäten verstehen, für die sie Symbolträger wurden, nicht durch die Betrachtung der ihnen zugehörigen Fixsterne.

So gibt es gerade zu den Sternbildern der Tierkreiszeichen nur wenige eindrucksvolle oder selbständige Mythen und Sagen, während sich zu anderen Sternbildern reichlich Sagen aus der griechischen Heldenwelt finden lassen.[65]

Die Chiffren, die zur Bezeichnung der Tierkreiszeichen üblich sind, entsprechen einer Bilderschrift, in der ein gemeinter Inhalt in knapper Form bildlich aufgezeichnet wird.

♈ ♉ ♊ ♋ ♌ ♍ ♎ ♏

♐ ♑ ♒ ♓

Trotzdem wurden die Tierkreiszeichen seit jeher – und in allen astrologischen Traditionen – als Symbole im eigentlichen Sinne erfahren. Man meinte, eine Wirkkraft in ihnen zu spüren, und sah in ihnen ein Abbild ahnbarer, ja feststellbarer übergeordneter Prinzipien, ähnlich wie bei den Planeten oder Planetengöttern. Und man schloß von den Merkmalen des Tierkreiszeichens auf den unter ihm Geborenen.

Aus heutiger psychologischer Sicht könnte man sagen, der Mensch habe seit jeher in der Außenwelt das gesehen und erlebt, was in seiner eigenen Struktur bereits angelegt ist. In bezug zum Tierkreis ist dies sogar besonders einleuchtend, denn der Mensch ist als Erdgeborener ganz und gar bedingt durch die irdischen Gegebenheiten. Und diese sind wiederum durch den Stand der Sonne zur Erde bestimmt. Wir werden in ganz bestimmte irdische Bedingungen hineingeboren und sind durch diese geprägt. Und wir können unsere Umwelt bis hin zur fernsten Außenwelt nicht anders erleben und bewußt wahrnehmen als durch Projektionen, die unserer inneren Struktur entsprechen.

So hat die Seele des Menschen den Himmelshintergrund dessen, was ihn prägt, zum Symbol erhoben. In diesem Sinne kann man sagen, die zwölf Tierkreiszeichen sind verschiedene Facetten des Symbols Sonne. Dabei muß noch einmal daran erinnert werden, daß wir Projektionen nicht willentlich machen, sondern daß sie uns geschehen. Sie reichen bis ins Weltall hinaus und bringen uns das Nächste nahe: unsere innere Struktur – oder unsere eigene Seele. Zuerst müssen Fülle oder Kargheit, Weichheit oder Härte, Feuer oder Wasser »draußen«, in der Außenwelt erlebt werden, bevor wir in unserem physischen und psychischen Leben Entsprechungen sehen können, ja bis wir schließlich sogar für möglich halten, daß wir die Erfahrungen in der Außenwelt nur aufgrund unserer inneren Struktur machen konnten – oder machen mußten.

Indem wir zur Betrachtung der Planeten die Mythen der Götter heranzogen, die ihnen den Namen gaben, entdeckten wir Analogien zu den psychischen Funktionen in uns. Wir sahen sie als prägende Urmuster, als Archetypen unserer Seele.

Bei der Betrachtung der Tierkreiszeichen, die in Zusammenhang mit Sonnenqualität und jahreszeitlichen Rhythmen stehen, stoßen wir auf Analogien zwischen der Bedingtheit organischen Lebens auf der Erde und unserer eigenen physischen Bedingtheit. Dabei können wir aber physische von psychischen Funktionen nicht absolut trennen. Sie bedingen einander. Wir können auch physische Bedingungen nur wahrnehmen mit Hilfe unserer seelischen Funktionen.

Es ist folgerichtig, daß in der Astrologie jedem Tierkreiszeichen ein Planet zugeordnet wurde, der besonders geeignet ist, die psychische Komponente der physischen Gegebenheit des Tierkreiszeichens zu verdeutlichen. Ja oft wird erst durch den Planeten das Tierkreiszeichen selbst »verständlich«.

In der astrologischen Deutung geht es darum, die Symbolbilder der Tierkreiszeichen und die in ihnen erkennbaren psychischen Tendenzen, die in den Planeten gefaßt sind, zusammenzusehen. War zuerst eine Projektion physischer und psychischer Strukturen in die Außenwelt und in das sie symbolisierende Bild, das Tierkreiszeichen, erfolgt, so führt der Weg jetzt wieder zurück in die Psyche und in die physische Gegebenheit des einzelnen Menschen. Es erfolgt die Rücknahme der Projektionen, wenn wir die äußeren Fakten als innere Strukturen erkennen, wenn wir äußere Bedingtheit als innere Gegebenheit und Möglichkeit sehen.

Das klingt beinahe mystisch. Aber schon Paracelsus (als Arzt) und Kepler (als Astronom) sprachen von einem »inneren Tierkreis«, und sie meinten damit eine der Psyche eigenen innere Struktur, die nicht »nur« eine Analogie zum »äußeren« Tierkreis darstellt, sondern auch tatsächlich an dieser kosmischen Prägung teilhat beziehungsweise eine Entsprechung zum äußeren Tierkreis aufweist.[66]

Alle Menschen haben teil an allen zwölf Tierkreiszeichen, denn wir sind – aus unserer Sicht – vom Zodiak umkreist. Und in jedem Kosmogramm oder Horoskop bilden die zwölf Tierkreiszeichen als Kreis das Grundmuster, den Hintergrund für unser individuelles Sein. Die Planeten sind je nach Jahr, Tag und Stunde verschieden darin verteilt.

Die zehn Planeten wurden den zwölf Tierkreiszeichen so zugeordnet, daß Sonne und Mond nur zu je einem Zeichen gehören, das ihrem Wesen vollkommen entspricht; die anderen fünf Planeten wurden je zwei Zeichen zugeordnet, einmal in aktiver und einmal in passiver, dem Yang- und dem Yin-Prinzip entsprechender Form.

Die Zuordnung der später entdeckten Planeten Uranos, Neptun und Pluto zeigt die folgende Abbildung. Daß dabei wirklich eine Entsprechung von Planet und Zeichen besteht, wird sich bei der Betrachtung der entsprechenden Tierkreiszeichen zeigen.

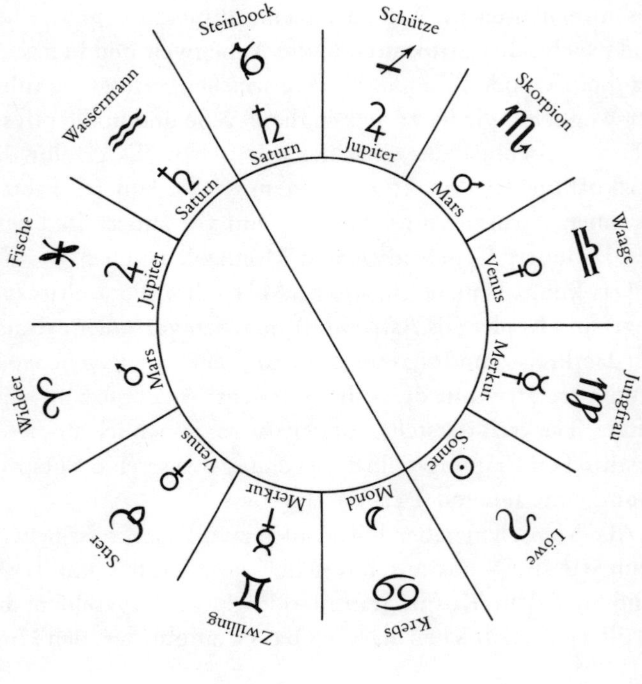

Die Symmetrie ist nun aufgegeben und einer Dynamik gewichen, der wir im folgenden weiter nachgehen werden.

Bei der Betrachtung der Tierkreiszeichen werde ich jeweils zunächst kurz auf den Sonnenstand, das heißt die jahreszeitliche Lichtsituation hinweisen, danach mich dem symbolischen Bild zuwenden. Beide werden sodann in Bezug zum dazugehörigen Planeten gesetzt, denn dieser läßt den psychischen Aspekt, den das Tierkreiszeichen repräsentieren kann, erst erkennen. Wieder ergeben sich dabei wie bei der Betrachtung der Planetensymbole positive wie negative Aspekte, Licht- und Schattenseiten, je nach der bewußten oder unbewußten Einstellung zu den Qualitäten, die sich im Zeichen manifestieren. Abschließend gebe ich noch

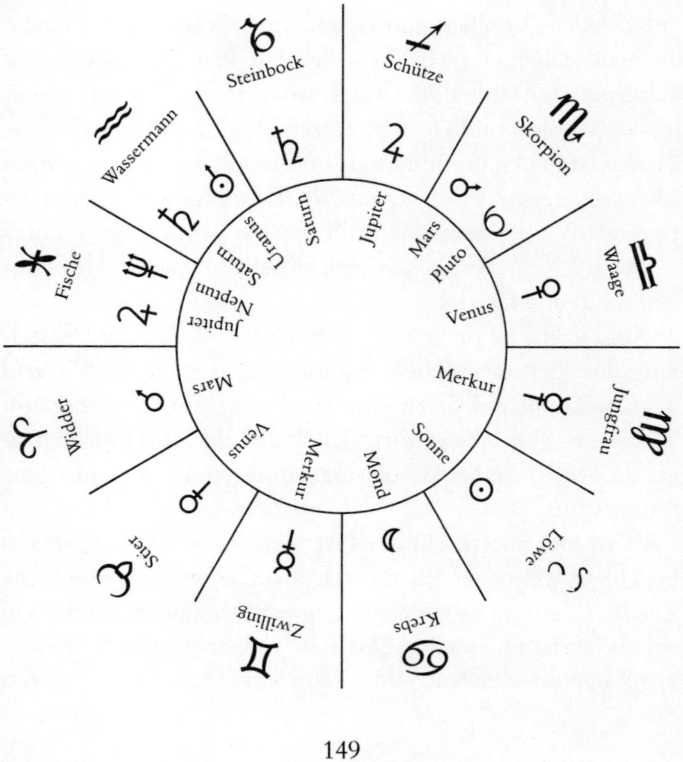

einen Hinweis auf die Körperregion, der die zwölf Tierkreiszeichen in der alten Astrologie zugeordnet wurden, um immer wieder auch auf die organisch sich spiegelnde oder »materielle« Seite des Tierkreiszeichens hinzuweisen.

Früher leitete man aus den Tierkreiszeichen weitreichende Aussagen zu Körperbau, Physiognomie und Krankheitsdispositionen ab. Ich kann dieses Thema nur andeuten, möchte aber den physischen Aspekt nicht ganz unerwähnt lassen.[67] – Diese Annahmen der alten astrologischen Tradition lassen sich selbstverständlich in keiner Weise durch heutiges medizinisch-physiologisches Denken stützen. Dennoch erscheint mir das Vorhandensein solcher Entsprechungen im Sinne einer Körpersprache plausibel und in vielen Fällen beobachtbar.

Bei der Interpretation des Tierkreissymbols werde ich verschiedene Quellen und Betrachtungsweisen gebrauchen, da man sich hier nicht, wie bei den Planetengöttern, auf zusammenfassende und zeitlich zusammengehörende Quellen wie Hesiod und Homer stützen kann. Einerseits sind die Tierkreiszeichen besonders alt und waren bereits im ganzen Mittelmeerraum gut bekannt, als sie bei den Griechen noch eine relativ unbedeutende Rolle spielten, andererseits fehlen – soweit ich es überblicke – geschlossene Zusammenstellungen zu dem Material.

Angestrebt ist nicht eine möglichst vollständige Darstellung der Tierkreiszeichen. Sie lassen sich nicht erschöpfend deuten. Dazu sind sie zu sehr Symbol geworden. Und zum Wesen des Symbols gehört, daß es auf eine es selbst überragende Macht hinweist, die man umkreisen, aber nie ganz fassen kann.

Es ist hier auch nicht der Ort, darauf einzugehen, was es bedeutet, wenn ein Planet sich nicht in seinem »eigenen« Zeichen, zu dem er wesensmäßig paßt, befindet, sondern in einem anderen, seiner Qualität vielleicht gerade entgegengesetzten Zeichen, oder wie eine Ansammlung von mehreren Planeten im gleichen Zeichen zu verstehen ist. Ich hoffe aber doch, so viel vermitteln zu können, daß im Leser die Lust und der Mut zur weiteren Beschäftigung mit der Astrologie erwachen.

Es wird sich nicht vermeiden lassen, gelegentlich den Namen des Tierkreiszeichens personifizierend zu gebrauchen, vom »Widder«, »Stier«, »Zwilling« zu sprechen, wenn ein Mensch gemeint ist, der durch die Qualitäten des Tierkreiszeichens geprägt ist.

♈ Widder – Planet Mars ♂

21. III. – 21. IV.

Das Tierkreiszeichen Widder beginnt mit dem 21. März, wenn die Sonne den Himmelsäquator nach Norden überschreitet. Es ist der Zeitpunkt der Frühlings-Tagundnachtgleiche. Von nun an überwiegt auf der nördlichen Halbkugel das Licht in steigendem Maße. Der Frühlingspunkt ist überschritten, das Jahr »nimmt zu«, das heißt: Licht und damit Wachstum nehmen zu.

Wir spüren und erleben den endgültigen Sieg des Lichtes, die zunehmende Sonnenkraft, ein eigentliches Neu-Jahr. Die gefrorene Erde ist aufgebrochen, die zarten Sprosse stoßen durch und leuchten besonders hell nach der farblosen Zeit. Alles kündet von Aufbruch zu neuem Leben. So ist auch der Widder – im Sprung vorgestellt – das Symbol neu erstehenden Lebens. Die Sinne öffnen sich dem Neubeginn: Es »riecht« nach Frühling. In den meisten Menschen erwacht das Gefühl steigender Kraft und Lebenslust.

Die Tagundnachtgleichen und Sonnwendzeiten sind die bemerkenswertesten Punkte im Sonnenlauf: Balance zwischen hell und dunkel; Zunahme des Lichts bis zum Höhe- und Wendepunkt; Wiederabnahme bis zur Herbst-Tagundnachtgleiche; weitere Abnahme bis zum kürzesten Tag, wenn von der Wintersonnenwende an die Sonne dann von neuem zu steigen und der Tag länger zu werden beginnt.[68] Diese vier markanten Stellungen von Frühlings-, Sommer-, Herbst- und Winterpunkt werden Kardinalpunkte genannt. Die sich daran anschließenden Tierkreiszeichen, Widder, Krebs, Waage und Steinbock, sind »kardinale Zeichen«. Sie stehen am Beginn einer neuen Jahreszeit und markieren den Beginn eines neuen Quartals. Sie wurden in fast allen Kulturen bis in die Neuzeit gefeiert und rituell begangen. Das zweite Tierkreiszeichen des Quartals wird traditionsgemäß als »fest« oder »fix« bezeichnet, das dritte danach als »beweglich«, »verbindlich«. Außerdem wird jedem Tierkreiszeichen ein Element zugeordnet: Feuer, Erde, Luft oder Wasser.[69] Auf die Bedeutung dieser beiden Zuschreibungen kann ich an dieser Stelle nicht genauer eingehen, weise aber dennoch im Zusammenhang mit jedem Tierkreiszeichen darauf hin und komme im letzten Kapitel nochmals darauf zurück.

Das Symboltier des Frühlingsbeginns ist der Widder, ein Schafsbock. Nur wildlebende Schafe zeigen ihr eigentliches Wesen; gezähmt, gezüchtet, verkehrt sich ihre Eigenart ins Gegenteil. Wildlebende Schafe sind lebhaft, schnell, gewandt, behend. Wir kennen meistens nur noch die trägen, ausdruckslosen, stumpf wirkenden Haustiere, die im Tierkreiszeichen sicher nicht gemeint sind.

Der Widder – wie alle wilden Schafe – lebt in Gebirgsgegenden und liebt die Höhen. Mit dem steigenden Licht und der steigenden Jahreszeit zieht er von der Tiefe in höchste Höhen hinauf – bis über die Schneegrenze; und wenn es Winter wird, wieder hinab. Widder klettern gewandt und kühn, sind »von regem Geist«, zeigen »kluges Erkennen« und meiden Gefahren (Brehm).[70] Begegnen ihnen aber Rivalen oder werden sie sonst herausgefordert, erwacht ihre Kampflust. Widder kämpfen bis zu einem eindeutigen Ausgang: Sieg oder Untergang. Das kann im Nu geschehen. Dem Impuls folgen Anlauf und Sprung, und ist das Hindernis beseitigt oder übersprungen, herrscht wieder »reine Lebenslust« – oder Drang nach neuen Unternehmungen.

So gewandt der Widder im Springen und Klettern ist, so wenig zeigt er Ausdauer, wenn er größere ebene Strecken zurücklegen muß. Der Widder als Leittier kann rücksichtslos sein. Er merzt seinen Nebenbuhler aus, flieht aber bei größerer Gefahr und läßt Herde und Junge im Stich. – Insgesamt sind diese Tiere sehr vital, zeugungsfreudig und bereits mit einem Jahr auch zeugungsfähig.

Viele der Züge, die Brehm beschreibt (ohne natürlich an Astrologie zu denken), entsprechen den Eigenschaften, die *Mars* zugeschrieben werden. Seine ungestüme, ungezügelte, aufbrausende Art machte ihn bei seiner Mutter Hera und den andern Olympiern so unbeliebt. Kampfesleidenschaft, wechselnde Impulse, Zerstörungswut, Unbeständigkeit, »Wankelmut« wurden in ihm erfahren. An das Kampfgewühl und blinde Schlachtengetümmel kann man denken bei der dem Widder blindlings folgenden Herde, die sich ohne Besinnen dem Widder nach in unnötige Gefahren stürzt.

Inbrünstig hatte Mars sich Venus genähert und Furcht und Schrecken gezeugt, aber auch Eros und Harmonie, als er liebend angenommen wurde. Ungerichtet war seine Energie schnell zerstörerisch; richtig eingesetzt dagegen, war sie von großer Schlagkraft und von Durchsetzungsvermögen.

Das Bild des Widders hilft, dem Ausdruck zu verleihen, was im Symbol dieses Tierkreiszeichens zu spüren ist. Und die Qualitäten, die dem Planeten Mars zugeschrieben werden und dem Wesen des Widders so ähnlich sind, verdeutlichen das auf eindrucksvolle Weise. Das mit dem beginnenden Frühling in die Höhe ziehende Tier weist auf die höhersteigende Sonne, auf steigende Lebenskräfte und auf neue Impulse, keimende Möglichkeiten.

Sinngemäß im gleichen Zusammenhang stand der Widder im alten Ägypten. Dort war er das heilige Tier des Schöpfergottes Chnum, der unter anderem den Menschen – auf der Drehscheibe – schuf. Zeugung und Neuschöpfung wurden auch in den Frühlingsfesten gefeiert, bei denen ein

Widder als Opfertier diente. Er wurde der Gottheit mit unversehrtem Skelett dargebracht, als Garant dafür, daß neues Leben und Wiederbelebung möglich sind.

Auch im Alten Testament diente ein Widder als Opfertier: Ihm hatte Isaak sein neu geschenktes Leben zu verdanken. – Und schließlich findet das Osterfest, Auferstehung vom Tode, im Tierkreiszeichen des Widders statt: am ersten Sonntag nach Frühlings-Vollmond.

Das Tierkreiszeichen umfaßt alle Züge von Anfang und Neubeginn: Anlauf und Sprung, Stoßkraft, Triebkraft, Kampflust, Durchsetzungsvermögen, Vorwärtsdrängen, Streben zur Höhe, zum Licht. Widderqualitäten und Marsfunktionen sind Kräfte, die zu dieser Zeit prägend wirken: das Stürmen, Sprengen, Stoßen, Springen, Stechen, Aufbrechen, Eindringen, Erobern, Befruchten, Zerstören, Überspringen von Hemmnissen, die Unruhe, das Drängen, der Auftrieb. Dem feurigen Wesen von Widder und Mars entsprechend, wurde diesem Tierkreiszeichen das Element des Feuers zugeordnet.

Psychisch verstanden, dem »inneren Tierkreis« entsprechend, äußern sich diese Qualitäten als Aktivität, Initiative; Eigensinn, Streitlust, Reizbarkeit; Unruhe, Ungestüm, Schnelligkeit, Sich-Vordrängen; in jugendlicher Ungeduld, in erotisch-sexueller Eroberungslust; in wenig Einfühlungsvermögen, aber dem Wunsch, dennoch ganz angenommen zu werden, trotz, ja gerade mit aller Wildheit; in dem Wunsch nach Balance durch liebende Ergänzung (wie bei Mars und Venus). Das wird durch Rücksichtslosigkeit, wechselnde Impulse, starke Affekte, Streitlust und wenig Anpassungsbereitschaft nicht leicht erreicht – beziehungsweise den andern nicht leichtgemacht –, bleibt aber ein Sehnen, das weitertreibt. Andererseits verbietet Eigenwille dem Widder, sich unterzuordnen. Er ist äußerst empfindlich gegen Autorität, gegen Beschränkung des Eigenraums, im konkreten wie im psychischen Bereich.

Dem Tierkreiszeichen Widder wird im *Körperbereich* der Kopf zugeordnet. »Mit dem Kopf durch die Wand« und sich durchsetzen wollen, oder »den Kopf verlieren« und in Panik ausbrechen, das sind Möglichkeiten, die im Wesen von Widder und Mars gegeben sind; ebenso »den Kopf zu verlieren« in plötzlicher Verliebtheit, die heftig sein kann, aber nicht von Dauer sein muß.

Bei der Annahme, daß der Mensch eine Einheit von Leib und Seele darstelle, fällt es nicht allzu schwer, negative Körperfolgen für möglich zu halten, wenn die primär angelegte Natur im Menschen sich nicht frei entfalten konnte. Das gilt für alle Tierkreiszeichen und die in ihnen enthaltenen psychischen Funktionen. Wenn man zu seinen Anlagen nicht bewußt stehen und sie ins Leben integrieren kann, verkehren sie sich in Störungen, in Krankheit oder krankhafte Züge. Daran ist meistens nicht nur der einzelne selber »schuld«. Umgebung, Milieu, Gesellschaftsforderungen sind mitbeteiligt, wenn auch nicht aus dem Horoskop ersichtlich. Es zeigen sich im Geburtshoroskop aber die ursprünglichen Neigungen und Strukturen; und wenn es nicht gelingt, ihnen gemäß zu leben, verbiegen sich die Möglichkeiten in ihr Gegenteil. Sie werden in den *Schatten* verdrängt – oder führen lange Zeit nur ein Schattendasein, unerwünscht, verboten und auch in ihrem positiven Aspekt nicht erkannt.

Statt Initiative und Aktivität wird Aggression erlebt; oder, wenn auch sie nicht zugelassen wird, verkehrt sie sich in passive Aggression: In jedem Gegenüber wird ein möglicher Feind, etwas Böses gewittert, und man begegnet ihm mit einer so negativen Erwartungshaltung, daß die eigene – passive – Haltung Aggression ausstrahlt. Es ist aber auch möglich, daß die Aggression sich nicht nach außen, sondern nach innen, selbstzerstörerisch gegen die eigene Person richtet.

Wer seine Kraft nicht leben kann, leidet unter dem Gefühl von Angst und (auch realer) Ohnmacht. Wer ein Problem nicht anpacken kann, knirscht nachts mit den Zähnen. Daß Kopfschmerz, Migräne, Schlafstörungen etc. Folgen nicht gelebter Mars-Widder-Möglichkeiten sind, könnte man sich in diesem Zusammenhang vorstellen.

♉ Stier – Planet Venus ♀

22. IV. – 21. V.

Einen Monat ist die Sonne weitergestiegen. Die Tage werden deutlich länger und wärmer. Die Farben in der Natur nehmen zu. Das anfangs noch wechselnde, unzuverlässige »Aprilwetter« weicht einer stetigeren Wärme. Man wird wieder sicher: Es ist Frühjahr, der Sommer wird kommen. Die Saat ist aufgegangen, es wird bereits gepflanzt.

Der Ekliptikabschnitt, den die Sonne jetzt zurücklegt, ist durch das Tierkreiszeichen Stier gekennzeichnet. Wieder geht es um ein gehörntes, männliches Tier, und dennoch repräsentiert der Stier ganz andere Qualitäten als der Widder: Liebte jener Aktivität und die Höhe, so fühlt sich der Stier unten im Flachland wohl, auf weichen, satten Wiesen, in friedlicher Passivität. Die Kontraste könnten kaum größer sein als zwischen dem himmelwärts stürmenden kleinen Widder, dem Tier des Schöpfergottes Chnum, und dem fest auf der Erde ruhenden Stier. Er war das heilige Tier des ägyptischen Erdgottes Apis.

In beinahe allen Religionen spielte *der Stier* eine bedeutsame Rolle, und dank seiner eindrücklichen mächtigen Gestalt wurde er überall zum Symbol von Kraft und Fruchtbarkeit: in Indien, Persien, auf Kreta; im Mithraskult und bei den Kelten. Er galt als Fruchtbarkeitsträger, als Befruchter der Erde, als lebenspendender und lebenerhaltender Quell; aber ebenso als Fruchtbarkeit der Erde selber, als Symbolträger des Erdgottes. Im alten Babylon galt er als Befruchter und

Erhalter der Lebenskraft, als Übermittler des Lebenswassers. Und in Ägypten erlebten die Menschen die jährliche Nilüberschwemmung, die für die Bewässerung ihrer Felder sorgte und deshalb lebensnotwendig war, als »Gabe des Stieres«. Fruchtbarkeit ganz allgemein wird als wesentliche Qualität des Stier-Symbols erlebt, nicht nur im Sinne aktiver Befruchtung, sondern vor allem als fruchtbares Wachstum, als Fruchtbarkeit der Erde, des Ackers, in dessen – vom Stier – gepflügten Schollen Fruchtbarkeitsrituale gefeiert wurden.

Der Stier als Symbol entspricht dem Yin-Prinzip, dem Weiblichen; der Widder dem Yang-Prinzip, dem Männlichen. Beide sind gehörnte, männliche Tiere. Dabei ist der Stier, obwohl dem Weiblichen zugeordnet, das viel größere und wohl eindrücklichere Tier. Mit den Begriffen »männlich« oder »weiblich« werden keine Werturteile gegeben, wohl aber zeichnen sich darin grundsätzlich verschiedene, einander bedingende und ergänzende Qualitäten ab.

Im Zeichen des Widders steht – astrologisch gesprochen – die *Sonne* »erhöht«, in besonderer »Kraft«; im Zeichen des Stiers ist der *Mond* »erhöht«, in einem ihm gemäßen Kräftefeld. Im Zeichen des Stiers geht es um Wachstum in jeder Hinsicht, auf organischer wie psychischer Ebene. Ebenso ist Wachstum mit dem Mond verbunden. Bei der Betrachtung des Tierkreises erkennen wir wieder das allgemeine Energiegesetz, von dem bereits im Zusammenhang mit den verschiedenen Mondphasen und dem Verhältnis von Sonne und Mond die Rede war: Eine Bewegung bewirkt immer eine Gegenbewegung, ein Impuls einen Gegenimpuls. Das kann man auch bei der Aufeinanderfolge von Widder und Stier feststellen. Und dasselbe wird sich bei der Folge der weiteren Tierkreiszeichen wiederholen. Man kann sie alle als Paare gegenläufiger Tendenzen oder Kräfte erkennen. Durch die Folge von Spannung – Lösung – neuer Spannung wird die Dynamik spürbar, in der sich der Jahreslauf vollzieht.

Ist der Widder geschwind, sprunghaft, drängend, so ist der Stier schwer, langsamen Schrittes, fest und sicher auf der Erde, unbeholfen dagegen in hohen Lagen und auf steinigen Halden, wo der Widder sich gerade heimisch fühlt. Der Stier genießt es besonders, auf der Erde und in der Sonne zu liegen. Er frißt nur Pflanzen, sucht sich aber wählerisch die schmackhaftesten aus und genießt seine Nahrung, indem er sie wiederkäut.

Der Stier ist friedlich und läßt andere neben sich grasen, solange Raum und Vorrat reichen. Er wird nur zornig und kampfbereit, wenn er gereizt wird oder wenn er sein Eigentum verteidigen muß. Dann allerdings kann sein Angriff tödlich sein. Sein großes Gewicht (bis zu 800 kg) gibt seiner Attacke die nötige Wucht.

Im allgemeinen aber spiegelt sein Bild ein beinahe passives Dasein, ein Sich-Einverleiben und Genießen, oder geduldiges Arbeiten, wenn ein stärkerer Wille ihn antreibt. Er kann dann zäh und ausdauernd sein. Für den Menschen bedeutete der Besitz des Stieres Reichtum, Stärke und Kraft (als Zug- und Lasttier), Sicherheit und Nahrung. In ihm fand er alles, was seinem Leben eine verläßliche Basis gab.

Durch seine bloße Erscheinung, durch seine Größe, die guten Proportionen seiner Gestalt, in der alles gedrungen und kräftig ist, ohne plump zu erscheinen, ist er der Inbegriff von Kraft, aber auch von kraftvoller Schönheit. Vom »schönsten Ebenmaß in seinen Körperverhältnissen«, von »vollendeter, einhelliger Schönheit« wird bei Brehm gesprochen.

Von daher erstaunt es nicht so sehr, daß gerade *Venus* der Planet ist, der dem Tierkreiszeichen Stier zugeordnet wurde. Unter ihren Füßen, heißt es bei Homer, beginnt die Erde zu grünen und zu blühen, um sie herum verbreitet sich Lebensfreude und Lebenslust. Venus, mit ihrer Ausstrahlung von Lebenslust und Zeugungsfreude, folgten alle Tiere nach, mit ihr waren die Göttinnen des Wachstums aufs engste verbunden.

¶ Alia terrea Taurus

Im Bilde des Stiers wie der Venus wurde Freude an Genuß, Frieden, Harmonie erlebt, Liebe zur Erde, zur Natur, zu allem natürlichen Wachstum. Darum wurde diesem Tierkreiszeichen das Element der Erde zugeordnet. Werden die natürlichen »Gaben« gestört, verkehrt sich beider Wesen in das Gegenteil. Wird der Stier gereizt, kennt er in seiner blinden Wut keine Grenzen. Unter Todesverachtung greift er selbst stärkste Raubtiere an – und bleibt meistens Sieger. Von Venus wurde ähnliches berichtet: Ist sie verletzt oder mißachtet, kann sie sich vernichtend rächen.

Psychisch werden Stierqualitäten als Nähe zum Irdischen erfahren: Nähe zur Erde, zur Natur, zum eigenen Leib; Nähe zu allen Wachstumsprozessen. Und diese sind stetige, aber langsame Prozesse. Ebenso ist das Wesen des Stieres bedächtig, langsam. Einen voranspringenden Widder kann Ungeduld packen, wenn er dem Stiertempo zusehen soll. Aber läßt man dem Stier – psychisch und physisch – Zeit, so wird er zu seiner Zeit das Ziel erreichen, und manchmal mit größerem Gewicht oder Nachdruck als mancher andere, denn er bleibt sich treu, bleibt natürlich und echt, und die Frucht, die er schließlich erntet, ist vollgereift.

Natürlich gibt es auch hier wieder die verschiedensten Ebenen der Verwirklichung. Stier wie Venus können ein im Grunde unbelebtes, langweiliges oder stumpfes Leben führen, das sich in sinnlichem Genuß und materiellem Wohlergehen erschöpft. Stier wie Venus sind realitätsbezogen und dem Sinnlichen nah: Mit Tasten, Riechen, Schauen,

Schmecken und Hören nehmen sie die Welt in sich auf. Und wenn die Widerstände nicht zu groß sind, gehen sie gern kreativ mit ihr um. In welcher Weise, das hängt dann von den einzelnen Begabungen ab.

Wenn der Stier auf Widerstände stößt, gibt es verschiedene Möglichkeiten der Reaktion: Vielleicht fühlt er sich angestachelt, sich nun erst recht durchzusetzen, vom eigenen Vorhaben nicht abzulassen, eigenen Boden nicht herzugeben, sein Anliegen »durchzustieren«. Oder aber er weicht so lange wie möglich aus, »um des lieben Friedens willen«, in Wirklichkeit aber, weil es bequemer ist. Er zeigt dann höchstens passive Resistenz oder passives Erdulden.

Weder Stier noch Venus kennen großen Ehrgeiz (erst andere psychische Funktionen müssen diesen wecken). Sie wollen keine Höhen erstürmen, aber sie können Höhen entgegenwachsen und dann mit innerer Sicherheit, mit Natürlichkeit und auch großem Gewicht oder Bedeutung vor »der Welt« – oder vor sich selbst dastehen.

*Schatten*aspekte der Stierqualitäten ergeben sich, wenn der Stier nicht zu seinem Wesen stehen kann oder mag oder darf; wenn er sich nicht Zeit lassen kann bei inneren oder äußeren Prozessen; wenn seine Ziele in ihm nicht wachsen und reifen können, sondern forciert oder unterdrückt werden. Anstatt innerer Sicherheit und Stabilität ergibt sich dann Unselbständigkeit, Unreife und Autoritätshörigkeit. Er bleibt gläubig, abhängig, um nicht aktiv sein zu müssen. Er sieht Widerständen nicht ins Auge, das heißt, er verdrängt, was er spüren und sehen könnte. Er kann zum Spießer werden, zum Genießer des Augenblicks und seiner ewigen Wiederholung. Sammeln, Besitz von Gütern rückt dann an die Stelle von schöpferischer fruchtbarer Kraft und Wachstum. Besitz wird wichtiger als innerer Wert. Haben geht über Sein.

Das Tierkreiszeichen Stier wird der *Körperregion* von Hals, Nacken und Schultern zugeschrieben. Man sagt manchmal von einem Menschen, er habe einen »Stiernakken«. Das ist meistens nicht schmeichelhaft, sondern meint Stumpfheit, Undifferenziertheit, Derbheit. Beim Stier sind in der Tat Nacken und Schulterpartie besonders eindrucksvoll. Beim Stier bilden sie im Stand den höchsten Punkt, sind besonders breit und kräftig und zeichnen es zum Trag- und Lasttier aus. Was kann aber auch einem »Stier-Menschen« alles aufgeladen werden!

Als Körpersprache zeigt sich die Belastbarkeit eines Menschen oft in der Haltung seines Nackens und seiner Schultern. Ein »echter« oder gesunder Stier wird nur schlucken oder tragen, was ihm gut bekommt. Er ist wählerisch, instinktsicher und hat einen guten Geschmack. Wenn einer alles schluckt, kann es ihm nicht gutgehen. Ein starker Stier lädt sich gerne vieles auf, aber er merkt auch, wenn es *zu viel* wird: Seine Nacken- und Schultermuskeln verspannen sich. Wird dieses Symptom nicht ernst genommen und wird mit der Belastung nicht sorgfältiger, das heißt bewußter umgegangen, so kann die Verspanntheit zu sehr schmerzhaften weiteren Symptomen führen. Sie wollen aber – recht gesehen – nur aus Nachlässigkeit, Stumpfheit oder Feigheit herausholen und zum echten Kampf, zu natürlicher Lebensfreude locken, wo auch Venus wieder integriert ist.

Nur wo das Venus-Prinzip, der psychische Bezug zum körperlichen Ergehen, vernachlässigt wurde, wo Harmonie und Wohlproportioniertheit nicht gewahrt wurden, muß die Körpersprache so deutlich werden, um damit Änderung der seelischen Einstellung zu bewirken.

♊ Zwilling – Planet Merkur ☿

22. V. – 21. VI.

Steht die Sonne im Zeichen des Zwillings, dann ist das Jahr schon weit vorgerückt. Es steht zwischen Frühjahr und Sommer. Die längsten Tage werden bald erreicht sein, die Vegetation steht in voller Fülle – und doch ist es noch nicht ganz Sommer. Es ist eine Zwischenzeit: Zwillingszeit, Vorsommerzeit.

Das Symbol der Zwillinge ist das erste Tierkreiszeichen, das durch kein Tier dargestellt, sondern menschengestaltig ist. Es zeigt gleich zwei Menschen, zwei Brüder, aufs innigste miteinander verbunden, wie zwei Seiten eines Ganzen.

Nach dem feurigen Widder und dem erdhaften Stier ist das Zwillingszeichen jetzt ein *Luft*zeichen. Es wird dem mentalen Bereich zugeordnet. Es ist, als ob jetzt erst einmal ins Bewußtsein gehoben werden müßte, was vorher physisch und psychisch geschah und erlebt wurde. Zu dieser Bemühung braucht es die spezifisch menschliche Funktion des Bewußtseins, die Möglichkeit zur Reflexion, zur Stellungnahme. Darum ist das Bruderpaar als Tierkreiszeichen für die Zeit des Übergangs vom Frühling zur Sommersonnenwende besonders »passend«.

Zwillinge haben seit je die Menschen als »das Besondere« bewegt. Sie erhielten früh symbolische Bedeutung, und sie spielten in vielen Religionen eine Rolle, sei es in Menschen- oder Tiergestalt. Da die beiden hervorragenden, sehr hell leuchtenden Fixsterne dieses Sternbildes früh die Namen Kastor und Pollux erhielten, halte ich mich an den sie betreffenden erzählten Mythos. Aber ich ziehe auch die ältere, griechische Erzählung hinzu, die entstand, als das Sternbild nur »die Zwillinge« hieß. In beiden Versionen finden sich Züge, die das Wesen dieses Tierkreiszeichens erhellen und auch für spätere Erwägungen (im Zusammenhang mit den Häusern) eine gute Grundlage bieten.

Das Sternbild der Zwillinge war ein Sinnbild einzigartiger Bruderliebe und stellte den Wert enger Blutsverwandtschaft dar.[71] Kastor und Pollux waren Zwillinge, Söhne der Leda, aber nicht vom gleichen Vater gezeugt. Nur Pollux war ein echter Sohn des Zeus und unsterblich. Kastor war in der gleichen Nacht vom König Tyndareos gezeugt worden und war sterblich. Die Liebe der beiden Brüder war so groß, daß Pollux seinen Vater Zeus bat, ihn wie Kastor sterben zu lassen, damit sie auch im Tod vereint blieben. Da gestattete Zeus ihnen, daß sie zusammenbleiben und abwechselnd im Hades und im Olymp weilen durften. Dadurch kamen sie in den Bereich verschiedener Lichtgötter, sie wechselten vom Hellen ins Dunkel und wieder zurück und hatten – als einzige Wesen – Teil an beiden Welten. Sie galten den Menschen als Helden und als Retter in der Not; und diese Gabe dürften sie besessen haben als Himmelsgötter, die den Abstieg ins Dunkel, die Todes- und Nachtfahrt immer wieder von neuem durchstanden.

Es erstaunt nicht, daß den Zwillingen *Merkur* zugeordnet wird, wenn wir uns erinnern, daß er der einzige unter allen Planetengöttern war, der Mittler zwischen Olymp und Hades sein konnte, der Zugang zum Reich der Toten hatte und der die Gestorbenen dahin geleitete.

Der ältere Zwillingsmythos, der dem Sternbild zugehört, berichtet von einem thebanischen Zwillingspaar.[72] Zeus hatte der schönen Antiope in Liebe beigewohnt. Als sie merkte, daß sie schwanger war, fürchtete sie sich vor ihrem strengen Vater und mußte fliehen. Alle trachteten ihr nach dem Leben, aber es gelang ihr, die zwei Knaben heimlich zur Welt zu bringen und sie einem Rinderhirten zu übergeben, der sie aufzog. Nach langen Jahren der Gefangenschaft konnte Antiope sich befreien und suchte in der Gegend, in der sie die Knaben zurückgelassen hatte, nach ihren Söhnen. Merkur half ihr und führte sie auf die richtige Fährte; und er befahl dem Verfolger der Antiope, seine Herrschaft über die Stadt Theben nun den beiden Zwillingen zu übergeben. Ihnen gab Merkur den Befehl, die unbewehrte Stadt mit einer starken Mauer zu umgeben. Beide gingen ans Werk, aber auf sehr verschiedene Weise; denn so lieb sie sich waren, so verschieden waren sie auch. Der eine war kräftig gebaut, handwerklich geschickt und mühte sich nun mit ganzer Kraft, die Felsblöcke für den Mauerbau herbeizuschaffen. Er erfand dabei Techniken, sie hochzuhebeln und aufeinanderzuschichten. – Der andere, zart gebaut und besinnlich, hatte von Merkur kein Handwerk erlernt, aber er hatte eine Leier erhalten und sie göttlich spielen gelernt. Wenn er zum Preise der Götter spielte und dazu sang, dann bewegten sich Baumstämme und große Felsen von alleine und schichteten sich harmonisch aufeinander. Was einem klotzigen Mauerbau das sichere Gefüge verleiht, ist die Struktur; ein geistiges Prinzip also, das auf griechisch Harmonie heißt.

Der Mythos selber setzt Merkur hier in Beziehung zu den Zwillingen. Er rettet sie und weist sie an, wie sie ihren künftigen Bereich abgrenzen und sichern müssen. Und jeder der beiden findet seinem inneren Wesen gemäß den Weg zur Verwirklichung: der eine durch handwerkliches Geschick, kluges Überlegen, Einsatz seiner besten Möglichkeiten; der andere auf geistige Weise, durch intuitive Einsicht in Zahlen- und Klangverhältnisse und in Harmoniegesetze, vielleicht auch dank ein wenig »Diplomatie«, wie Merkur selbst sie gebrauchte, als er für Apoll so herrlich spielte und sang. Alles aber sind Gaben Merkurs, die das Wesen der Zwillinge bestimmen.

Als Bild *psychischer Möglichkeiten* zeigen die zwei Zwillings-Sagen, daß ein Mensch sich von so verschiedenen Seiten, mit so verschiedenen Möglichkeiten begabt erleben kann, daß es ist, als müsse er zweier Väter Kind sein. Die Interessen, Neigungen und Fähigkeiten des Zwillingsmenschen sind vielfältig und oft divergierend. Auch bei innigstem Bemühen um Verbindung der verschiedenen Anlagen wird »der Zwilling« nicht leicht zur Ruhe kommen: Der Weg führt vom Olymp zum Hades und wieder zurück, in stetem Wechsel von Höhe und Tiefe, hell und dunkel. Ihm stehen alle Mittel und Wege Merkurs zur Verfügung, aber er ist auch wie jener stets unterwegs, nirgends ganz ausschließlich zu Hause. Er kann von Unruhe erfaßt, aber auch geistig bewegt, körperlich wendig, kann auf verschiedenste Weise »unterwegs« sein. Es ist, als habe ein Zwillingsmensch immer vier Augen, vier Arme und Beine zur Verfügung, als sehe er mehr oder Verschiedeneres zu gleicher Zeit als andere; als müsse er überall etwas »in die Hand nehmen«. Immer gibt es Neues zu lernen oder zu lehren, er ist wie Merkur am ersten Tag seiner Welteroberung. Unternehmungslust, Beweglichkeit, Kontaktfreude unter Geschwistern, Bekannten, Verwandten, geistige und praktische Interessen sind seine Gaben. Der Zwilling steht nicht vor der Frage: Soll ich dies *oder* jenes tun?, sondern vor dem Problem: Wie kann ich dies *und* auch noch jenes tun? Seine Aufgabe wird sein, sein ihm eigenes Wesen überhaupt erst zu entdecken und ihm dann treu zu bleiben, wie jeder der beiden so verschiedenen Zwillingsbrüder seine Tätigkeit mit ganzem Herzen verrichtete. Oder er wird einen Rhythmus finden müssen, in dem verschiedene Interessen zu ihrem Recht kommen: die Tiefe und die Höhe zu ihrer Zeit, oder praktische Tätigkeit und geistige Anliegen in richtigem Wechsel. Sein Weg wird sich nach dem Motto Heraklits richten müssen: zwei Wege zu gehen, den Weg hinunter und den Weg hinauf, die zusammen ein Weg sind. Ein Bild hierfür ist der Hermesstab mit den beiden Schlangen, einer absteigenden und einer aufsteigenden.

Schattenaspekte des Zwillings haben sich bereits angekündigt: innere Unruhe, Unbeständigkeit, die Versuchung, vieles zu beginnen und weniges zu beenden, vieles lernen zu wollen, aber sich in nichts recht zu vertiefen; von einem zum andern zu eilen, ohne dabei den Aufstieg zur Höhe noch die Notwendigkeit des Abstiegs zu bedenken. Die ursprünglich erfahrenen »Zwillingsmöglichkeiten«, die im Bild beider Mythen wie dem Merkurs lebendig sind, die Auseinandersetzung mit Materie und Geist, Leben und Tod, Höhe und Tiefe werden dann vernachlässigt. Gerade in der heutigen Zeit stehen oft die Schattenaspekte des Zwilling-Wesens im Vordergrund: Unruhe, Zersplitterung, Oberflächlichkeit, ständiges Unterwegssein, ohne zu verweilen und sich um einen zugrundeliegenden Sinn zu kümmern.

Dem Tierkreiszeichen Zwilling werden im *Körperbereich* die Lunge und die Luftwege zugeordnet. Im Atem sind »zweierlei Gaben«: Im Ein- und Ausatmen findet Austausch von Innerem und Äußerem statt. Es ist ein Geben und Nehmen und Wieder-geben. Wir atmen unter anderem den Sauerstoff ein, den die Pflanzen ausatmen, übernehmen ihn in unser Blut und atmen unter anderem das Kohlendioxyd wieder aus, das die Pflanzen brauchen. Der Atmungsvorgang bedeutet Austausch, aber auch ein Angewiesensein auf die andere, ergänzende Seite der Natur (dem Bild des Zwillingspaares entsprechend).

Wir kennen den oberflächlichen Atem und den tiefen Atem. Der eine zeigt Nervosität, Erregtheit oder Schwäche an. Der andere führt zu Ruhe, Konzentration, zu Vertiefung und Stärkung. Dieser tut besonders der »Zwilling-Seele« gut und oft not.

Alia aerea Gemini

♋ Krebs – Planet Mond ☾

22. VI. – 22. VII.

Nach den verschiedenen Facetten der Sonne in Widder und Stier zeigten sich wieder neue im Tierkreiszeichen des Zwillings, zu dessen Wesen es gehört, unterwegs und in Bewegung zu sein, die Welt zu erobern, Entgegengesetztes anzustreben und, wenn möglich, zu vereinen. Am 22. Juni hat die Sonne nun ihren höchsten Stand erreicht[73] und tritt in das Tierkreiszeichen des Krebses ein.[74] Dieses ist wieder ein kardinales Zeichen und ein besonderer Augenblick der Sonnenbewegung. In diesem Abschnitt der Ekliptik findet die Sonnenwende statt. Zwischen der ansteigenden und wieder absteigenden Bewegung liegt hier ein Moment des Zögerns und Verweilens und geschieht – aus unserer Perspektive – eine langsame Rückwärtsbewegung, bevor die Sonne ihre Bahn von neuem weiterzieht, nun aber der unteren Erdhalbkugel entgegen.

Die Gegenbewegung zum emporstrebenden Zwillingszeichen ist nicht nur durch den Sonnenlauf gegeben, sondern ebenso im Symboltier des Tierkreiszeichens, im *Krebs*. Bewegen Zwillinge sich zugleich mit vier Beinen in verschiedene Richtungen, so stehen dem Krebs zwar meistens sogar mehr als vier Bein*paare* zur Verfügung, aber er bewegt sich dennoch sehr langsam. Er lebt in der Tiefe, im Wasser, beinahe unbeweglich. Er nähert sich allem vorsichtig und weicht zurück, wenn er auf Hindernisse oder Gefahren stößt. Er »krebst« zurück. Er ist in seiner Tarnfarbe der Umgebung angepaßt und verhält sich ganz unauffällig – oder zieht sich gar an versteckte Stellen, in Schlupfwinkel zurück.

Der Krebs gehört konkret dem Element des *Wassers* an. Er lebt in Flüssen oder auch im Meer. Aber auch der »inneren« Qualität nach vertritt er den Bereich des Wassers, der Tiefe, der seelischen Ebene, den Bereich der Emotion und schließlich des Unbewußten, entsprechend dem »Wesen« des ihm zugeordneten Planeten, des *Mondes*, dem Wesen des Mondhaften (wie ich es im Kapitel zum Mond ausgeführt habe).

Es mag merkwürdig scheinen, daß man den Sonnenhöchststand nicht mit dem Symbol der Sonne, sondern gerade mit dem des Mondes in Zusammenhang brachte. Aber der Kardinalpunkt der Sonnenwende ist nicht nur Höhepunkt, sondern zugleich Anfang des Abstiegs zur Tiefe, Anfang eines »Sterbens« zugleich. Es geht hier um Wandel, um Zu- und Wiederabnahme, um Umkehr. Und dieser Wandel wird im Mond exemplarisch erlebt.

Die gedanklichen Zusammenhänge mit dem Tier, das zum Symboltier wurde, sind noch weitreichender. Geläufig sind jedem die Scheren des Krebses, mit denen er zupacken und festhalten, mit denen er Nahrung zerkleinern und sich sogar wehren kann. Auch an die Facettenaugen und die zwei Paar Fühler, seine »Antennen«, erinnert man sich, und daß er einen Panzer aus Chitin trägt, der Kopf und Brust vereint. Weniger bekannt ist vielleicht, daß der Krebs seinen Panzer mehrfach abwerfen muß, sich häuten muß, um wachsen zu können, und daß seine Entwicklung eine Verwandlung ist. Schon die Krebslarve besitzt viele Gliedmaßen am Kopf- und Bruststück, hat aber noch keinen Panzer und keine Scheren. Das Wachsen ist immer von neuem mit Bedrohung und Todesnähe verknüpft, denn während der Häutung ist das Tier ohne Panzer und somit ohne jeden Schutz, ohne »Rückenstütze«. Die Facettenaugen und seine Antennen lassen den Krebs rasch und auf alles in der Umwelt reagieren. Aber ohne Panzer ist er tödlich verletzbar.

Es dürfte einleuchtend sein, daß man die psychische Bedeutung der verschiedenen Mondphasen in Analogie zu den Wandlungen des Krebses setzen kann: Die offene Mondschale, die der Abhängigkeit des Kindes von der Mutter entspricht, kann in Beziehung zu der ungeschützten, schalenlosen Lebensphase des Krebses gesehen werden, während der Vollmond beziehungsweise der psychisch gereifte, »abgerundete« Mensch dem in seinem Panzer wohlgeschützten Krebs entspricht.

Zur Zeit des Vollmonds stieg der Krebs der griechischen Sage nach auf Heras Ruf hin aus dem Sumpf der Lernäischen Gewässer und biß Herakles in die Ferse, weil Hera ihm feind war.[75] Daraufhin zertrat Herakles das unangenehme Tier, und es entstand der unscheinbare Sternenhaufen. Die Vollmondzeit des Krebses war vorbei; es muß ein neuer Krebs mit einem neuen Panzer entstehen. Und immer wieder muß der Panzer hergegeben, Leiden müssen in Kauf genommen werden, sonst sind Wachstum, Reifung, Wandlung nicht möglich.

¶ Alia aquea Cancer

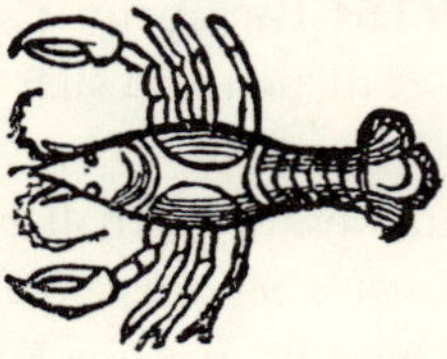

Diese Form der Wandlung erfahren wir auch auf der *psychischen Ebene* im Krebs als »innerem« Tierkreiszeichen. Der Ausgangspunkt ist Schutzlosigkeit: seelische Weichheit und Beeindruckbarkeit, ein ungeschütztes Der-Welt-ausgeliefert-Sein. Es besteht am Anfang – und immer wieder von neuem – sozusagen eine seelische Nacktheit. Sie erzeugt Angst und Schutzbedürfnis.

Aber das Fehlen des Panzers kann auch als Offenheit zu seelischem Erleben erfahren werden, bis hin zum Ausgeliefertsein. Jedes Ereignis, jede Begegnung wirkt im Krebs innerlich nach. Der Bereich, in dem der Krebs heimisch ist, ist der Seelenbereich. Seine Offenheit ist eine Offenheit nach innen, zur Innenwelt hin (während der Zwilling offen war zur Außenwelt hin, zur Extraversion). Er hat »Antennen«

für psychische Schwingungen und ein lebhaftes Verhältnis zu Phantasien und Träumen. Einen Panzer braucht er aber, wenn er sich der Realität und den Forderungen der Außenwelt nähert.

Die beste schützende Hülle zu Beginn des Lebens – und immer wieder neu in Zeiten von Entwicklungsschritten und inneren Wandlungen – ist Zuwendung und Wärme anderer Menschen. Das Bild der Mutter taucht auf, des Freundes, der Geliebten. Trotzdem muß der Krebs schließlich seinen eigenen Panzer haben. Den entwickelt er in zunehmender Anpassungsfähigkeit, auch in einer Art seelischer Diplomatie, die darin besteht, sich mit Menschen zu umgeben, die ihm wohlgesonnen sind, die er nicht zu fürchten braucht, die *ihn* vielleicht sogar brauchen. Stellt er seine Feinfühligkeit und sein Wissen um die leichte Verletzbarkeit in den Dienst anderer (als Therapeut, als Pfarrer, im sozialen Bereich), dann kann er dienen und sich selber zugleich stark fühlen.

Einen großen Schutz und Rückhalt bietet dem Krebs die Familie. Die Gefahr ist aber hier, daß er an ihr zu sehr festhält, daß er nicht hergibt, was die Scheren halten, daß er sich zum Beispiel vom Elternhaus nicht lösen kann. Oder er bindet die andern an sich: den Partner, die Kinder. Darüber klagen oft Menschen, die von ihren Eltern nicht »hergegeben« wurden.

Aber auch sonst liegt der seelischen Haltung des Krebses das Verlangen nach dem Bewahren zugrunde: Er liebt die Tradition, die frühen Erinnerungen, den Familienzusammenhang und hält vieles in Bildern und Aufzeichnungen fest.

Was der Krebs fürchtet, ist Kritik und Angriff. Für den Kampf im öffentlichen Leben ist er wenig geeignet. Viel lieber krebst er zurück. Er meidet Auseinandersetzungen oft schon unter Freunden und flieht gern vor der Konfrontation mit harten Realitäten. Er weicht aus, solange es geht. Seine nächste Zuflucht sind Phantasien, Tagträume, liebgewordene Tätigkeiten in vertrauten Bereichen, wo er sich geschützt und zu Hause fühlt. Zum Wesen des Krebses gehört das Weiche wie der Panzer; das Vorfühlen wie auch das Zurückweichen; der Wunsch, festzuhalten und zu bewahren, wie auch die deutlich gespürte Forderung, alles herzugeben: die ganze alte Schutzhülle, immer von neuem.

Schattenaspekte tauchen dann auf, wenn der Krebs sich seines ihm eigenen Wesens nicht bewußt ist, wenn er seine Ängstlichkeit vor sich und der Umwelt verbergen oder überspielen will. Dann kann er Blamageangst mit Bescheidenheit verwechseln, eigene Ängstlichkeit mit Fürsorglichkeit für andere zudecken, Realitätsflucht mit Introversion verwechseln, Verspieltheit mit musischer Begabung. Er wird gekränkt sein und sich übergangen fühlen, wird aber seine Bedürfnisse oder Erwartungen nie angemeldet haben. Er wird mit der harten Umwelt hadern, die er aber gar nicht richtig kennt, weil er ihr immer ausweicht. Wenn er andern hilft, um sich selbst zu helfen, kann er Selbstzufriedenheit mit Hingabe oder Aufopferung verwechseln.

Ist er sich dagegen seiner Grundstrukturen bewußt, wird er sich immer wieder von neuem Anforderungen der Außenwelt annähern, mit Hilfe seiner »Antennen« abtasten, was er sich zumuten kann, und wird mit seinen kräftigen Scheren das packen und bearbeiten, was er verkraften oder sich zu eigen machen muß. Er wird mit Schwellenängsten rechnen und sie überwinden lernen, wird das Loslassen üben müssen, zu anderer Zeit aber auch das fest ergreifen, was ihm wesentlich ist und Sinn gibt, und er wird dieser Entscheidung die Treue halten.

Im *Körperbereich* wird dem Krebs der Magen zugeordnet. Bildlich entspricht er der offenen Schale des Mondes, in die alles fällt, ob bekömmlich oder nicht. Im Magen werden die Speisen so lange zurückgehalten, bis sie vom Magensaft durchgearbeitet sind, so daß sie zur weiteren Verdauung weitergeleitet werden können. Manches, was der Krebs an Zumutungen, Enttäuschungen, an Unerträglichem und Belastendem schlucken muß, bleibt lange unverdaut, drückt und bereitet Schmerzen. – Gelingt die Verwandlung, ist Wachstum und Reifung möglich. Gelingt sie nicht, gibt es Beschwerden – zum Beispiel Magengeschwüre.

♌ Löwe – Planet Sonne ☉

22. VII. – 22. VIII.

Mit dem Tierkreiszeichen Krebs war der höchste Sonnenstand erreicht. Aber es ist, als brauchte die Seele – und die Natur – noch eine Weile, um die volle Fülle erst auszukosten, in sie einzutauchen, um aufzunehmen und auszustrahlen, was durch die volle Sonnenstärke bewirkt wurde. Dem stark beeindruckbaren und sensibel reagierenden Krebs, der offenen Mond-Seele oder dem Yin-Prinzip tritt nun sein Gegenpol entgegen: der männlich starke Löwe, das Sonnentier und ein Repräsentant des Yang-Prinzips.

Der Löwe war früher im ganzen Mittelmeerraum zu Hause und wurde überall als königliches, ja göttliches Tier verehrt. In Ägypten galt er als Erscheinungsform des Sonnengottes. Horus konnte als Gott der Morgensonne ein Löwenhaupt annehmen. – Der Löwe symbolisierte das allsehende Sonnenauge, weil er auch im Schlaf angeblich die Augen nicht schließen soll. Auch im Mithraskult wurde die Sonne durch den Löwen symbolisiert. Der Sage nach kann nur, wer selber löwen- und sonnenhaft ist, einen Löwen besiegen, wie Herakles den Nemeischen Löwen besiegte. Und der Daniel des Alten Testamentes blieb von den Löwen in der Löwengrube verschont, weil in seinem Herzen eine »andere Sonne« herrschte. – Wer keine Gegen-Sonne in sich trägt, ist im Löwen dem Tod ausgeliefert, wie auch die

Sonne als Gestirn nicht nur beleben, sondern bei zu großer Stärke versengen, ja töten kann.

Dank seiner eindrucksvollen Gestalt, der mächtigen Mähne, dem lauten Gebrüll und seiner Stärke wird der Löwe von Menschen und Tieren besonders geachtet und gefürchtet. Der Löwe gehört zu den Wildkatzen und zeichnet sich außer durch Stärke auch durch seine Wachsamkeit aus. Der Löwe wurde zum symbolischen Wächter von Tempeln und Palästen und zum Inbegriff von Herrschertum überhaupt. Regulus, der größte Fixstern im Sternbild des Löwen, ist »der Königliche«.

Der Löwe lebt – außerhalb der Brunstzeit – für sich alleine und beansprucht ein bestimmtes Revier für sich allein. Es können nicht mehrere Löwen zusammenleben, weil sie zuviel Nahrung brauchen. Nachts geht der Löwe auf Jagd und holt sich, was immer ihn zum Jagen verlockt, auch andere große Raubtiere. Des Tags liegt er friedlich in der Sonne. Kommen andere Tiere ihm zu nahe, vertreibt er sie mit seinem respekterregenden Gebrüll.

Nach dem vorangegangenen kardinalen Zeichen, das Neubeginn, Richtungsänderung, Anfang eines neuen Quartals bedeutete, vertritt der Löwe ein fixes Zeichen: Sicherheit, Zufriedenheit mit dem nun erreichten Zustand (wie im vorangegangenen Quartal der Stier).

Das Tierkreiszeichen Löwe ist ein *Feuer*zeichen. Äußerte sich das feurige Element im Widder als Impuls, als Sprungbereitschaft, als dynamische Unternehmungslust, so ist das feurige Element im Löwen wie die beschriebene Sonnenenergie: Kraft, Dynamik in der Bewegung und potentielle Energie; das Feuer ist hier Wärme und Ausstrahlung.

Im *psychischen* Bereich äußert sich diese Kraft als Lebensenergie, als aktive Weltbewältigung in Optimismus und Zuversicht. Zum feurigen Impuls gehört hier der Ausdruck eines starken Willens und einer ganz selbstverständlichen Selbstsicherheit. Diese aber hat das Bewußtsein des Ich um seine eigene Identität zur Voraussetzung: »Ich bin ich« – wie es im Zusammenhang mit dem Symbol Sonne beschrieben wurde. Ein Mensch, der sich durch »Löwe-Qualitäten« bestimmt fühlt, ist stark, sicher, wachsam, besitzt gestaltende Kraft. Er erlebt sich als eine Ganzheit, mit eigener Intention, eigenem Willen, mit dem Bewußtsein verfügbarer physischer und psychischer Energie.

Der Löwe steckt sein Revier genau ab und achtet darauf, daß sich keine fremden Einflüsse einschleichen. Innere – psychische – Unabhängigkeit und Unabhängigkeit in äußeren Angelegenheiten sind dem Löwen ein Herzensanliegen und erhöhen sein Gefühl von Freiheit und Selbstwert. – Er geht offen auf die Umwelt und die Mitmenschen zu, ist konfrontationsfreudig und tritt vor allem gerne selber in Erscheinung. Es geht ihm nicht so sehr darum, zu erfahren, wie die anderen sich fühlen oder ob sie etwa leiden, gar etwa darum, mitzufühlen oder durch Einfühlung zu helfen, wie es der Krebs tut. Er hört lieber, daß es auch den andern gutgeht, und strahlt seinen Optimismus, seine Herzlichkeit und Zuversicht auf sie aus. Das wirkt erfrischend. Vor allem fühlt *er* sich so am wohlsten.

Im Tierkreiszeichen des Löwen herrscht – wie in allen andern – nicht nur eine starke Beziehung zwischen dem Zeichen und dem dazugehörigen Planeten (der psychischen Ausdrucksqualität), sondern beinahe eine Identität. Löwe und Sonne können gelegentlich wie Synonyme gebraucht werden. Und doch gibt es gerade hier einen entscheidenden Unterschied: Der Löwe jagt des Nachts und schläft am Tage. Im Mythos von Helios dagegen schläft die Sonne, wenn sie nachts mitsamt dem Vier-Rosse-Gespann in der Fähre durch die Tiefe des Okeanos nach Osten zurückfährt. Sonne und Löwe ergänzen sich zu einer Totalität: zu nie ganz verlöschendem Bewußtsein, nie endender Energie, Präsenz, Dynamik. Das heißt aber auch, daß die Dunkelseite nicht gesehen werden kann, auch vom Löwen selber nicht. Er meidet Seelenprobleme, ihm ist die Nachtseite der Seele unbehaglich. Er ist allein der Sonnenseite, dem rationalen

Erkennen von Problemen und aktivem Eingreifen zugetan. So erweist er sich nicht immer als guter Menschenkenner. Seelische Konflikte anderer behandelt er mit gutmütigem Humor oder einem gewissen Gleichmut; dabei kann er gleichzeitig herzlich sein, dem andern tatkräftig »unter die Arme greifen« und sich großzügig erweisen. Aber danach wendet er sich wieder ab und anderen Interessen zu.

Für starke Partner ist ein Löwe einer der angenehmsten und ermutigendsten Mitmenschen, denn er ist in sich selber sicher und zufrieden. Schwächere Naturen erleben ihn als »Tyrann«, als »Autorität«, als »Patriarchen«, der seinen Herrschaftsbereich nicht teilen will, und der Löwe fühlt sich dabei gelangweilt. Es gehört zu seinem Wesen, sich seinen Bereich zu nehmen, sei es in der Familie, die ihm gehört, im Privat- oder Berufsleben; und solange er nicht gestört wird, ist er friedlich.

Je nachdem wird er Kritik offenherzig anhören oder »großzügig« übergehen. Er kann Schwächen oder *Schattenseiten* schwer zugeben, weil er sie »nicht hat«. Was er nicht sehen will, das sieht er nicht. Eine Blamage kann er mit Humor selbst belachen, oder eben zur Seite wischen und verdrängen. So kommt es nicht selten zur Banalisierung von Lebensthemen. Er kann sich nicht auf Gefühle einlassen (die zur Behandlung bestimmter Themen *auch* nötig wären), denn er will sich nicht verunsichern lassen. Als Liebhaber oder Liebhaberin ist der Löwe herzlich, feurig, dynamisch – aber Nähe wird ihm lästig und einengend. So kann es brutal wirken, wie er die oder das Geliebte wie ein Objekt behandeln und zurücklassen oder sich fernhalten kann. Als Partner ist er gern potent, aber nicht einfühlend, und er verachtet nicht selten den, der sich ganz einließ. Das gilt für beide: Mann und Frau.

Der Löwe kann maßlose Ansprüche haben, aber auch großzügig geben und »herzlich danken«. Oder er wird gönnerhaft geben – und für empfangene Gaben zu danken vergessen.

Unsere Schattenseiten sind eben jene Züge, die im Schatten liegen, das heißt die uns nicht bewußt sind. Beim Löwen ergeben sie sich aus seiner stolzen Selbsteinschätzung und daraus, wieviel er nicht sehen will und darum »übersieht«. Natürlicher Stolz kann sich in Eitelkeit verkehren. Genußsucht ersetzt verpaßte Lebensfreude oder Lebenssinn. Hartherzigkeit entsteht, wo eigenes Gefühl oder die Nähe eines andern nicht zugelassen werden; Gönnertum, wo Einfühlung nicht möglich ist. Genußsucht verdeckt auch die Angst vor dem Tode. Maßlose Ansprüche ans Leben ergeben sich, wo der Lebenssinn nicht gesehen werden will oder als »gefühlsbeladen« nicht zugelassen werden kann.

Wie heftig ist die »Antwort« in diesem Tierkreiszeichen auf die angeklungene Thematik des vorangegangenen! Wie heftig reagiert ein energetischer Impuls auf den anderen. Und wieder sieht man hier – und zwar besonders deutlich: Erst Bewegung und Gegenbewegung ergeben ein Ganzes, erst Krebs und Löwe, Mond und Sonne ergeben eine Basis, auf der weitere Entfaltung möglich ist, sei es im Leben oder auf den Tierkreis bezogen.

Im *Körperbereich* wird der Löwe wie die Sonne – es kann nicht anders sein – dem Herzen zugeordnet, dem zentralen Organ, von dessen Funktionieren unser gesamtes physisches Leben abhängt.

Von jeher hat der Mensch »gewußt«, daß das Herz der eigentliche Sitz des Lebenswillens und der Lebenskraft ist.

Wer an »gebrochenem Herzen« stirbt, wollte eigentlich nicht mehr leben. Wem das Herz »wehtut«, der muß wach werden für die »Herzensanliegen«, die nicht zu ihrem Recht, nicht zu genügender Beachtung kommen.

Zur Löwennatur kann es gehören, daß man zu stolz ist, sich zu schonen, daß man die eigenen Kräfte überschätzt, daß man maßlos ist im Planen, Streben, Sich-Verausgaben – bis zum Herzversagen.

♍ Jungfrau – Planet Merkur ☿

23. VIII. – 22. IX.

Nach Impuls und Gegenimpuls folgt wieder eine Zeit des Verarbeitens, der Besinnung und Vorschau, des Ausgleichs. Die Bahn der Sonne führt durch das Tierkreiszeichen Jungfrau, dessen Planet wieder Merkur ist. Die Zeit der höchsten Fülle ist überschritten. Es wurde und wird geerntet. Die Sonne hat nicht mehr die Kraft, die sie noch vor einem Monat ausstrahlte, und in der Jungfrau sind Selbstgewißheit und Zuversicht nicht mehr so stark wie im Löwen.

Es wird jetzt deutlich, was im Zeichen des Krebses zuerst anklang: Zum Leben gehört der Tod, zur Höhe die Tiefe, nach der Fülle folgt ein Abnehmen. Aber es ist auch die Zeit des »Noch nicht!«, des »Noch nicht ganz«. Man kann sich noch der Früchte freuen, der Wein wird gerade erst geerntet. Die Zeit ist jetzt besonders kostbar und gut zu nutzen. Die Früchte bisheriger Erfahrungen sind zu sichten und zu ordnen. Merkur ist jetzt die Funktion, die am dringlichsten gebraucht wird: zum zweckdienlichen Handeln wie zum sorgfältigen Durchdenken und Absichern.

Das Symbolbild des Tierkreiszeichens ist die Jungfrau; Hauptstern des Zeichens die Spica, die Ähre. Das Zeichen ♍ ist eine Abkürzung des griechischen Wortes für Jungfrau,

Parthenos: παρθενος, πρ. In hellenistischer Zeit hielt man Athene für diese Jungfrau, weil sie den Beinamen Parthenos trug (ihr Tempel ist der Parthenon auf der Akropolis). Aber Athene mit dem Ölzweig paßt weniger zu dieser Jungfrau als Demeter und Kore, deren Symbol die Ähre war. In den Eleusinischen Mysterien wurde am Höhepunkt der Feiern eine Kornähre hochgehalten: Das *ist* Demeter, das *ist* Persephone; eine ist in der anderen. Das ist auch Kore, das Kornmädchen, das noch Jungfrau ist. Und die darin verborgene Botschaft war: Das bist du – das bin ich.

In der Ähre ist die Frucht und der Same zugleich enthalten: Ernte des bisherigen, Aussaat von zukünftigem Leben. Dazu aber gehört, wie wir im Zusammenhang mit Kore/Persephone sahen, der Abstieg in die Tiefe, das Opfer an die Unterwelt, das Eingehen ins Dunkel, um danach wieder ans Licht steigen und neue Fruchtbarkeit bringen zu können.

Die Gestalt der Jungfrau hat etwas Ergreifendes, Würdiges, Rührendes, je nachdem, wer sie ansieht. Sie ist geschlechtsreif, aber unberührt, unverletzt. Sie ist nicht »weiblich«, wie Venus weiblich ist, nicht hingebend, sinnenfreudig. Darum ist auch nicht Venus ihr Planet. Die Jungfrau ist noch unberührt, weil sie selber noch nicht zu ihrem Frau- und Muttersein erwacht ist. Oder sie ist Jungfrau aus kultischer, religiöser Bestimmung. Enthaltsamkeit kann als Voraussetzung für den Kraftgewinn gesehen werden, den es zu enthusiastischer Gottesbegegnung oder zu prophetischer Begabung braucht (wie bei den Sibyllen und Vestalinnen). Jungfrauschaft kann auch freiwilliges Opfer sein, um an anderem Ort eigene Möglichkeiten besser ins Spiel oder auch in den Kampf einbringen zu können (wie bei der Jungfrau von Orleans).

Jungfrauschaft in diesem Sinne ist nicht den Frauen allein vorbehalten. Jeder hat Teil am Sonnenaspekt, der sich in diesem Tierkreiszeichen symbolisiert. Keuschheit, Enthaltsamkeit oder ein Sich-Versagen gibt es bei Männern wie Frauen; ebenso die weiteren Tendenzen und Wesenszüge, die zum Symbol des Tierkreiszeichens gehören. Im Wesen der »Jungfrau« liegt es, sich zu beschränken, sich nicht zu verströmen, nicht zu schenken oder zu geben. Sie muß ihre Möglichkeiten und Kräfte bewußt einsetzen. Sie stellt sich in den Dienst einer Aufgabe oder Idee, sie möchte oder muß ganz konkreten Aufgaben begegnen.

Das Zeichen der Jungfrau ist ein *Erdzeichen*. Aber in diesem Zeichen kann man nicht mehr – wie noch im Zeichen des Stieres – der Materie oder der Realität »naiv« begegnen, sie auf sich zukommen lassen und im Augenblick leben und aufgehen. Hier muß Ernte sorgfältig verwaltet und genutzt werden. Es geht um Vor-sicht, Voraussicht, um vorschauende Klugheit, wie bei den sieben klugen Jungfrauen, die ihr Lämpchen hüteten und brennend erhielten, bis der Bräutigam kam.

Was die Jungfrau leisten muß, wäre nicht möglich ohne das Wirken *Merkurs*. Es gilt, das Nutzbare und Nützliche vom Ballast zu trennen, Spreu vom Weizen zu sondern. Es geht um Rationalisierung der Arbeit im physischen, psychischen und gedanklichen Bereich, denn die Kräfte, die noch zur Verfügung stehen, müssen ökonomisch genutzt werden. Die Jungfrau braucht einen Plan, bevor sie die Arbeit beginnt. Sie braucht Methode, braucht Grundlagen, eine genaue Organisation, damit alles Unnötige oder Schädliche vermieden wird. Das ist Merkurs Funktion: das Ausarbeiten von Systemen, Klassifikationen, Statistiken, Übungen, Vorbereitungen und Erprobungen.

Im psychischen Bereich, vom »inneren Tierkreis« her gesehen, ist die Jungfrau empfindlich, störbar durch Kleinigkeiten, schon durch Störung lieber Gewohnheiten durcheinandergebracht. Sie ist zögernd und kennt eine an Argwohn grenzende Vorsicht beim Untersuchen der Frage, ob etwas assimilierbar ist oder nicht. Sie gibt sich zurückhaltend. Sie geht aus Selbstschutz auf Distanz, wenn ihr fremde Menschen zu nahe rücken. Sie hat einen starken Sinn für Sympathie und Antipathie, hält sich aber in kritischen Bereichen des Seelischen lieber zurück. Das wird ihr oft als »Seelenschamhaftigkeit« zugeschrieben, ist aber nichts weiter als »Seelenökonomie« (O. Adler).

Zu ihrer praktischen wie geistigen Genauigkeit gehört die Maxime: Man darf nur tun und denken, was der persönlichen Eigenart voll entspricht. Das führt bis zu einer fast zwanghaften Genauigkeit, zu überempfindlicher Moral, zu Pedanterie (im physischen wie psychischen Bereich). Sie hat eine Abneigung gegen alles Überflüssige, Unreinliche und Unklare. Am unkompliziertesten ist es für die Jungfrau, wenn sie ganz konkrete Aufgaben sachgemäß und zweckdienlich ausführen kann. Dann vertieft sie sich mit Freuden. Und Merkur bringt es bis zur Meisterschaft, zu einem reichen Wissen und weitem fachlichen Können. Das kann sich in einer perfekt geführten Buchhaltung so gut zeigen wie in einer glänzenden wissenschaftlichen Forschungsarbeit.

Schattenaspekte schleichen sich zum Beispiel bei zu großer Ängstlichkeit vor Überforderung ein. Diese Überforderung kann als fremder Anspruch erlebt werden, ergibt sich aber unter Umständen aus dem nicht genügend bewußtgemachten zwanghaften Drang nach Perfektion. Die Jungfrau fühlt sich so leicht gestört und aus dem Gleichgewicht gebracht, weil sie selber nie stören möchte. Für eigene Mißstimmungen und Unzufriedenheit macht sie gern das »Fehlverhalten« anderer verantwortlich. So kann sie sehr intolerant anderen gegenüber und andererseits selbstgerecht sein, weil sie sich für stets zurückhaltend und bescheiden hält.

Selbstmitleid oder quengelnde Unzufriedenheit haben ihren vermeintlichen Grund in körperlichem Unwohlsein oder Überlastungen, aber dahinter steckt oft ein zu häufig unterdrückter Wunsch nach menschlicher Nähe, nach Hingabe, der Wunsch und die Sehnsucht, nicht nur in einer Sache aufzugehen, sondern von einem tiefen Erleben ergriffen zu sein. Das aber ist der Weg, den Kore, Persephone ging und der der Jungfrau als Möglichkeit vor Augen steht: mit der Ähre, der Spica, die sie in der Hand hält.

Da Persephones Weg hinab in die Tiefe führt, ist das Zögern der Jungfrau verständlich; ebenso die ängstliche Zurückhaltung, ja Verweigerung, oder der Drang, sich zu allem in Distanz zu halten, sich nicht rauben zu lassen, und das heißt: sich ihre Besonnenheit, Eigenheit oder ihren sachlichen Geist nicht rauben zu lassen.

Als Körperregion wird dem Tierkreiszeichen Jungfrau der Darm zugeschrieben. Im übertragenen Sinn wird das jedem einleuchten: Hier wird Nahrung verwertet und assimiliert, damit sie dem ganzen Organismus zur Erhaltung dienen kann. Das ist die Tätigkeit der Jungfrau, in ein anderes Bild gesetzt. Und hier wie dort kann es um Verarbeitung von Erntegut, von Nahrung gehen. Wir denken aber auch an eine Verarbeitung im geistigen Sinne, im Sinne Merkurs; an eine Verwandlung von wahrgenommenen Fakten in aufbauende Erkenntnisse und systematische Gedankengebäude oder an das Einsehen beziehungsweise Ahnen, daß es im weiteren Verlauf des Lebens um seelische Wandlung geht, um die Bereitschaft, sich höheren Zielen oder größeren Tiefen zuzuwenden.

Auch im konkreten Sinn wird häufig eine Beziehung zwischen der Verarbeitungsfähigkeit von psychischen wie physischen Belastungen und körperlicher Gesundheit – oder aber werden Verdauungsstörungen verschiedenster Art samt Folgen festgestellt.

♎ Waage – Planet Venus ♀

23. IX. – 22. X.

Mit dem Eintreten der Sonne ins Tierkreiszeichen der Waage ist die Herbst-Tagundnachtgleiche erreicht. Es herrschen nun die gleichen Lichtverhältnisse wie am 21. März – aber wie anders ist die Gestimmtheit zur Zeit des Herbstpunktes!

Immer wieder wurde angenommen, das Zeichen der Waage sei rein kalendarisch zustande gekommen und zu verstehen: als Zeichen der Balance zwischen Licht und Dunkel, als Zeichen kosmischen Gleichgewichts zwischen zwei Jahreshälften.

Die Waage als Sternbild ist schon in früheren Zeiten, in Alt-Mesopotamien und Alt-Babylon bekannt. Die Griechen und Ägypter gaben ihr im Sternbild manchmal noch einen Waagehalter hinzu, der manchmal männlichen, manchmal weiblichen Geschlechts war. Schon darin zeigt sich, daß die Psyche sich nicht mit der oberflächlichen Parallele zum Kalenderstand begnügte. Die Zuordnung des Planeten Venus zu diesem Zeichen weist ebenfalls auf andere Ahnungen oder Erfahrungen hin, die zum Bild der Waage als einer Facette des Symbols Sonne geführt haben mögen.

Das Zeichen der Waage bildet den Gegenpol zum Zeichen des Widders. Auch die Waage ist ein kardinales Zeichen: Ein neues Quartal beginnt. Aber vertrat der Widder das feurige Element, so gehört die Waage dem Element der *Luft* an. Der Widder macht den Sprung dem Licht entgegen, den Sprung ins Leben hinein. Mit der Waage als Luftzeichen antwortet die Seele in mentaler, in geistiger Weise: er-wägend. Soll Balance entstehen zum Andrängen des Mars, so muß Venus in der Waage antworten. Dies geschieht im Sinne eines abwägenden, vorsichtigen Sich-Einlassens auf ein Gegenüber; oder es erscheint wie ein Rückblick auf Vergangenes und Erwägen von Zukünftigem.

Wird die Waage auf einer Schale belastet, fordert dies ein Gegengewicht auf der anderen Schale, damit wieder Gleichgewicht entstehe. *Venus* als psychische Funktion ist um Ausgleich, um Harmonie, um Austausch und Kommunikation bemüht. – Oder anders gesehen: Auf Anforderungen der Außenwelt geht die Psyche im Zeichen der Waage einerseits erwägend – und wenn möglich – zustimmend ein; andererseits ist sie um das Gleichgewicht zwischen Anforderungen der Außenwelt und inneren Forderungen oder Bedürfnissen bemüht.

Venus in der Waage ist behutsamer, vorsichtiger, abwägender, vielleicht auch berechnender, bewußter als im genüßlichen Stierdasein. Hier geht es nicht mehr nur um leibliches Wohlergehen, materiellen Besitz, um Wärme und natürliches Verbundensein mit allem, was Venus gefällt. Hier geht es vor allem um die richtigen Proportionen in der Kommunikation, um festgefügte, harmonische Beziehungen, um Ausgeglichenheit. Das sind »Gaben« der Venus und Bedingungen, wie die Waage sie wünscht. Da diese aber nicht gesichert sind, nicht sicherer Besitz werden können, sondern immer wieder neu erlangt werden müssen, ist das Gleichgewicht der Waage oft recht labil.

Im Bild der Waage sind noch weitere Motive enthalten. Dieses Tierkreiszeichen am Übergang von der Hell- zur Dunkelphase enthielt seit je Bezüge zur Schicksalswaage: Es wird abgewogen, was Bestand hat, was von bleibendem Wert sein wird.

Die Waage, auf deren Schale die Todeslose gewogen wurden, wird für Zeus bezeugt (Ilias 22, 208–213). Auch Hermes wog Seelen (zum Beispiel von Achill und Patroklos). Die Schicksalswaage ist auch aus dem ägyptischen Totengericht bekannt; man begegnet ihr in Tibet und bei anderen Völkern der alten Welt. Schon 3000 v. Chr. wurde Osiris mit der Waage in der Hand in Stein gemeißelt. Später wog der ägyptische Gott Anubis das Herz der Toten (das als Sitz von Gemüt und Verstand angesehen wurde) auf der Waage gegen die Feder der Wahrheit. Es darf weder als zu leicht noch als zu schwer befunden werden. Die Seele muß im Gleichgewicht mit ihrer inneren Wahrheit sein. Es paßt zum Element der Luft im Zeichen der Waage, daß das Herz gegen eine Feder, gegen den Geist der Wahrheit gewogen wird. – Auch im Alten Testament wird vom Wägen der Seele berichtet: Da besagte das »mene tekel u-pharsim«, daß das Herz des Königs gezählt, gewogen und zu leicht befunden wurde (Daniel 5, 25–28).

Die Sonne beginnt im Zeichen der Waage den Abstieg zur südlichen Halbkugel. Es ist die Wendezeit zum allmählichen Überwiegen des Dunkels. Dieser Augenblick verlangt auch eine allmähliche Zuwendung zur Dunkel- oder Schattenseite des Lebens; verlangt eine seelische Neueinstellung, ein Abwägen, was jetzt wichtig und was unwichtig ist, eine bewußte Einstellung zu den Werten des Lebens, eine bewußte Antwort auf die Anforderungen der Außenwelt, auch auf die dunklen oder belastenden.

Hier ist die psychische Qualität von Venus vonnöten. Venus war dem ungestümen Mars gewachsen und hatte ihn liebend angenommen. Immer wieder wird eine starke Venus auch starken Anforderungen gewachsen sein. Es kann dann zur Harmonie von Anspruch und Erfüllung, von Geben und Nehmen kommen. Es geht hier darum, einem großen Gewicht ein ebenso starkes Gegengewicht entgegenzubringen. Dann kann auch belastendes Dunkel schließlich angenommen werden. Dabei muß aber geprüft und abgewogen werden, welche Forderungen berechtigt sind, welches die Werte sind, die das Herz weiterleben lassen.

Die Waage in uns verlangt (dem inneren Tierkreis entsprechend) nach Harmonie, nach strukturierter Balance zwischen Innen- und Außenwelt ebenso wie in den mitmenschlichen Beziehungen. Dabei kann das Bedürfnis nach Einstimmigkeit so groß sein, daß man lieber auf tiefe Gefühle verzichtet, als sich auf Mißklänge oder Streit einzulassen. Man bleibt lieber höflich, und das heißt unverbindlich, als sich belastenden Auseinandersetzungen auszuliefern. Die Waage sagt am liebsten »ja«; und wenn eine Absage, eine Zurückweisung unbedingt nötig ist, dann holt sie das mit Mühe und oft erst später nach, wenn möglich vielleicht per Telefon und immer in freundlichen Wendungen.

Die Waage leidet, wenn sie sich zu Entscheidungen gezwungen sieht, und sie erlebt dies allenthalben, im Großen wie im Kleinen. Dieses Leiden ist von einer Art, die anderen Menschen schwer einfühlbar ist: Es scheint wie ein innerer Zwang, eine wohlüberlegte und scheinbar doch immer zu früh getroffene Entscheidung nachträglich zurücknehmen zu müssen. Äußerer Druck, das Drängen der anderen verhindern bei der Waage leicht die echte eigene Entscheidung. Sie verführen zu Taten, die aller besseren Einsicht zuwiderlaufen. Oder sie verführen dazu, Eigenverantwortung an andere zu delegieren.

Spätestens hier treten *Schattenprobleme* ins Blickfeld. Wo zwar erwogen, aber nicht gewagt wird, sind die Folgen: Ausweichen, Konfliktschwäche, Ambivalenz, Überanpassung. Im Bewußtsein vieler wird diese Seite als »Friedfertigkeit«, ja als »Friedensliebe« betrachtet. Das entgegenkommende »Schonen« der Mitmenschen versteckt aber ein Sich-selber-Schonen. Und hinter einer eleganten Distanz steckt – bei aller vordergründigen Freundlichkeit – oft die Angst vor dem Zulassen von Gefühlen, weil sie überwältigen und aus der Balance bringen könnten. Schon ein kleines Gewicht auf einer der Waagschalen kann bei einer sensiblen Waage ein heftiges Ausschlagen der anderen zur Folge haben. Unbewußt entzieht man sich darum emotionalen Belastungen, indem man sich den Gefühlen entzieht. So schützt die Waage sich mit Gelassenheit und Unverbindlichkeit gegen zu große Nähe und emotionale Ansprüche anderer.

Diese Schattenaspekte tauchen besonders dann auf, wenn das Ich sich seiner nicht bewußt ist. Man meint, den Forderungen des Lebens wie der Umwelt erwägend und planend, diplomatisch und höflich – und das heißt schließlich: unengagiert – gerecht werden und sie so lösen zu können. Damit aber bleibt die Waage dann nur an der Oberfläche. Es gelingt kein Austausch zwischen Höhe und Tiefe, alles Dunkle wird ausgeklammert.

Dem Tierkreiszeichen der Waage werden im *Körperbereich* die Nieren zugeordnet, die den Körper von Stoffwechselschlacken befreien. In den Nieren wird »entschieden«, was für den Körper schädlich ist, und diese Stoffe werden mit dem Harn ausgeschieden. Gelingt dies nicht, gibt es keine »Lösung«, so kann es zu Nierenentzündungen und Nierensteinen und zu unerträglichen Belastungen und Beschwerden kommen.

Im Zeichen der Waage muß rechtzeitig entschieden werden, was für Leib und Seele gut oder schädlich ist, und es muß das Schädliche rechtzeitig ausgeschieden werden, damit die »richtige« Balance erhalten bleibt. Wenn einem »etwas an die Nieren geht«, das heißt, wenn sich ein Problem nicht lösen läßt, dann ist dies ein Signal dafür, sich der Dunkelseite oder noch unbewußten Seite einer bisher nur körperlich wahrgenommenen Belastung intensiv zuzuwenden, um zu einem neuen Gleichgewicht zu finden.

♏ Skorpion – Planeten Mars, Pluto ♂, ♇

23. X. – 21. XI.

Mit dem 23. Oktober beginnt die Sonne ihren Gang durch das Tierkreiszeichen des Skorpions, dem Mars als Planet zugeordnet ist und seit seiner Entdeckung, 1930, auch Pluto.

Der Skorpion ist der Gegenpol zum Zeichen des Stiers. War dort im fixen Zeichen Gewißheit erlangt, daß das Leben, die Erde in zunehmendem Maße alle Sinne erfüllte, so ist hier im fixen Zeichen des Skorpions zur Gewißheit geworden, daß die lebendige Natur abstirbt. Die Blätter fallen, die Säfte sinken. Was nicht geerntet wurde, verdirbt. – Andererseits findet die Wintersaat statt: Während Altes stirbt, wird neues Keimen vorbereitet.

Gleichzeitig mit dem äußerlichen Vorgang des »Sterbens« ziehen sich die Kräfte nach innen oder in die Tiefe zurück, im physischen wie auch im psychischen Leben. Das extreme Auf und Ab zwischen Hoffnung und Verzweiflung, zwischen Bejahung und Verneinung, zwischen begeisterter Zustimmung und depressiver Niedergeschlagenheit, zwischen Angst vor dem »Stirb« und Zuversicht in das »Werde« kann die Ursache einer außerordentlichen Zerrissenheit sein. Eine entsprechende Spaltung ergibt sich auch durch die Aufeinanderfolge der gegenpoligen Planeten im Tierkreis: Mars im Skorpion folgt Venus in der Waage, als sei er durch ihre Freundlichkeit gelockt oder durch ihr Balancebedürfnis herausgefordert worden, dieses zu stören, in ihre friedliche Welt einzubrechen und sein Begehren durchzusetzen.

Das Bild, das diesem Tierkreiszeichen den Namen gab, ist das des Skorpions. Als Sternbild ist es eines der größten und eindrucksvollsten (obwohl auf unserer nördlichen Halbkugel nicht immer ganz zu sehen). Das leuchtende Zentrum zwischen Kopf und Leib – bei den Arabern »das Herz« genannt – ist der Fixstern Antares (der 80 000mal heller als die Sonne, aber 500 Lichtjahre von uns entfernt ist).

Der Skorpion gehört zu den Spinnentieren, ist bis zu fünfzehn Zentimeter lang, hat ein ungegliedertes Kopf-Brust-Stück, vier Paar Laufbeine, ein Paar kurze, kleine Scheren tragende Kieferfühler und ein Paar lange, waagrecht getragene Greifarme. Der Hinterleib besteht aus dreizehn Segmenten, wird immer schmäler, wirkt wie ein Schwanz und ist sehr beweglich. Das letzte Segment ist mit dem gefürchteten Stachel und der Giftdrüse ausgerüstet. Skorpione sind nachtaktive Tiere, leben versteckt unter Steinen, Rinden und in Höhlen. Man findet sie in trockenen Gebieten, in Sand- und Steinwüsten und in Steppen. Kleinere Sorten gibt es auch in Europa, zum Beispiel in Italien. Skorpione fressen Insekten und andere Gliederfüßer. Sie fangen und zerquetschen ihre Beute mit den Scheren. Ist das gefangene Tier wehrhaft, dann gebrauchen sie ihren Stachel, und das Gift lähmt oder tötet die Beute. Für den Menschen ist nur der Stich einiger tropischer Arten tödlich, aber jeder Skorpionstich schmerzt heftig.

Dieses Bild des Skorpions, der aus dunklem Versteck unerwartet hervorschießen kann, war seit ältesten Zeiten den Menschen ein Symbol für die gefährlichen, todbringenden Mächte des Dunkels. Im Gilgamesch-Epos sind es zwei Skorpion-Menschen, die den Hölleneingang hüten. – Schlange und Skorpion sind Widersacher des Lichtgottes Mithras: Bei der Opferung des Ur-Stieres, einem Vegetationsopfer, versuchen sie – allerdings vergebens –, den Samen und das Blut des Opfertieres dem Aufbau der Welt zu entziehen. – Die in Gestalt eines Skorpions verehrte ägyptische Göttin Selkis galt als Schützerin der Lebenden und der Toten.

Im Zeichen des Skorpions geht es um Kampf von Leben und Tod, auf Leben und Tod – und um die Gewinnung des Lebens aus dem Tod.

Der dem Zeichen zugeordnete Planet war seit je *Mars*; und seit der Entdeckung Plutos wurde dieser ihm hinzugefügt. Das mag zunächst nur als Verbildlichung des Skorpion-Aspektes erscheinen, aber die Zusammenhänge reichen tiefer. Kämpfen und Töten ist die eine Seite von Mars, die meistgenannte. Und als Kriegs- und Schlachtengott war er Pluto, dem Hades, sehr willkommen, denn er führte ihm viele Kriegs- und Todesopfer zu.

Mars im Widder brachte den Impuls zum Leben; im Skorpion kämpft er mit dem Leben, oft gegen das Leben – oder ums Überleben. Auf seinen Anspruch im Widder antwortete Venus im Gegenpol, in der Waage. Hier ist es, als stemme Mars im Skorpion sich gegen die Sicherheit von Venus im Stier, als kämpfe er gegen eine sture Zufriedenheit und die Geborgenheit einer allzu behaglichen Basis an.

Zu Mars gehört in besonderem Maße Dynamik. Und war bisher in jedem Tierkreiszeichen ein Gegenimpuls gegen den des vorangegangenen zu erkennen, so ist hier die heftige Dynamik aufgebrochen, die im Zeichen der Waage ausdrücklich vermieden wurde. Mit Mars im Zeichen des Skorpions geschieht das Einlassen in alle Tiefen, das bereits mehrfach postuliert, aber mehr eingesehen, bearbeitet und erwogen als gewagt wurde.

Dem »inneren Tierkreis« entsprechend, gehört zum Skorpion das Element des *Wassers*. Daß diese Zuordnung ausschließlich psychisch zu verstehen ist, zeigt sich hier besonders deutlich, da das Symboltier selber im Trockenen und in der Wärme lebt. Aber im seelischen Bereich ist es den Wogen aller Emotionen ausgeliefert, folgt den Wellen in die Höhe wie in die Tiefe. »Himmelhoch jauchzend, zu Tode betrübt«, wird hier gerne von Goethe zitiert, zu dessen Geburt das Zeichen des Skorpions im Osten aufstieg. Es ist das Bild der seelischen Nachtmeerfahrt, dem das Verschlungenwerden des Jona im Wal entspricht, das Hineingerissenwerden in Höhen und Tiefen, aber auch in Entzücken und Rausch – mit der Hoffnung, aber durchaus nicht mit der Gewißheit, am Ende wieder Land zu finden.

Aus der Vereinigung von Mars und Venus gingen Furcht und Schrecken hervor: Das geschieht hier sozusagen in jährlicher Wiederholung oder als lebenslängliche Möglichkeit immer wieder von neuem. Venus im Stier und Mars im Skorpion sind als Pole immer aufeinander bezogen. Es wurde ihnen auch Eros geboren und schließlich Anteros: Liebe und Gegenliebe, die erst zusammen sich weiterentwickeln konnten. – Hier im Bilde des Skorpions heißt der Hauptstern Antares: Gegen-Mars. Es braucht die Aufruhr bringende, tödlich gefährliche Seite von Mars, damit auch Gegen-Mars, die Gegenkraft neuen Lebens möglich wird. Nicht mehr Verhaftetsein an die Erde und den Genuß, sondern Aufbruch zu – vielleicht – höheren Zielen, das kann sich mit Mars im Skorpion ankündigen.

Es versteht sich von selbst, daß es hier besonders große Unterschiede im Spektrum des Erlebbaren geben wird. Weil in der Außenwelt das Dunkel siegt, steigern sich die Kräfte der Innenwelt bis hin zu größter Anspannung. Sie können zerstörerisch erlebt und eingesetzt werden. Sie können in Plutos Tiefen führen, in den Tod, oder sie können in einen schöpferischen Wandlungsprozeß führen. Sie verlangen Hergabe alter Sicherheiten, Hingabe, Opfer. Das wird wohl immer als Zerreißprobe erlebt und weckt die Sehnsucht, endlich Ruhe und Erlösung zu finden.

Dabei sind große Schwierigkeiten im Zeichen des Skorpions gerade durch den fehlenden Bezug zur Außenwelt gegeben. Wenn alle Energie im psychischen Bereich angesammelt ist, ist sie der Außenwelt entzogen. Die Realität wird nicht wahrgenommen oder aufgrund des subjektiven Erlebens mißinterpretiert. Das führt zu Zusammenstößen mit der Umwelt, vor allem zu Schwierigkeiten im mitmenschlichen Kontakt.

Der Skorpion kann mit Suggestivkraft nach Hilfe und Ergänzung schreien. Er zieht dann ihm ähnliche Menschen an oder solche, die von seiner geballten seelischen Energie fasziniert sind und ihm bisweilen hörig anhängen. Wenn er wirklich Hilfe bekommt, merkt er es oft nicht einmal, weil sein seelischer Hunger unstillbar ist.

Für ihn liegt im *Schatten* und ihm ist unbewußt, daß er die Energie anderer an- und aufsaugen und sie ausnutzen kann. Er wird es darum nicht danken, weil er es nicht realisiert. Damit überfordert er aber meistens die Geduld und die Hingabefähigkeit seiner Mitmenschen. Er muß gar nicht immer im Kampf giftig zustechen. Er sticht – ohne es selber zu merken – immerzu: die andern und damit auch sich selbst, denn er verdirbt sich so die besten menschlichen Kontakte.

Eine Form des Stechens ist seine Sucht, zu erforschen und zu analysieren. Anstatt den Partner zu lieben, analysiert er ihn – und gelegentlich gleichzeitig auch sich selbst, und er lähmt damit jede fruchtbare Beziehung, zerlegt, vernichtet, was lebendiges Leben sein könnte.

Abgesehen vom stets präsenten und häufig gebrauchten Stachel, gehört zu den Schattenseiten des Skorpions, daß er nicht realisiert, wie wenig objektiv er die reale Umwelt sieht. Von *seinen* psychischen Realitäten her gesehen, hält er sie für ausbeuterisch, hart, mitleidlos, undankbar, für unbewegt und unlebendig, für spießig und in oberflächlichem Genuß aufgehend. Daß er dabei mit dem Feind – oder dem Gott – in sich selber kämpft, ist ihm nicht bewußt. Er sucht ihn »draußen« und ruft ihn auf den Plan, indem er seine Mitmenschen provoziert.

Sehr häufig wird der Skorpion sich nicht verstanden fühlen; und darin hat er recht, denn es wird nicht viele Menschen geben, die in seine Höhen und seine Tiefen ganz mit einschwingen können – auf Dauer.

Scorpio

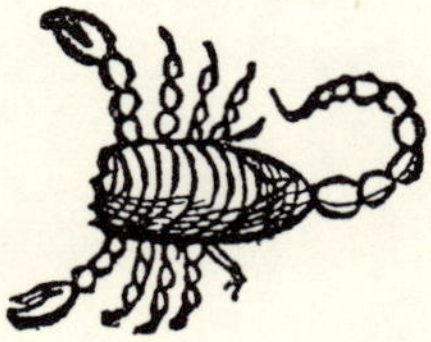

Im Skorpion ist Mars nicht nur »enthalten«. Mars *ist* die Funktion, die Macht und Erfahrung im Menschen, die zum Bild des Tierkreiszeichens Skorpion geführt hat.

Wenn es dem Skorpion gelingt, Einsicht in sein Wesen und seine Möglichkeiten zu finden, dann kann er auch die andern verstehen und die Dunkelseiten in ihnen wie bei sich selbst annehmen; dann kann er zum Beispiel zu einem »verwundeten Heiler« (oder Analytiker) werden.

Als *Körperbereich* werden dem Tierkreiszeichen des Skorpions die Sexualorgane zugeordnet. In diesen Organen wie im sexuellen Akt oder der Sexualität ganz allgemein ist wie in einem analogen Symbol enthalten, was für Skorpion und Mars gilt: Auch im sexuellen Bereich sind immer die Pole von Venus im Stier und Mars im Skorpion gegeben, von Erde und Wasser, Leib und Seele. Es geht um den Widerstreit zwischen Selbstbestätigung, Selbstbefriedigung auf der einen und Hingabe und Opfer auf der anderen Seite; um Lockung, Kampf, Entladung von Energie; um Genießen, Verströmen; Verletzen, Mißbrauchen; um Höhen und Tiefen, um Himmelhoch-jauchzend- oder Zu-Tode-betrübt-Sein; es geht um Zerstörung – oder neues Leben, um Lebendig-Werden.

♐ Schütze – Planet Jupiter ♃

22. XI. – 21. XII.

Nach den zwei grundsätzlich entgegengesetzten Bewegungen im Tierkreiszeichen Waage mit Venus als vermittelnder Funktion und Skorpion mit Mars als Aufruhr oder tödlichen Schrecken bewirkender Kraft, durch die aber neue Dynamik hervorgerufen wurde, hat das dritte Zeichen des Quadranten wieder einen die Gegensätze versöhnenden Charakter. Es geht aber um mehr als um Synthese. Der Schütze gehört dem Element des *Feuers* an und bringt einen ganz neuen Impuls. Mit dem Eintritt der Sonne ins Tierkreiszeichen des Schützen kündigt sich noch einmal ein ganz neuer Aspekt im Symbol der Sonne an, jetzt unter Jupiters Führung.

Im Jahreslauf beginnt die dunkelste Zeit, mit den längsten Nächten und selbst düsteren Tagen. (Für Ärzte ist es die arbeitsreichste Zeit, denn allen Patienten geht es schlechter, ganz besonders den psychisch labilen. Es ist – angefangen schon im Skorpion – die Zeit der meisten Depressionen.)

Aber gerade in der tiefsten Dunkelheit ersteht die erste Hoffnung auf neues Licht. Im Kirchenjahr ist die Zeit des Schützen die Adventszeit, in der auf die Ankunft des Kindes, des Lichtbringers gewartet wird. Grundsätzlich Neues wird für möglich gehalten und erhofft.

Das Bild des Schützen ist schon aus altbabylonischer Zeit bekannt. Mit der Doppelkrone auf dem Haupt und dem gespannten Bogen galt er als Träger königlicher Macht.[76] Die Ägypter und Griechen übernahmen später dieses Symbol. Immer wurde der Schütze in doppelter Gestalt gesehen: als Mensch und Tier, meistens mit einem Pferdeleib als Kentaur. Aber waren die Kentauren bei den Griechen meist gewalttätig und roh, so wurde in diesem Kentauren Chiron gesehen.

Chiron war ein Sohn Saturns.[77] Er war freundlich und

weise. Er kannte die Kräfte der Pflanzen und ihre heilende Wirkung; ebenso die der Musik, die er sehr liebte. Das verband ihn mit Apoll, dem »Fernhintreffenden«, und von diesem erhielt Chiron die Gabe des Bogenschießens. Chiron wurde der Lehrer und Erzieher Jasons, Asklepios', des Arztes, und von dessen Söhnen, von Achill und anderen. Als Sohn Saturns war er unsterblich, doch er trat diese Gabe an Prometheus ab, der den Menschen das Feuer brachte. (Der Schütze ist ein Feuerzeichen!)

Der zu diesem Zeichen gehörende Planet ist *Jupiter.* Man kann sich an den Sieg Jupiters erinnert fühlen nach dem Kampf mit den Titanen und kosmischen Gewalten, als er schließlich die Hundertarmigen aus der Unterwelt holen mußte, die ihm zu seinem endgültigen Sieg verhalfen. In der Folge der Tierkreiszeichen ging nicht Titanenkampf, wohl aber Kampf zwischen Leben und Tod voraus, bevor die Sonne das Zeichen des Schützen und die Wirkkraft Jupiters erreichte. Auch hier hatten sich Plutos Reiche bedenklich aufgetan: Abgründiges und bedrohliche Energie waren im Skorpion freigesetzt.

Im Bild des Schützen kann man eine Verbindung und Durchdringung von Skorpion und Waage sehen: Hier vereinen sich animalische Kraft (Pferdestärke) und menschliche Gestalt; Instinktsicherheit, Stärke – und weiser Blick, freundliches Herz, Proportion und Harmonie.

Ebenso enthält das Bild des Schützen Elemente des gegenpoligen Zeichens Zwillinge – und übersteigt sie bei weitem. Dort waren die zwei Aspekte noch auf zwei Gestalten aufgeteilt, auf den muskelstarken und den musikliebenden Bruder. Beide mußten ihren Eigenbereich erst kennenlernen und abstecken, die Mauer um ihre Stadt bauen. Der Schütze vereint die verschiedenen Aspekte in sich zu einer Gestalt und kann nun die Grenzen wieder sprengen. Sein Ziel liegt in der Ferne, »in den Sternen«. Er zielt ins Unendliche, in neue Bereiche.

Drei Bereiche verbinden sich im Bild des Schützen: Tier – Mensch – und das den Menschen überragende Ziel. Die drei Bereiche, die Jupiter im Mythos verteilte, sind hier unter seiner Funktion wieder vereint: Der Bogen des Schützen umspannt Himmel, Erde und ihre Tiefe. Eine neue *psychische* Spannweite ist möglich geworden: Zulassen von Gegensätzen, ihre komplementäre Verbindung und Überwindung.

Jeder dieser drei Bereiche – das instinktiv Triebhafte, das menschlich Soziale oder das religiös Ideale – kann einzeln gelebt werden. Ebenso können alle in einer Aufgabe, einem Kontext zusammenfallen. Im Zeichen des Schützen ist Bewegung auf allen Ebenen angesprochen. Ihn können Leistungs- und Bewegungsfreude ebenso auszeichnen wie geistige Beweglichkeit und Offenheit. Weite oder Ferne können in der Außenwelt gesucht werden, auf Reisen und in großen Unternehmungen – und können in der Innenwelt gefunden werden.

Vor kurzem reisten noch die »Hippies« nach Indien; heute ist das innerste Anliegen näher gerückt und liegt dennoch »in den Sternen«: die Umwelt und ihr Schutz. Die »Grünen« haben die Natur und den richtigen Umgang mit ihr, wie Chiron ihn übte, wieder in den Blick gerückt.

Neuordnung der Welt ist nötig wie zu Jupiters »Zeiten«. Mit ihm, dem dem Schützen entsprechenden Planeten, können im Bewußtsein des Menschen neue Werte gezeugt und neue Möglichkeiten geschaffen werden. Dazu müssen allerdings immer neue Ziele mit immer neu gespannter Kraft angepeilt werden. Dazwischen liegen Zeiten von Erschöpfung und Enttäuschung; aber auch Zeiten von Regeneration und neu sich aufbauender Kraft. So kann im Zeichen des Schützen immer wieder Hoffnung, ja Zuversicht erwachsen, daß neue Ziele, Werte und Ordnungen gefunden und ins Leben gerufen werden können.

Die verschiedenen Ebenen der Schütze-Qualitäten zeigen sich in den verschiedenen Zielen. Daraus ergeben sich auch die *Schattenaspekte*, die vom Bewußtsein nicht wahrgenommen werden. Der Schütze ist immer in Bewegung. Je weniger er dabei die verschiedenen Bereiche vereinigen und doch als eigenständige Möglichkeiten verwirklichen kann, desto mehr wird er sie predigen. Je weniger umfassend sein eigenes Erleben ist, desto fadenscheiniger wird sein Missionieren sein und desto fanatischer. Es findet eine Verwechslung zwischen dem angestrebten Ziel und der eigenen Person statt. So kann man dem Schatten des Erziehers im Moralisten, dem des Helfers in einer »Wohltätigkeitshyäne« begegnen, die sich gern auf Opfer stürzt, denn »man« muß doch helfen. Oder andere werden auf den rechten Weg gebracht, wenn man selber nicht unterwegs ist. Mißverstandene Schütze-Qualitäten zeigen sich in selbstgerechter Moral, in Großzügigkeit, die nachher abrechnet oder den Dank bemißt. Im andern Fall kann durch Großspurigkeit und Angeberei das eigentliche innere Ziel verpaßt werden.

Die *Körperregion*, die dem Tierkreiszeichen Schütze zugeordnet wird, ist die Hüfte. Auch dieses Bild enthält seinerseits Symbolcharakter.

Anatomisch ist die Hüfte der Teil des Körpers, der die unteren Gliedmaße mit dem Leib verbindet. Die Hüftgelenke sind die Gelenke zwischen Oberschenkel und Hüftbein. Die beiden Hüftbeine verbinden sich vorn in der Schambeinfuge fest, und nach hinten gelenkig mit dem Kreuzbein, über dem die Lenden-, Brust- und Halswirbel sich aufrichten: das menschliche Rückgrat, das den Kopf trägt und dem Leib als Stütze dient.

Die Hüfte ist die Nahtstelle zwischen »unten« und »oben«. Sie ermöglicht die aufrechte Haltung des Menschen. Man muß in der Hüfte locker und frei beweglich sein, um eine »richtige« Haltung einnehmen zu können. Nur dann steht man fest auf dem Boden und bewegt sich – aus der Hüfte heraus –, ohne sich zu verspannen. In dieser Haltung ist das Bild des Menschen ein Bild der Verbindung zwischen Himmel und Erde, ebenso wie das Bild des Schützen.

Wie schwer es ist, innerlich und körperlich zur »richtigen« Haltung zu finden – nachdem sie beim Kind noch so selbstverständlich erwuchs –, zeigen die häufigen Beschwerden der Menschen in der Lendenwirbelsäule oder Schmerzen verschiedenster Art, die durch falsche Haltung zustande kommen. Die Haltung aber wird durch den Sinn bestimmt, den »der Schütze« vor sich oder in sich sieht – und dadurch, wieweit er ihn realisiert und verwirklichen kann.

♑ Steinbock – Planet Saturn ♄

22. XII. – 19. I.

Mit Schütze und Jupiter taten sich neue Weiten auf. Es ging um das dem Menschen wesentliche, ihn überragende Ziel, um seinen Sinn.

Mit dem Tierkreiszeichen des Steinbocks beginnt ein neuer, der letzte Quadrant; jetzt wird die Antwort auf alles Erkannte gefordert: die Realisation, die konkrete Verwirklichung. Die Sonne erreicht das Zeichen des Steinbocks am 22. Dezember. Es ist der tiefste Punkt ihrer Bahn: die Winter-Sonnenwende.

Der Steinbock, wiederum ein kardinales Zeichen, steht im Zeichen der Lichtgeburt. Im Christentum wird zu dieser Zeit die Geburt des Kindes gefeiert, das als Christus das

Licht der Welt werden soll. Aus der Tiefe beginnt der Aufstieg zur Höhe, aus dem Verborgenen (dem Stall und der Krippe) steigt etwas Neues hervor ans Licht und in die Welt.

Das dem Steinbock zugeordnete Element ist die *Erde*: Materie, konkrete Wirklichkeit. Von Jesus heißt es im Johannesevangelium: »Das Wort ward Fleisch.« Gottes »Wort« hat sich konkretisiert, »materialisiert«, ist »wahrer Gott und wahrer Mensch« geworden. In den alten Weihnachtsliedern wird diese Realisation besungen, und neue Hoffnung erwächst.

Aber auch wo die christlichen Symbole nicht mehr lebendig sind, wird ähnliches erlebt. Selbst noch im profansten Ablauf der Tage zwischen Weihnachten und Epiphanias (6. Januar) sind Reste alter Erlebens- und Verhaltensformen erhalten. Sie zeigen sich in dem Bedürfnis nach Rückschau über das vergangene Jahr und einem Ausblick auf das neue. Man faßt gute Vorsätze, man bekommt eine Bankabrechnung und zahlt spätestens jetzt die fälligen Steuern für das vergangene Jahr. Es ist eine Zeit des Endes und des Neubeginns.

Der *Steinbock* ist ein Ziegenbock. Er lebt im Hochgebirge, sucht einsame, menschenleere Gegenden auf, zieht bis über die Grenze ewigen Schnees hinauf. Er lebt gern in dünn bestandenen Wäldern, auf Halden und Geröllabstürzen, auf kahlen Klippen und Felsen. Steinböcke lieben Geselligkeit untereinander, sind aber anderen Tieren gegenüber vorsichtig und scheu (Brehm). Sie sind ungeheuer geschickte Kletterer und Springer und laufen sicheren Tritts über die gefährlichsten Stellen. Kleine Unebenheiten in einer Felswand genügen ihnen, um sicher an ihr hochzuklettern. Der Steinbock ist von großer Kraft und Ausdauer, braucht wenig Nahrung und kommt mit den kargsten Grasbeständen aus. Schon im ersten Lebensmonat sproßt das Gehörn. Die Brunstzeit ist im Januar, zur Zeit des »Steinbocks«. Alte Böcke leben oft als Einsiedler; aber allen ist der Trieb zur Höhe eigen.

In beinahe allen Kulturen verbindet sich mit dem Bock das Symbol der Zeugungskraft. Im Tierkreis steht das Zeichen des *Ziegen*bocks in der Phase der Lichtgeburt, das des *Schafs*bocks in der des endgültigen Siegs des Lichtes.

Zum Tierkreiszeichen des Steinbocks gehört der Planet *Saturn*. Es geht nun um Verwirklichung der erkannten Werte; und Konkretisierung verlangt immer Mühe, Arbeit und Disziplin. Dazu befähigt Saturn.

»Als die Zeit erfüllet war«, herrschte bei der Geburt des göttlichen Kindes nicht olympische Fülle, sondern saturnische Kargheit; nicht Glanz, sondern Dunkelheit des Stalles und äußere Ungeborgenheit. – Ebenso ist Zeus zunächst im Verborgenen aufgewachsen, in einer Höhle versteckt, von Ziegenmilch genährt, bevor er schließlich ans Licht treten konnte.

Der Weg aus dem Dunkel zur Helligkeit verlangt die ausdauernde Leistung des einzelnen. Dazu verhelfen Qualitäten, wie sie sich im Bild des Steinbocks darstellen und die ebenso zum Bild Saturns gehören: Kraft, Ausdauer, Genügsamkeit, Zähigkeit und Durchhaltevermögen; die Fähigkeit, harte Bedingungen als Herausforderung anzunehmen – so wie Saturn steiniges Gebiet in fruchtbares Ackerland verwandelte.

Diese Eigenschaften, die sich im Wesen des Steinbocks zeigen, sind *psychische Qualitäten*, dem »inneren Tierkreis« entsprungen. Je nach individueller Veranlagung fasziniert den einen »Steinbock« mehr die Genügsamkeit und Ausdauer dieses Tieres, den andern mehr sein Streben in eine Höhe, in der andere kaum noch leben können; wieder ein anderer ist geprägt von der waghalsigen Kunst im Klettern und Springen, sei es, um die Einsamkeit oder einen weiten Aus- und Überblick zu genießen.

Im einzelnen kann das bedeuten: biegsame Beharrlichkeit und Widerstandsfähigkeit im Lebenskampf, Härte, Unbeugsamkeit, Durchsetzungsvermögen; die Fähigkeit, Widerstände aller Art durch unermüdliches Verfolgen des einmal gesteckten Zieles zu überwinden. Der Steinbock muß seine Vorhaben in die Tat umsetzen, nicht weil er es will (das wäre Löwe-Art), sondern weil *es* so sein muß.

Es ist dem Steinbock wichtig, einer Aufgabe zu *dienen*, ihrer aber auch *Herr* zu werden, sie – und eventuell die Mitarbeiter – zu beherrschen. Es geht ihm um Befriedigung seines Wirkungsdranges, um Selbstachtung, aber auch um öffentliche Anerkennung, wenn er selbständig etwas erreicht hat. Ihn kann das Hochklettern auf der Karriereleiter locken, die Lust, weithin sichtbar zu sein, sich zu exponieren. Andererseits sind die Verpflichtungen und das Wirkenmüssen für den Steinbock auch eine Last, die ihn allerdings zu weiteren Leistungen anstachelt.

Dabei bleibt das Gefühlsleben des Steinbocks »Privatangelegenheit«, das heißt, er kann ihm nur wenig Raum geben. Oder er muß es vor sich selbst verbergen, als ob er seinen Gegenpol, die Weichheit und Gefühlsbetontheit des Krebses, dessen Sensibilität und Verletzbarkeit fürchtet. Der Krebs ist ihm ein warnendes Beispiel in doppeltem Sinn: Er zeigt ihm ganz andere Möglichkeiten des Erlebens, aber auch die Gefährdung, die sich daraus ergibt. Im Verhalten zu den Mitmenschen wird der Steinbock korrekt sein, wird sich aber vor allem seine seelische Unabhängigkeit bewahren, und zwar als Folge eines praktischen Gebotes: So fühlt er sich niemandem seelisch verpflichtet. *Konkrete* Verpflichtungen, genaue Abmachungen scheut er dagegen nicht.

Es wird deutlich, wie viele Nuancen das »Steinbock-Wesen« annehmen kann: Ehrgeiz steht neben Leistungszwang; Streben nach Eigenständigkeit neben Unverbindlichkeit; Gründlichkeit neben Perfektionismus; Würde und Selbstwertgefühl neben Machtstreben. Wieder kündigen sich *Schattenaspekte* bereits an: Wird ein natürlicher Ehrgeiz unterdrückt, wird er als Bedürfnis nicht zugelassen oder muß vor den andern verborgen werden, dann führt dieser Wesenszug ein Schattendasein und äußert sich in zunehmendem Maße negativ. Man kann dann immer deutlicher Züge der »alten Saturn-Art« wiedererkennen, aus der Zeit, bevor

Saturn von Jupiter abgesetzt wurde: moralische Enge, Ehrgeiz, Machthunger, Angst vor Konkurrenz, Angst vor Gefühlen, vor eigenständigem Nachwuchs machen sich breit. Und die Folgen davon sind Absonderung und Verhärtung. Diese Züge meint der Steinbock dann in andern Menschen zu entdecken und bekämpft sie dort, solange sein eigener Schatten ihm im Dunkel bleibt.

Capricornus.

Die dem Tierkreiszeichen zugeordnete *Körperregion* ist das Knie. Je weiter wir den Tierkreiszeichen im Jahreslauf folgen, desto tiefer liegt der anatomische Bezugspunkt. Der Umstand, daß dem Steinbock das Knie zugeordnet ist, kommt einer symbolischen Ausdeutung der Zusammenhänge zwischen den psychischen Gehalten des Tierkreiszeichens und ihrer traditionell behaupteten anatomischen Entsprechung besonders entgegen, weswegen ich der Beziehung zwischen Steinbock und symbolisch verstandenem Knie etwas ausführlicher nachgehen will.

Das Knie als anatomisch-physiologisches Gebilde erweckt für unser Verständnis menschlicher Bewegungsmöglichkeiten im körperlichen wie im übertragenen Sinne zwei entgegengesetzte Assoziationen: Wir können entweder entschlossen ausschreiten und uns auf den Weg machen, oder wir können das Knie beugen, also niederknien, das heißt Unterwerfung oder Demut zum Ausdruck bringen.

Das Zeichen des Steinbocks beginnt mit der Wintersonnenwende und der »Geburt« des Lichtes, des göttlichen Kindes. Dieses aber wurde in der Geschichte des Christentums zu einem Ärgernis: Anstelle eines Gottes oder Königs war Jesus als Dienender in die Welt gekommen.

Sich beugen, knien, dienen, das sind Wörter, die in unserer heutigen Zeit einen negativen Klang haben. Sie gehören einer »alten Moral«, einem verpönten Patriarchat oder einem Geist der Unfreiheit an. Nur im Zusammenhang mit Ehren und Würden »dient« man noch: einer großen Aufgabe, oder zur Not beim Militär. Sonst »erledigt« man Aufgaben und entledigt sich bestimmter Pflichten. – Auch das Wort »knien« wird umgewertet. Wenn man sagt, jemand kniee sich in eine Sache oder Aufgabe hinein, klingt das eher verbissen und allzu strebsam. Dennoch ist hier ein Rest des ursprünglichen Sinns vom Dienen erhalten, wenn man sich einer Sache ganz annimmt, ihr »mit dem Herzen dient«, oder wenn man sich so in etwas »hineinkniet«, daß man mit der Aufgabe oder dem Thema eins wird.

Es gab auch seit je eine positive Einstellung zum Dienen, auch außerhalb des christlichen Glaubens. Ein Beispiel dafür sind die Saturnalien, die in Rom zu Ehren Saturns zur Zeit der Wintersonnenwende (im Zeichen des Steinbocks!) gefeiert wurden. Während dieses Festes waren alle Rangordnungen aufgehoben. Die Sklaven waren für die Dauer der Festtage frei, saßen mit an der Festtafel und wurden von ihren Herren bedient. Damit wurde auf den hintergründigen Sinn verwiesen, daß Herren wie Sklaven einem höheren »Herrn« gehörten oder einem höheren Ziel und Sinn dienten.

Wir sahen im Streben des Steinbocks das Streben zur Höhe. Wir sahen Unbeugsamkeit und Härte – in ihn hinein, weil wir selbst meistens das Streben zur Höhe in dieser Art erleben. Er liebt die Höhen. Er sucht sie freiwillig und empfindet offenbar das harte Leben dort oben nicht als hart und hat auch keinen »Ehrgeiz«, es dort oben zuzubringen. Ihm erscheinen die Gräser nicht karg. Er ist in Einklang von Innen- und Außenwelt, von inneren Bedürfnissen und seiner Lebensweise.

♒ Wassermann – Planeten Saturn und Uranos ♄ ♅

20. I. – 19. II.

Wenn die Sonne am 20. Januar in das Tierkreiszeichen des Wassermanns tritt, ist bei uns die Höhe des Winters erreicht. In der Natur herrscht Starre. Das Wasser ist vielerorts zu Eis gefroren. Was wachsen wird, ist noch verhüllt. Aktivitäten finden jetzt in Innenräumen statt, im gesellschaftlichen Leben wie – im übertragenen Sinne – auch im Seelenleben. Die Zeit, die äußerlich die wenigsten Abwechslungen bringt, ruft ein besonders intensives Innenleben wach.

Der Wassermann ist ein *fixes Zeichen*. Was unter dem Steinbock begonnen wurde, kann hier nun ganz zum Thema werden. Nun geht es um einen Überblick über die Lage, um Zusammenschau der verschiedenen Lebensmöglichkeiten und um Weitergabe der gewonnenen Erkenntnisse an andere.

Das dem Wassermann zugeschriebene *Element* ist die *Luft*. In geistiger Weise muß nun weiter bearbeitet werden, was sich als Aufgabe für die Zukunft stellt. Die dem Zeichen zugeordneten psychischen Funktionen sind Saturn und Uranos.

Das Sternbild dieses Ekliptikabschnitts ist der Wassermann: ein Mensch mit einem Gefäß in der Hand, das er geneigt hält und aus dem Wasser strömt. Dieses Bild ist wie eine Zusammenfassung aller bisher in den Tierkreiszeichen erlebten Sonnen-Aspekte, aller möglichen bewußtgewordenen Erfahrungen. Der Mensch hat sich zu seiner vollen Gestalt aufgerichtet. Er hat in sich – oder in seinem irdenen Gefäß – eine Fülle von Erfahrungen, Einsichten und Erkenntnissen gesammelt und ist nun dabei, dieses Gefäß zu neigen, um weiterzugeben und auszugießen, was er hat, und damit wieder Neues zu bewirken.

Im Sternbild sind die menschliche Gestalt und das Gefäß schwer zu entdecken. Leicht zu sehen ist dagegen der

Schwall gleich heller Sterne, die den Wasserguß darstellen. Daß es in diesem Bild nicht um Wasser oder das »feuchte Element« im konkreten Sinne geht, zeigt sich in der Zuordnung des Zeichens zum Element der Luft. Geistige Inhalte sind hier gemeint und werden »ausgeschüttet«. (Entsprechend hatte der in heißen und trockenen Gegenden lebende Skorpion dem Element des *Wassers* angehört und damit dem emotionalen Bereich.)

Was sich im Gefäß des Wassermanns an geistigen oder psychischen Inhalten ansammeln konnte, übersteigt persönlichen »Eigenwert« oder individuelle Kraft – Werte, die im gegenpoligen Zeichen des Löwen wichtig waren. Hier vereinigen sich kollektive Bewußtseinswerte, die durch die Erfahrung des einzelnen sich neu bewährten oder eine Korrektur erfuhren, und Inhalte des kollektiven Unbewußten, die durch den einzelnen erfahren und ins Bewußtsein gehoben wurden und nun weitergegeben werden oder verströmen können.

Im Wassermann vereinigen sich *saturn*ische Ausdauer, Sorgfalt und Verarbeitungsvermögen mit schöpferischen Ideen oder Impulsen von uranischer Vielfalt und Durchschlagskraft. Es besteht die Nötigung zur Weitergabe: Die »Kinder« des *Uranos* können nicht mehr in Höhlen und irdenen Behältern belassen werden. Sie müssen gesehen und vermittelt werden, sonst sprengen sie autonom die Schranken ängstlicher Einengung.

Im psychischen Bereich wird das – dem »inneren Tierkreis« entsprechend – als Drang nach Weite, Offenheit und Unabhängigkeit, nach innerer und äußerer Freiheit erfahren. Die Freiheit der Gedanken und ihre Vermittlung sind für den Wassermann unveräußerlich. Er bringt sie in philosophische wie psychologische Zusammenhänge. Mit uranischem Anstoß kann es dabei zu grundlegenden Erkenntnissen, in anderen Zusammenhängen zu technischen Erfindungen kommen, denen oft weitreichende Entwicklungen folgen.

Zusammenhänge erkennen und voraussehen, Zukunftsentwürfe wagen, das sind »Wassermann-Themen«. Der Austausch mit andern ist dabei wichtig: unter Freunden, in Gruppen, im Team. Wesentliche gemeinsame Anliegen können zu dem Gefühl tiefer freundschaftlicher Verbundenheit führen. Das Wissen um geistige Unabhängigkeit führt Menschen mit betonten Wassermann-Qualitäten dabei zu einer stark ausgeprägten Individualität und zu einem geistigen Stolz, der andere überzeugt.

Hier besteht eine Entsprechung zum Gegenpol im Zeichen des Löwen: Geht es dort um die Betonung des eigenen Machtbereichs, der von der Umwelt respektiert werden muß, so hier um Betonung geistiger Unabhängigkeit und Freiheit (auch Eigenwilligkeit). Dabei ergibt sich die Gefahr, daß das konkrete Leben mit seinen Bedingungen vernachlässigt oder als Überforderung erlebt wird, denn »geistige Unabhängigkeit« bringt leicht Kompromißlosigkeit dem praktischen Leben gegenüber mit sich.

Daraus ergeben sich verschiedene *Schattenaspekte*. Im mitmenschlichen Kontakt ist der Wassermann zwar immer bereit zu geben, aber nicht leicht bereit zu nehmen, vor allem, wenn es sich um praktische Dinge, persönliche Zuwendung oder Hilfeleistungen handelt. Austausch im Geben und Nehmen ist in geistigen Bereichen möglich, und selbst da ist der Wassermann lieber der Gebende. Das führt gelegentlich zu einer Art Verstiegenheit – und zu Mangel an Demut, die zum Geben gehört. – Es ist dem Wassermann leicht eine gewisse »Abgehobenheit« aus den praktischen Lebensbezügen eigen. So ist er oft ein schlechter Menschenkenner. Ist er selber edel, weitherzig, offenen Geistes, so sieht er diese Möglichkeit auch in jedem Mitmenschen. Ein (in seinen Augen) »schönes Gesicht« kann auch nur einer »schönen Seele« gehören. Er ist unkritisch, weil ihn die Realität weniger interessiert als seine Ideenwelt. Er projiziert seine Ideen vom Guten, Edlen oder vom Bösen, Schlechten um so leichter, als er die Projektionsträger in besonders geringem Maße in ihrer Realität wahrnimmt.

Mangelnder Realitätssinn kann so weit führen – hier zeigen sich die Schattenseiten »augenfällig« –, daß er zwei verschiedene Strümpfe trägt, ohne es zu merken. Im Restaurant kann er seinen eigenen Mantel nicht wiederfinden, weil er ihn noch nie genau angeschaut hat. Oder er verläßt das Restaurant im Mantel eines anderen Gastes, bis er merkt, daß der Schlüssel aus *dieser* Manteltasche nicht zu *seinem* Auto paßt. – Ein Mensch mit ausgeprägten Wassermann-Qualitäten wird sich wenig darum kümmern, was die Nachbarn denken, allerdings auch nicht darum, ob er sie vielleicht stört. Er kann unberechenbar wirken – oder »genial«, und er *kann* beides sein.

Für den Wassermann besteht die Schwierigkeit, saturnische Forderungen im Element der Luft (wo sie nicht »materiell« angepackt werden können) und uranische Impulse zu verbinden. Im Mythos sind sie überwunden, »beherrscht« – oder kastriert. Jetzt geht es um geistige Bewältigung oder psychische Verarbeitung aufregender und unter Umständen beunruhigender Ereignisse und Erfahrungen. Es kann daraus der Zwang entstehen (Saturn), sich in die Gedankenwelt zu entziehen, sich mit einer eigenen Welt im »luftigen« Bereich gegen das Eindringen von unangenehmen Realitäten abzusichern. Es kann sich das dringende Bedürfnis ergeben, die Zukunft genau zu planen, zu verplanen, um unerwünschten Überraschungen durch Uranos vorzubeugen.

Ist Saturn stärker betont, werden scheinbar sichernde Eigenwilligkeiten forciert. Ist Uranos – und sei es durch den »Zeitgeist« – betont, so kann es zu zerstörerischen Impulsen, Revolten – oder zu Einfällen, die die Welt retten könnten, kommen. Saturn in der Nähe von Uranos wird ihn entweder zu bezwingen suchen oder ihm durch zähen Einsatz auf einer neuen Ebene zu einem »New Age« verhelfen.

Zwanghaft forcierte Einfälle äußern sich im persönlichen Bereich in gewollter »Individualität«, in extrem zum Ausdruck gebrachten Wesenszügen und Verhaltensweisen, in rücksichtslosem Durchsetzen der Eigenwilligkeit. Was in gutem Sinn »Abgeklärtheit« sein kann, echte Unabhängigkeit von realen, praktischen Einschränkungen im Leben, kann sich im Negativen als Gleichgültigkeit erweisen: sowohl gegen sich selbst und das eigene Wohl als auch gegen andere; man setzt sich entweder über sie hinweg oder überschwemmt sie mit eigenen Ideen und Anliegen. Es fehlt beide Male eine Einfühlung in den anderen, die Wahrnehmung, daß es ihn als reales Gegenüber mit den ihm eigenen Erlebensstrukturen und Gefühlen überhaupt gibt.

Gleichgültigkeit kann sich auch in scheinbarer »Großzügigkeit« zeigen. Falsch verstandene Offenheit oder Wertfreiheit ersparen emotionales Engagement, ersparen vor allem tiefe Gefühle, die den Verlust von Eigenständigkeit mit sich bringen könnten. Ein engagiertes Wort und eine engagierte Tat liegen dem Wassermann mehr, denn er liebt es, Dinge auf den Kopf zu stellen, zu hinterfragen und andere damit provozierend aufzuwecken.

Der Wassermann ist nicht um innere Balance bekümmert – wie die Waage im gleichen Element. Er ist nicht aus dem Gleichgewicht zu bringen, weil er es nicht sucht. Gefühlen weicht er nicht aus, weil sie ihn belasten, sondern weil sie ihn binden und unfrei machen könnten. Aus demselben Grund kann er Hilfe nur schlecht annehmen und Liebe nur in Maßen. Allzu große Nähe eines geliebten Menschen könnte das Gefühl der Freiheit einengen.

Positiv erfahren, ist der Wassermann ein Bild des Mittlers zwischen verschiedenen Welten und Zeiten. Stieg der Steinbock in die Höhe, so ergießt der Wassermann das Erkannte und Bewährte in die Tiefe. Er ist ein Quell »lebendigen Wassers«, geistig-seelischen Lebens. Man könnte ihn wie Johannes den Täufer sehen: Unbekümmert um sein äußeres Auftreten und Wirken, läßt er seinen Ruf erschallen: Er weckt auf, er fordert zu Umkehr und Umdenken auf, ermutigt zu neuen Ideen, die für die Zukunft eine lebensnotwendige Wende bringen könnten.

Im *Körperbereich* ist dem Tierkreiszeichen des Wassermanns der Unterschenkel zugeordnet: das Schienbein und das Wadenbein mitsamt dem oberen Sprunggelenk, das die Verbindung mit dem Fuß herstellt. Die Schienbein- und Wadenmuskeln mitsamt dem Gelenk ermöglichen dem Menschen, federnd zu gehen und zu springen, Ausdruck seiner Spannkraft: uranischer Spannung und saturnischer Kraft.

Im Bild des Unterschenkels zeigen sich die zwei Einstellungsmöglichkeiten des Wassermanns: sich von der Erde abzuheben – oder sich zu ihr und zur Tiefe hinzuwenden. Die Fähigkeit, sich von der Erde im Sprung zu lösen, ist eine tödliche Versuchung. Adler und Riemann erinnern in diesem Zusammenhang an den Riesen Antäus. Er war unbesiegbar, solange er die Erde berührte. Als er aber hochsprang, konnte Herakles ihn töten.

Ohne den Kontakt zur Erde, die uns trägt, sind wir »enthoben«, bisweilen »verstiegen«, und sind in Gefahr, unsere Aufgabe oder unseren Sinn zu versäumen. Zum Glück können wir die Erde nur für kurze Zeit im Sprung verlassen. Dies macht uns unsere irdische Gebundenheit erst recht bewußt und damit auch unsere Aufgabe: unsere geistige Kraft auf die Zukunft der Erde und die Erhaltung der uns gegebenen irdischen Möglichkeiten zu richten.

Im Zeichen des Wassermanns ist die Aufforderung enthalten, in uns so viele Erfahrungen zu sammeln, daß sie als Ströme lebendigen Wassers wieder der Tiefe zurückgegeben werden und ihr zugute kommen können.

♓ Fische – Planeten Jupiter und Neptun ♃ ♆

20. II. – 20. III.

Das Tierkreiszeichen der Fische, das die Sonne am 20. Februar erreicht, ist der letzte Abschnitt der Ekliptik. Nach diesen 30 Grad kommt sie zurück zum Frühlingspunkt.

In unseren Breiten schmelzen Eis und Schnee; das harte weicht dem weichen Element. Zum Zeichen der Fische gehört das Element des Wassers. Als letztes Zeichen des Quadranten hat es wieder einen lösenden oder verbindenden Charakter. Es löst die Spannung, die sich aus dem Streben im Zeichen des Steinbocks ergeben konnte, und es bildet eine Gegenströmung gegen die im Zeichen des Wassermanns stark betonte Unabhängigkeit und Einmaligkeit der Individualität und Originalität des einzelnen, die ihn in die Vereinzelung treiben könnten.

Das *Sternbild* der Fische ist sehr lang hingezogen, enthält keinen großen Stern und ist für den Ungeübten praktisch nicht zu finden, obwohl es im Spätsommer (wenn die Sonne sich im Gegenzeichen der Jungfrau befindet) über dem Horizont aufsteigt.

Das Zeichen zeigt zwei Fische, mit dem Rücken gegeneinandergekehrt und doch wie durch ein Band verbunden. In anderen Darstellungen ist es ein Fischepaar, das Kopf an Schwanz und Schwanz an Kopf nebeneinandersteht. Dieses Paar kann sich nicht sehen, jedenfalls nie »in die Augen sehen«, sich nicht bewußt erkennen.

Es sind zwei Fische, wie die zwei Zwillingsbrüder, aber nicht wie jene zwei zu einer Einheit verbunden als zwei Aspekte eines Wesens, das zur Entdeckung und Absteckung des Eigenbereichs aufgefordert ist. Die beiden Fische sind zwei, wie um zu betonen, daß es nicht um den einzelnen geht. Auch das Sternbild der beiden Fische ist so weit hingezogen, daß man es kaum »zusammensehen« kann.

In der abendländischen Deutung des Fische-Zeichens

spielte immer die Beziehung zu Christus eine große Rolle, dessen Symbol – oder Geheimzeichen – der Fisch war.[78] Damit verbunden waren immer die Begriffe von Selbstaufgabe und Opfer.

Die beiden dem Zeichen der Fische zugeordneten Planeten sind *Jupiter* und *Neptun*. Wir folgen zunächst ihnen in ihre Bereiche und den Fischen in ihr Element, das *Wasser*.

Mit Jupiter war eine neue Weltordnung, war Trennung und Verteilung der Reiche und ist Leben auf verschiedenen Ebenen möglich geworden. Diese Lebensordnung kommt unserem Streben nach Bewußtsein entgegen, so daß wir uns mit den Jupiter-Aspekten der Welt einigermaßen vertraut zu machen bereit sind.

Das Reich Neptuns, das in psychologischem Kontext dem Unbewußten entspricht, ist dem abendländischen Bewußtsein noch so neu, daß die Auseinandersetzung damit immer noch gescheut wird. Das hat zur Folge, daß die Kenntnisse über »Neptuns Reich« außerordentlich gering sind. Als Analogie dazu mag man ansehen, wie wenig die meisten Menschen über die Lebewesen wissen, die sich unter der Wasseroberfläche bewegen.

Die Fische gehören zu den Wirbeltieren, wie der Mensch. Aber wer weiß etwas von den über 25 000 Arten, die es seit gewiß 450 Millionen Jahren in den Gewässern der Erde, im Süß- und im Salzwasser gibt und die zwischen nur zwei und weit über 10 Millionen Eiern pro Jahr legen? – Die Fische haben einen ausgeprägten Gesichts-, Gehör-, Geruchs- und Geschmackssinn. Daneben besitzen sie auch noch einen

Strömungs- und Erschütterungssinn, der sie Bewegungen über sehr große Distanzen wahrnehmen läßt. Sie sind Raubtiere, wie Brehm schreibt, denn sie fressen nicht nur Insekten, Würmer und Pflanzliches, sondern auch andere Fische, die zum Teil viel größer sein können als sie selbst. Die Größe der Fische variiert zwischen 0,01 und 15 Metern.

Neptuns Bereich überschreitet unser Vorstellungsvermögen bei weitem. Hier herrscht eine Fülle, ein Leben in der Tiefe, das uns ebenso unbegreiflich ist wie der gestirnte Himmel über uns. Und da wir in der Tiefe *noch* weniger sehen als bei unserem Blick in die Höhe, können wir die Schätze dieser Lebenswelt auch noch schwerer in unser Bewußtsein »heben«.

So ist es nicht nur im übertragenen Sinn zu verstehen, wenn es bei Jung – oder überhaupt in tiefenpsychologischen Formulierungen – heißt, die Fische stellten Inhalte unseres Unbewußten dar. Das Unbewußte *ist* der kollektive Urgrund, aus dem wir alle leben – und den es weiter geben wird, wenn unsere persönliche »innere« Sonne untergegangen, unser Ich-Bewußtsein gestorben ist. Die Fülle des kollektiven Unbewußten wird auch dann nicht geringer werden, wenn weitere Inhalte daraus ans Licht gehoben, ins kollektive Bewußtsein integriert sind, da sie sich aus sich selber regeneriert, wie das Leben in den tiefen Gewässern.

In den alten Religionen sind die Fische sowohl Symbol des Todes wie auch der Fruchtbarkeit, ebenso wie das Meer selbst. Im Alten Testament erlebt Jonas die Todesnähe, als er vom Fisch verschlungen wird, und die Neugeburt, als der Fisch ihn wieder an Land speit. Nach hinduistischem Glauben wurde Manu, der Stammvater des Menschengeschlechts, von einem Fisch aus der Sintflut gerettet. In Indien sind Fische als Glücks- und Fruchtbarkeitszeichen schon früh bekannt.

Um fruchtbare Neuorientierung, ein weit gestecktes Ziel und die richtige Einstellung dazu ging es bereits im Tierkreiszeichen des Schützen und Jupiters. Woher könnte sie kommen, wenn nicht aus schöpferischen Tiefen, die uns bis jetzt noch nicht bewußt sind, und wohin können wir zielen, wenn nicht in Bereiche, die unser Bewußtsein überragen? – In diesen Zusammenhängen kann man das Tierkreiszeichen der Fische, das durch Jupiters und Neptuns Wirkkraft bestimmt ist, sehen.

Psychisch gesehen, wird es bei Menschen, die durch dieses Tierkreiszeichen stark geprägt sind, immer eine Spannung geben zwischen sinnerfüllter Hingabe (Jupiter) und einem Sich-Verlieren, einer Selbst-Aufgabe (Neptun), gefolgt von dem Gefühl, kein (genügend starkes) Ich zu haben. Diese beiden Seiten kehren sich – bildlich gesprochen – den Rükken zu, können sich nicht bewußt ins Auge fassen und darum nicht miteinander verbinden. Es gibt immer wieder das eine und das andere Gefühl als Grunderfahrung: Freude in der einfühlsamen Hingabe und das Gefühl des Untergehens in Anonymität und der Angst, wertlos zu sein.

Zum Wesen der Fische gehört eine große Anpassungsfähigkeit (den Fischen im Meer entsprechend, die die Farbe ihrer Umgebung annehmen). Das kann von ihnen selbst wie von den Menschen ihrer Umgebung manchmal als angenehm, ein andermal als Charakterlosigkeit empfunden werden. Fische werden leicht mitgeschwemmt. Jede größere Woge reißt sie ein Stück weit mit, bevor sie es überhaupt wahrnehmen. Das kann in allen mitmenschlichen Beziehungen geschehen, besonders im sexuellen Bereich. Nach einem selbstverständlichen Mitschwimmen und Mitschwingen – setzt nachher die Ernüchterung und das Gefühl, ausgenützt worden zu sein, ein.

Aus dem Gefühl der Schutzlosigkeit ergibt sich die Suche nach Sicherheit: Der Fisch spürt ein großes Anlehnungsbedürfnis oder möchte in einer Beziehung aufgehen. Dabei wird der Partner oft überfordert, ja seinerseits ausgenutzt, denn er möchte auch ein Eigenleben haben und nicht nur immer Schutz bieten. Wo Sicherheit nicht in der Partnerschaft gefunden werden kann, wird sie in Gruppen und Gemeinschaften gesucht. Das kann Hilfe und Erleichterung bringen, fördert aber auch die Unselbständigkeit der Fische. Zum Wesen der Fische gehört ungemeine Sensibilität und Durchlässigkeit; man denke an ihr Sensorium für Strömungen und Erschütterungen, das jede Wellenschwingung registriert. Die Fische spüren mit und leiden mit, so sehr, daß sie auch an der Unfähigkeit leiden, sich dagegen zu wehren. Dann gibt es zwei Möglichkeiten: entweder einzuschwingen, dieser Begabung zuzustimmen, sie durchzuleben und zu seelisch-geistiger Tiefe zu gelangen[79], oder aber ängstlich auszuweichen, sich zu schonen, alle Verantwortung abzugeben, Aktivitäten und Entscheidungen zu delegieren, in der Familie oder in Gemeinschaften aufzugehen und ständig selbstaufopfernd tätig zu sein. Das aber bedeutet für die Umgebung nicht nur Glück, sondern auch Belastung und die andauernde Forderung nach irgendeiner Form von Zuwendung oder Dankbarkeit.

Es zeigt sich die *Schattenseite* der Fische, wenn Ichlosigkeit gleich für Aufopferung gehalten wird. Sicherheit wird von andern erhofft oder verlangt und in einer Art sanfter Vergewaltigung schließlich auch erreicht. (Die Fische können zum Teil ja größere Artgenossen verschlingen!) Auf der menschlichen Ebene kann das heißen: »Ich hab' dich zum Fressen gern.« Mangelnde Stellungnahme wird als Toleranz ausgegeben. Das Bedürfnis nach Symbiose wird Liebe genannt; man meint, Partner zu sein, und bleibt ein abhängiges Kind. Aus Hilflosigkeit erwächst der kindliche Wunsch nach Geborgenheit, Verwöhnung und Umsorgtwerden. Bei Enttäuschungen und nicht erfüllten Hoffnungen entsteht schnell der Eindruck, man sei der Schlechtigkeit der Welt ausgeliefert. Andere Fische »erdulden« diese »schlechte Welt« und kultivieren das Leiden an ihr so, daß diese Leidensfähigkeit schließlich als Stärke mißverstanden wird. Diese vermeintliche Stärke kann sich sogar mit Härte und Verweigerungshaltung mischen – als Selbstschutz.

Leider ist die »Fische-Seele« dann selbst nicht glücklich, weil sie nicht ihrem inneren Muster nachlebt.

Dem Tierkreiszeichen der Fische werden im *Körperbereich* die Füße zugeordnet. Das mag verwundern, denn gerade den Fisch zeichnet es aus, keine Füße zu haben. Wie wunderbar passend und umfassend ist aber noch einmal dieses Symbol.

Heute ist weitgehend wieder bekannt, wie durch die Füße jeder Körperbereich erreicht und wohltuend beeinflußt werden kann. Zu jedem Teil des Fußes, zu jeder Reflexzone, korrespondiert ein anderer Teil im Körperbereich, sei dies Magen, Herz, Kopf, Schulter, Darm etc.[80] So ist die Sensibilität und Durchlässigkeit, die den Fischen auflastet, auch ihr großes Geschenk: Sie können auf feinste Weise andere Menschen verstehen, sich einfühlen und auch heilend wirken.

Mit den Füßen hat jeder Teil an der Qualität des Tierkreiszeichens der Fische. Wenn es gelänge, sich ihrer besser bewußt zu werden und mit ihnen recht auf der Erde zu stehen, dann wäre ein Teil unseres Sinnes auf Erden erfüllt; sei dies in Jupiters Sinn oder im Sinne dessen, dessen Zeichen ιχθγε ist.

Bedeutet »auf eigenen Füßen stehen« Selbständigkeit und Standfestigkeit, so haben es die Fische hier schwer, eben weil sie »keine Füße« haben. Können sie dagegen in *ihr* Element eintauchen, in den Bereich des Mitfühlens und Mitschwingens, können sie in größeren Aufgaben oder höheren Zielen aufgehen, dann sind sie lebendig »wie ein Fisch im Wasser«.

* * *

Abschließend möchte ich einem überaus häufigen Mißverständnis kurz begegnen, das zu dem Einwand führt: »Ich finde mich in meinem Zeichen –« oder »Ich finde meinen Kollegen – zum Beispiel im Stier – nicht wieder«.

Es ist heute zur Gewohnheit geworden, die Bedeutung

des Sonnenstandes in eindimensionaler Weise überzubewerten. Immer wieder hört man: »X ist ein Stier«, »Y ist Jungfrau«, womit ausschließlich der Sonnenstand berücksichtigt wird. Nun kann zweifellos dieser Sonnenstand von großer Bedeutung für hervorstechende Eigenschaften eines Menschen sein. Es ist jedoch ebensowohl möglich, daß die ins Auge stechenden Charaktereigenschaften einer Persönlichkeit in geringerem Maße durch den Sonnenstand geprägt sind, weil andere, »dynamischere«, prägnantere Konstellationen zwischen Planeten und Tierkreiszeichen deutlicher zu spüren sind. Ebenfalls ausschlaggebend wird sein, in welchem »Haus« die Sonne sich befindet (siehe das nächste Kapitel), das heißt in welchem Lebensbereich das Ich-Bewußtsein, der Wille, die Eigenständigkeit des Individuums vornehmlich zum Ausdruck kommen kann.

In manchen Fällen wirkt zum Beispiel ein Löwe eben nicht löwenhaft, sondern wird – obgleich er ein Löwe bleibt – in seiner von außen erkennbaren Erscheinungsform durch andere, markantere Zusammenhänge zumindest vordergründig stärker geprägt.

III. Die Häuser

Häuser-, Tierkreis- und Planetendarstellung
Titelholzschnitt von Erhard Schön zum Mativität-Kalender des Leonhard Reymann, 1515

Die Stellung der Planeten in den Tierkreiszeichen ist für alle Menschen, die am gleichen Tag geboren sind, ungefähr gleich. Die Einmaligkeit des individuellen Horoskops entsteht erst durch die Berücksichtigung von Ort und Augenblick der Geburt – die Berechnung der Häuser. Nur dank der Berücksichtigung des Geburtsortes und der genauen Geburtszeit ist es möglich zu rekonstruieren, welches Tierkreiszeichen zur Zeit der Geburt als sogenannter »Aszendent« (das heißt: das Aufsteigende) im Osten gerade aufstieg und welches dementsprechend als »Deszendent« (Untersteigendes) im gleichen Grad im Westen gerade unterging. Ebenso kann man jetzt feststellen, welches Tierkreiszeichen gerade in der Himmelshöhe, im Zenit (Medium Coeli), stand und welches dementsprechend gegenpolig in der Himmelstiefe, im Nadir (Immum Coeli), verborgen war.

Wenn jemand am 21. März, zur Zeit der Tagundnachtgleiche, zufällig morgens um sechs Uhr auf dem Längengrad von Greenwich (0 Grad) geboren ist, dann befindet sich »seine« Sonne genau im Osten auf der Horizontachse, und das aufsteigende Tierkreiszeichen, der Aszendent, ist 0 Grad Widder. Zu Mittag steht die Sonne im Zenit in 0 Grad Steinbock, um sechs Uhr abends geht sie im Westen in 0 Grad Waage unter und ist um Mitternacht im Nadir bei 0 Grad Krebs.

Es ergibt sich ein Achsenkreuz Ost – West und Himmelshöhe – Himmelstiefe, das den Tierkreis in vier Abschnitte, in die vier Quadranten unterteilt. Dieses Achsenkreuz von links – rechts, oben – unten entspricht einer inneren Struktur im Menschen. Ebenso entspricht es seinem »geometrischen Instinkt« (Kepler), diese Quadranten noch einmal in je drei »Felder« oder »Häuser« zu unterteilen und wieder zu der Zahl Zwölf zu kommen, die er im Zodiak erlebt.[81] Die Häuser beziehen sich auf den individuellen Ort und sind nicht gleich groß wie die je 30 Grad der Tierkreiszeichen, was sich durch den schiefen Stand der Ekliptik zum Horizont und dem Himmelsäquator ergibt. Die Häuser können in ihrer Größe variieren und decken sich nicht mit den Tierkreiszeichen. Gerade dadurch ergibt sich die Vielfalt individueller Varianten, vom unterschiedlichen Stand der Planeten und ihrer Aspekte zueinander ganz abgesehen.

Die zwölf Häuser spiegeln nicht »himmlische« oder »göttliche« Gegebenheiten wie die Tierkreiszeichen und Planeten, sondern »irdische Realitäten«. Sie stellen zwölf Lebensbereiche dar, in denen der Mensch die Planetenkräfte im Sinn des zugehörigen Tierkreiszeichens verwirklichen soll. Jedes Haus betrifft ein bestimmtes Thema, und jedes Thema muß in konkreter Weise gelebt werden.

Häusereinteilungen waren schon in Babylon und Ägypten bekannt. Es waren ursprünglich nicht immer zwölf, wie auch die Tierkreiszeichen zu jener Zeit noch nicht auf zwölf festgelegt waren. Und die Benennung der Häuser unterschied sich – wie man sich denken kann – je nach Zeit und Kultur, denn mit ihnen veränderten sich auch die »Lebensbereiche«.

Dennoch sind sich die Häuser im Kern gleichgeblieben, denn sie entsprechen Grundmustern menschlicher Lebensaufgaben. In den Häusern wird zum Thema, was im Menschen angelegt ist und was ihm im Leben begegnet oder was er selbst bewirkt. Die grundsätzliche Anlage ist in allen Menschen gleich (denn alle haben am psychischen Urgrund teil, dem kollektiven Unbewußten, das alle Grundmuster menschlicher Erfahrens- oder Erlebnismöglichkeiten enthält). Die Art, wie die Aspekte menschlichen Daseins gelebt werden, ist dagegen sehr verschieden, je nachdem, welche Archetypen in welcher Zuordnung im einzelnen konstelliert sind und welche äußeren Bedingungen zur Verwirklichung gegeben sind.

Insofern konnten Tierkreiszeichen und Planeten *kollektive* Symbole genannt werden; das individuelle Horoskop dagegen ist ein *individuelles* Symbol. Es zeigt die besondere Thematik des einzelnen und *seine* Voraussetzungen, unter denen er Aufgaben lösen und *seine* Ziele verwirklichen kann.

Es ist nicht verwunderlich, daß die Themen der Häuser denen der Tierkreiszeichen entsprechen, denn diese hatte die Psyche – eigenen Strukturen gemäß – in der »Außenwelt« der Sterne »erkannt«. In den Tierkreiszeichen spiegelt sich die Sonne im *Jahres*lauf, und in den Häusern zeigen sich die Themen des *Lebens*laufes beziehungsweise der verschiedenen Lebensbereiche oder -phasen. In den Planeten finden wir die Funktionen, die Gestaltkräfte, die uns bedingen und prägen.

Bei der Betrachtung der Tierkreiszeichen sahen wir, daß mit der Akzentuierung des Frühlingspunktes mit dem Beginn des Tierkreises bei 0 Grad Widder die Dynamik einsetzt: durch Ungleichgewicht. Immer wieder stellten wir fest, daß eine Bewegung eine Gegenbewegung herausforderte und damit weiteren Fortgang bewirkte. So setzt im Horoskop der Aszendent, der Beginn des ersten Hauses, den ersten starken Akzent. Die weiteren Häuser schließen sich – wie die Tierkreiszeichen – im gegenläufigen Uhrzeigersinn an. Die Bedeutung der Häuser entspricht auch dem Gehalt der Tierkreiszeichen in ihrer Reihenfolge vom Frühlingspunkt an: Das erste Haus hat immer »Widder-Charakter«, auch wenn es im individuellen Fall durch ein anderes Tierkreiszeichen bestimmt wird. Das zweite Haus trägt »Stier-Charakter«, das dritte ist vom »Zwilling« her bestimmt, und so weiter.

Ich schicke die über Jahrhunderte gebrauchten alten Namen der Häuser voraus. So absurd sie auch anmuten mögen, so kann man im Lauf der näheren Betrachtung merken, daß sie immer schon den gleichen Gehalt im Kern enthielten. Die Deutung aber hängt von dem Kontext ab, in dem sie erfaßt werden.

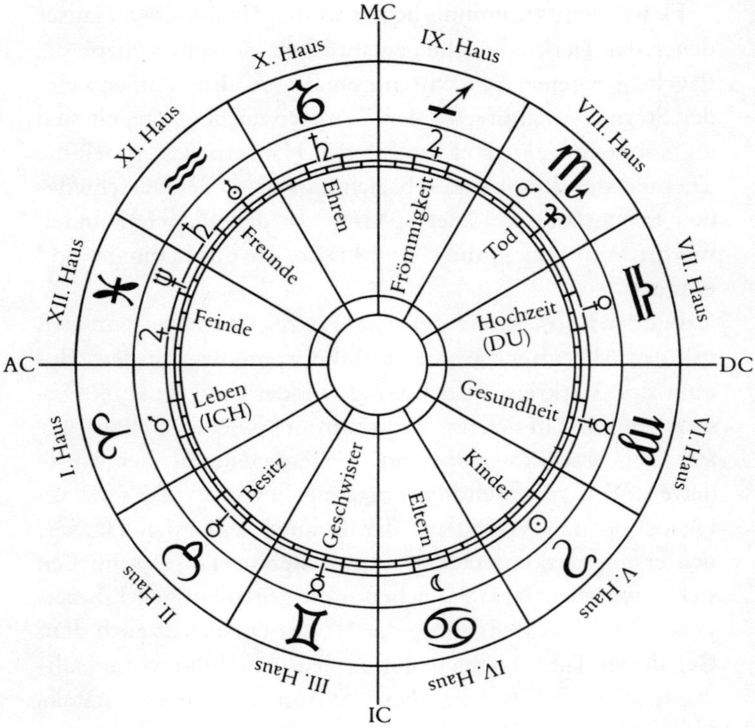

Im Mittelalter wurden die Namen der Häuser in zwei Zeilen aufgeführt:
Vita – lucrum – fratres – genitor – filii – valetudo
nuptiae – mors – pietas – honores– amici – inimici

I. Haus

Alte Bezeichnung: vita, Leben
Neue Bezeichnung: Persönlichkeit[82]

Der Augenblick des Frühlingspunktes, wenn die Sonne den Himmelsäquator überschreitet, entspricht dem Augenblick der Geburt, der Abnabelung, wenn das Kind den ersten Schrei tut und zum ersten Mal zu atmen beginnt. Nun erst hat es einen eigenen Blutkreislauf und Stoffwechsel und ist ein eigenständig organisch funktionierendes Wesen geworden.

Die Art, wie ein Neugeborenes schreit, kann sehr verschieden sein; die Art, wie die Umwelt darauf reagiert, ebenso. Die Art, in der ein Mensch in die Welt hineinschaut und sie subjektiv erlebt – und wie die Mitmenschen auf ihn reagieren, wie sie ihm begegnen, wird ebenso verschieden sein.

Der Aszendent entspricht dem Sprung des Widders dem Licht entgegen. Er zeigt die Bedürfnisse, die der Mensch instinktiv spürt, von denen er bestimmt ist, noch bevor er sie realisiert. Sie sind wie die Haut, in der einer steckt und aus der er nicht heraus kann, wie es sprichwörtlich heißt. Diese »Haut« kann – je nach dem Tierkreiszeichen, von dem das erste Haus bestimmt ist, sehr verschieden sein – und sich auch den andern verschieden kundtun. Entsprechend verschieden werden die anderen dann antworten und reagieren.

Wie anders wird Welt erlebt – und wie verschieden antwortet sie, wenn ein Böckchen gesprungen kommt, wenn ein Widder »bockt«, aus der Reihe springt, entgegenspringt, Kampfeslust zeigt;
– oder wenn einer mit »dickem Fell« und »breiten Schultern« dasteht, abwartet, sich Zeit nimmt, es gemütlich nimmt, lang nicht aus der Ruhe zu bringen ist;
– wenn ein anderer zugewandt, interessiert, verbindlich, höflich, diplomatisch, aufgeschlossen auf die Welt zugeht;

– oder wiederum zurückhaltend, gemütvoll, aber eher scheu, schüchtern abwartet, ob er abgeholt wird; sich erst überwinden muß, bevor er die Nachbarn begrüßt;
– wieder ein anderer kann dastehen: Hier bin ich, ist das nicht wunderbar?
– und dann wieder einer: höflich, verbindlich – aber auch nicht allzu sehr; leicht reserviert – es ist doch sicherer so.
So könnten die ersten sechs Tierkreiszeichen sich kurz als Möglichkeiten vorstellen, wie sie am Aszendenten die Einstellung zur Welt bestimmen.

Da der Aszendent als erster kardinaler Punkt oder Abschnitt im Horoskop stark das gesamte »primäre« Wesen des Menschen bestimmt, wurde der in diesem Tierkreiszeichen wirkende Planet der »Geburtsherrscher« genannt. Wir sahen, daß die Funktion, die der Planet im Zeichen vertritt, von diesem nicht zu trennen ist. Ebenso wird er jetzt von besonderer Bedeutung oder Prägekraft für denjenigen sein, an dessen Aszendenten (AC) dieses Tierkreiszeichen steht.

Man kann sich weiter vorstellen, daß der erste Eintritt ins Leben, der erste »Auftritt« – oder die primäre Grundeinstellung – allgemein bestimmend sein können für die Art, wie das Leben erfahren wird. Dazu gehören immer zwei Aspekte: einerseits die Art, wie ich mich selbst, die Umwelt und die anderen erlebe; andererseits die Weise, wie die Umwelt mich erfährt. Das ist folgenreich für das ganze Leben. *Vita*, Leben, hieß darum einfach die Bezeichnung für das erste Haus.

Dabei gilt es zu bedenken, daß ein bewußtes Ich sich erst im Laufe der späteren Kindheit aus dem ursprünglichen unbewußten Zustand des Kindes heraus entwickelt. Erst eine Unterscheidung von Ich und Umwelt erlaubt es, eine bewußte Wahl zwischen verschiedenen Möglichkeiten zu treffen und sich eine »Persona« (Maske) aufzubauen.

Es wird manchmal von der »Maske«, der Persona-Haltung des ersten Hauses gesprochen. Das aber ist ein Mißverständnis des von C. G. Jung eingeführten Begriffes beziehungsweise ein Mißverständnis des ersten Hauses, denn nach alter astrologischer Tradition stellt das erste Haus die Ausgangssituation des Individuums dar, während die Persona definitionsgemäß eine Errungenschaft des bewußten Ich in seiner Auseinandersetzung mit der Umwelt bedeutet.

Das erste Haus hat immer Mars-Widder-Charakter, das bedeutet: Die Qualität des ersten Hauses ist ausschlaggebend für meine Art der *Forderung* an mich selbst und an die Welt, für die Weise der *Initiative*, die ich *instinktiv* übernehme und die meinen Stil prägen wird, in dem ich mich den verschiedenen Lebensbereichen zuwende; und ebenso für die Art, wie ich mich auf die Umwelt einstelle und auf sie reagiere.

(Es ist selbstverständlich, daß die verschiedenen Tierkreiszeichen, in denen das erste Haus stehen kann, und die verschiedenen Planeten, die im ersten Haus eventuell anzutreffen sind, die hier beschriebene Grundqualität des ersten Hauses beeinflussen werden. Dasselbe gilt, wie nicht oft genug betont werden kann, auch für alle weiteren Häuser.)

II. Haus

Alte Bezeichnung: lucrum, Reichtum, Gewinn
Neue Bezeichnung: Eigentum

Im zweiten Haus geht es darum, eine sichere Grundlage zu finden. Es entspricht dem Zeichen des Stieres. Hier zeigt sich der Wunsch, Boden unter die Füße zu bekommen, sei es im Bilde der Venus, die an Land steigt, oder im Bilde des Stiers, der auf seiner Wiese weidet oder auf ihr ruht und wiederkäut. Hier herrscht Bedürfnis nach Wohlbefinden, Sicherheit, Wärme, nach Wiesen mit reichlich Nahrung. Im Bild des Stiers wird dafür auch allerlei auf die Schultern – oder in Kauf – genommen. Er grast ab, was er kann, aber er kaut auch wieder: Er genießt, was er sich einverleibt, auch doppelt.

Je nach Tierkreiszeichen, das den Auftakt zu diesem Haus gibt,[83] wird die Art der gesuchten »Nahrung« oder Basis verschieden sein: Es kann um leibliches Wohlergehen, um materiellen Besitz gehen, ebenso um Bücher, die gesammelt, Themen, die katalogisiert werden, Kunst, die gebraucht wird – und alles möchte besessen, einverleibt und genossen werden. Selbst schwierige Themen (beim Skorpion-Charakter zum Beispiel) werden nicht losgelassen, sondern wiederholt, »wiedergekaut«.

Es geht um Sicherheit, um Absicherung, Versicherung – um die lebensnotwendige Basis im materiellen oder auch im geistigen Bereich (je nach Zeichen). Dem einen fällt sie zu (mit Jupiters Hilfe), ein anderer muß sich darum mühen (mit saturnischer Ausdauer), wieder einem anderen scheint sie gleichgültig zu sein, wenn er zum Beispiel in Wassermann-Art an materiellen Besitz – nicht – denkt (um so wesentlicher wird hier die Basis von Unabhängigkeit und innerer wie äußerer Freiheit für das Lebensgefühl sein). Die Grundtendenz in diesem Haus ist, sich zu sättigen an dem, was man essentiell zum Leben braucht – und dies auch auszukosten.

Steht kein Planet in diesem Haus, so wird das Thema der notwendigen Lebenssicherung durch das Zeichen allein anklingen. Ist es mit einem oder mehreren Planeten »besetzt«, wird durch diese die Wichtigkeit des Anliegens und das psychische sowohl wie das äußere, konkrete Verhalten, die mögliche Art der Bearbeitung dieses Themas deutlich.

Saturn im zweiten Haus muß nicht Armut, Mühe oder Geiz bedeuten. Er kann auch bewirken, daß man zäh, ausdauernd, belastungsfähig und genügsam ist beim Erwerben der Grundsicherheiten. Mars muß nicht Raub, sondern kann auch Initiative und Unternehmungslust andeuten, aber gewiß in impulsiverer und heftigerer Art, als Merkur es hier täte, und so weiter.

Im zweiten Haus wird instinktiv und mit vitalem Elan das begehrt, was grundlegende Bedürfnisse befriedigen soll. Dabei braucht es Zeit, bis etwas wachsen und zur Fülle gelangen kann. Der »Stier« ist langsam, und auch materielle wie geistige Güter muß man erst anwachsen lassen.

Lucrum, Reichtum hieß dieses Haus. Das Gefühl, reich zu sein, zeigt sich darin, ob einer mit seinem Bemühen und dem erworbenen Besitz zufrieden und im Einklang ist. Es sind nicht die Nullen hinter einer Zahl im Bankkonto, die reich machen. Es geht um das subjektive Erlebnis, reich zu sein – oder nicht; um Zufriedenheit oder das Jagen nach mehr: Gewinnsucht.

Das Spektrum des zweiten Hauses reicht vom reinen Sich-Einverleiben bis zum geistigen Genuß vollkommenen Glücks.

III. Haus

Alte Bezeichnung: fratres, Brüder, Geschwister
Neue Bezeichnung: Werdegang

Das dritte Haus heißt seit alten Zeiten »Brüder« oder »Geschwister«. Im Bild des Tierkreiszeichens finden wir die Zwillingsbrüder. Die einen (Kastor und Pollux) unterschieden sich in dem, was sie besaßen: Unsterblichkeit und Sterblichkeit. Die andern beiden unterschieden sich in dem, was sie konnten – und was auch wieder ihr Wesen ausmachte: handwerkliches Geschick, Kraft und musische Begabung und die Fähigkeit, mit ihr nicht nur sich auszudrücken, sondern auch auf die Umwelt einzuwirken.

Im Bereich des dritten Hauses wird erst einmal zur Kenntnis genommen, was die Möglichkeiten des Lebens sind. Austausch ist nötig und Verständigung. Man muß Zusammenhänge sehen lernen und muß überhaupt viel lernen, um das Leben zu bestehen. Es wird Liebe zum Austausch gebraucht und die Bereitschaft, zu teilen, miteinander zu teilen – und sich mitzuteilen, wie beide Brüderpaare es taten.

Merkur, als der Vermittler zwischen den Bereichen, zwischen oben und unten, Osten und Westen, ist hier in seinem Haus »zu Hause«: Lehrer der klugen Rede und der Sprachen; der Musik, des Handwerks, der Bearbeitung eines jeden Stoffes. Er kann dazu verhelfen, zum eigenen Ausdruck zu finden; angelegte Möglichkeiten zu erkennen und zu entwickeln. Der Beginn allen Austauschs liegt im familiären Bereich und findet zum Beispiel unter Geschwistern statt. »Verwandte« und »kleine Reisen« wurden diesem Haus mitzugeordnet, das zum Kennenlernen der Welt dient. Wie immer gilt das für den konkreten wie den psychischen Bereich. Die »Brüder«, »Geschwister« können konkrete Geschwister sein – oder »die andere Seite« in mir selbst. Und – es ist beides. Wenn ein Kind keine Brüder hat, wird es sich um so eher genötigt fühlen, »Brüder« in Spielgefährten oder sogar in Gestalten seiner Phantasie zu entdecken.

Ähnlich einem Einatmen und Wiederausatmen wird im Bereich des dritten Hauses Umwelt aufgenommen. Es wird davon assimiliert, was zu einem paßt, was das »Blut«, den Lebensfluß speist und erfrischt. Und es wird wieder ausgestoßen, vergessen, was nicht gebraucht wird. So wird es allmählich möglich, zu einem eigenen Ausdruck zu finden, zu Kenntnissen und einem Können, mit dem man sich der Umwelt vermitteln, ihr mitteilen kann und den Austausch mit ihr weiter pflegen kann.

Je nach Tierkreiszeichen im dritten Haus werden dabei die Anliegen verschieden sein: Sie können sich auf konkreter, materieller Ebene zeigen (durch Erdzeichen bedingt) oder auf intellektueller (Luftzeichen), oder sie können sich auf seelische Bedürfnisse beziehen (Wasserzeichen). Sie können auch vom impulsiven Trieb (Feuer) nach Ausdrucksmöglichkeit gesteuert sein. Das Aufnehmen kann von introvertierter Haltung sein und ebenso auch extravertiertem Ausdrucksbedürfnis entsprechen. – Außer den Zeichen bedingen natürlich die Planeten, die vielleicht in diesem Hause stehen, die Dynamik.

Im dritten Haus geht es um das Erlernen einer elementaren Kommunikation, und zwar nicht um Kommunikation mit weit entfernt liegenden Bereichen oder Partnern, sondern um Kommunikation im Nahbereich. Darum heißt die alte Bezeichnung »Brüder, Geschwister«: Nicht die ganz anderen Menschen oder die fernliegenden Anteile der Außenwelt müssen hier in die Kommunikation einbezogen werden, sondern es geht einstweilen darum, sich mit dem Naheliegenden (das heißt unter Umständen sogar mit Qualitäten innerhalb des Individuums) auseinanderzusetzen.

IV. Haus

Alte Bezeichnung: genitor, Vater, Urheber
Neue Bezeichnung: Wurzelboden

Mit dem Beginn des vierten Hauses ist der nächste kardinale Punkt erreicht, die Himmelstiefe, Immum Coeli. Dieses Haus entspricht dem Zeichen des Krebses und der Mond-Funktion.

Das vierte Haus kann als »Haus der Herkunft«, als »Elternhaus«, sowohl zeitlich und entwicklungspsychologisch gesehen werden wie auch als eine allgemeine seelische Ausgangssituation, die von der Kindheit bis hin zum Tode besteht.

»Meine« Himmelstiefe enthält den Bezug zu meiner Herkunft, meinem Erbgut, zu den Prägungen durch Elternhaus, Familie (oder Ersatzfiguren), Vorfahren, Heimat, Kultur und so weiter. Wie erfuhr ich die Eltern, die mich prägten? Wie die Mutter, das Mond-Prinzip? (Im Kapitel zum Mond wurde bereits ausgeführt, daß es sich hier um subjektive Erfahrungen handelt.) War natürliches Wachsen und Reifen – repräsentiert in den verschiedenen Phasen des Mondes – möglich? Oder wurden Anlagen durch Überformungen, Vergewaltigung, Versagung verschüttet?

Prägungen und Wesenskräfte des vierten Hauses (seines Tierkreiszeichens und eventuellen Planeten) haben wir als tiefsten Grund, als Himmelstiefe, immer in uns; und jede Nacht kehren wir in das vierte Haus zurück wie in den Mutterschoß: ins Unbewußte. Hier vollzieht sich Regression und Regeneration, ein Eintauchen in die Traumwelt, deren Inhalte jedoch ans Tageslicht, ins Bewußtsein geholt werden können.

Die Tendenz des vierten Hauses ist: Suche nach Rückhalt und Geborgenheit. Sind hier Planetenkräfte enthalten, so drängen sie eher zu einem »Zurück« als zum Tätigwerden im Leben der Außenwelt. Das »Zurück« bedeutet nicht immer ein Zurück zu den Eltern (höchstens gelegentlich zu ihrer finanziellen – oder anderer – Unterstützung), sondern kann ebenso ein Rückzug in die eigene Innenwelt, die Privatsphäre, die »eigenen vier Wände« sein. Man denke an den »Einsiedlerkrebs«. Ein Zurückschrecken vor den Anforderungen der Außenwelt kann zum Versteckspiel locken, (auch vor sich selbst): sei dies das Atelier, das Schlafzimmer, Schlaf überhaupt – oder sonst ein geeigneter »Panzer«. Dieses »Zurück« entspricht dem »Zurückkrebsen« des Krebses, wenn er auf Hindernisse stößt. Diese können von innen oder von der Außenwelt kommen. Ebenso entspricht die rückhaltende Tendenz den Scheren, die einmal Ergriffenes nicht wieder hergeben wollen.

Wie verschieden Elternhäuser sein können, wissen wir aus Erfahrung – und wir sehen es im Horoskop in den verschiedenen Zeichen, Planeten und ihren Aspektierungen. Es gelingt nicht, durch willentlichen Entschluß Strukturen des vierten Hauses abzulegen oder zurückzulassen. Anlagen, die hier verankert sind, können sich nur durch Wachstum entfalten, dem Mond-Prinzip entsprechend, um dem »Wurzelboden« zu entwachsen und immer von neuem in lebendige Prozesse mit integriert zu werden.

Im vierten Haus zeigt sich das, was uns prägte und uns als Prägung bleibt. Dieses innere Bild können wir nicht ablegen, auch wenn wir die realen Eltern längst verlassen haben. »Parentes« sind mehr als die leiblichen Eltern: Im *Bild* der Mutter und im *Bild* des Vaters wird erfahren, was unsere Beziehung zum männlichen und weiblichen Prinzip bestimmen wird.

V. Haus

Alte Bezeichnung: filii, Söhne, Kinder
Neue Bezeichnung: Fortzeugung

Im fünften Haus begegnen wir Impulsen, wie sie im Bild des Löwen und der Sonne enthalten waren. Es geht hier um das Bedürfnis nach spontanem Ausdruck.

Filii – Kinder wurde es früher genannt. Bevor man an Kinder-Haben denken kann, muß man erst einmal selbst ganz Kind gewesen sein. Viele Erwachsene denken mit Trauer an die nie ganz oder nie genug ausgekostete Kindheit zurück. Das Kind in ihnen ist nicht satt.

Zum Kind gehört der spontane Ausdruck: ICH. Von welcher Freude und welchem Stolz ist es erfüllt, wenn sein Bewußtsein so weit erwacht ist, daß es »Ich« sagen kann. Es kostet dieses neue Weltgefühl aus. Anstatt wie bisher von sich in der dritten Person zu sprechen, »Dani kommt«, ruft es jetzt: »Ich – ich – ich komme die Treppe herunter!« Ein gesteigertes Selbstwertgefühl, eine selbstverständliche Selbstsicherheit gehörte zum Löwen und bezeichnet die Qualität des fünften Hauses.

In diesem Haus ist – auch für den Erwachsenen – all das an Möglichkeiten enthalten, was das Kind spontan lebt: Es drückt sich aus in Bewegung, im Spiel, im Singen und Gestalten. Es ist immer offen für neue Impulse und greift sie auf – wie das immer offene Auge des Löwen alles wahrnimmt und er seine Ideen zu realisieren versteht.

Das Kind mag nicht im Spiel gestört werden – wie der Löwe nicht in seinem Revier. Ein Kind verteidigt sich meistens ganz selbstverständlich (wenn es nicht durch entgegengesetzte Zeichen und Planeten in diesem Haus – oder durch andere Prägungen im vierten Haus – daran gehindert wird). Es setzt sich einfach durch – und erst später erwacht Einfühlung oder Verständnis für andere. Das sind bereits bekannte »Löwe-Züge«.

Alles innere Leben wird in die Tat umgesetzt, wird in irgendeiner Form realisiert. In der darin sich zeigenden Dynamik liegt zugleich Weltbewältigung und Selbstbestätigung. Was das Kind spontan lebt, hat jeder Mensch als das »innere« Kind als Forderung in sich. In der heutigen Zeit dürfen diese inneren Bedürfnisse in zunehmendem Maße wieder zugelassen werden. Im Zuge des ausschließlich rationalen Denkens waren sie als »kindisch« mehr oder weniger unterdrückt und nur den »Künstlern« zugestanden worden, die sowieso gern außerhalb der »normalen« Gesellschaft angesiedelt werden.

Es geht aber im fünften Haus nicht nur um das »innere« Kind, wie es im zweiten Haus nicht nur um äußeren Besitz und im dritten nicht nur um die realen Brüder ging. Filii bezeichnet ganz grundsätzlich den Bezug zum Kinde, zum realen, zum eigenen wie zu »fremden« Kindern. Je nach dem Zeichen dieses Hauses (und den eventuell darin vorhandenen Planetenkräften) wird sich der Umgang mit Kindern und ihren Anliegen gestalten.

Auf der symbolischen Ebene bedeutet das Kind häufig auch Zukunft, indem es für den einzelnen wie für die Gesamtheit das Weiterleben, also die Zukunft repräsentiert. Durch diese Symbolik ist die Bedeutung des fünften Hauses für die Zukunftsbezogenheit in ganz konkretem Sinne gegeben: »Fortzeugung«. (Die *geistig* betonte Beziehung zum Zukünftigen ist hingegen im elften Haus gegeben.)

Zum Wesen des Löwen wie der Sonne gehört potentielle Energie und sich entladende Energie. Das kann – außer im Spiel und im schöpferischen Tun – nirgends eindrücklicher erlebt werden als in der Sexualität (die ja auch gelegentlich zu Kindern führt). Sie gehört darum auch seit je in den Bereich des fünften Hauses. Die verschiedenen Nuancen oder Spielarten, in denen sie gelebt wird, werden wiederum durch das Tierkreiszeichen oder die Planeten, die im fünften Haus wirken, bestimmt.

Werden die Möglichkeiten dieses Hauses nicht genutzt,

gar wenn Planetenkräfte in ihm nach Ausdruck verlangen, dann entstehen im Kind wie im Erwachsenen Kümmerformen. Nicht gestillter Hunger führt zu Ersatzbefriedigung. Werden andere Interessen oder Beschäftigungen vorgeschoben, um für die eigentlichen Themen dieses Hauses »keine Zeit« oder Kraft zu haben, dann führt das mit der Zeit zu ausgeprägtem Fehlverhalten oder Fehlerleben, zu innerer Unfruchtbarkeit.

Filii, Kinder, sind der Lebensbereich, in dem es darum geht, in Kontakt mit dem Schöpferischen zu bleiben, in Kontakt mit dem Kind in uns oder mit den realen Kindern und ihrer spontanen Ausdruckskraft.

VI. Haus

Alte Bezeichnung: valetudo, Gesundheit, Krankheit
Neue Bezeichnung: Arbeit

Es braucht nicht allzuviel Lebenserfahrung, um zu merken, daß die Gesundheit, valetudo – wie dieses Haus bezeichnet wird –, aufs engste mit der Lebensweise zusammenhängt, die man pflegt.

Mit der Lebensweise aber ist auch die Arbeit verbunden, die man zu verrichten hat, sei es im Privat- oder im Berufsleben. Allein um zu essen und sich kleiden zu können, war Arbeit seit je nötig. So hängt – neben allgemeinen Lebensgewohnheiten – die Arbeit aufs engste mit der Gesundheit zusammen. In vielen astrologischen Büchern hieß das sechste Haus von vornherein: Arbeitshaus; und die Gesundheit wurde erst später hinzugefügt.

Zum Wesen der Jungfrau, dem Zeichen, das diesem Haus seinen Charakter leiht, gehört: auslesen und nutzen, was brauchbar ist; einen Überblick herstellen, ernten und verarbeiten. Es geht um Merkuriales: zweckdienliches Handeln.

Man muß darum die Kräfte, die zur Verfügung stehen, genau bemessen und richtig einsetzen.

Eine Forderung des Zeichens ist Enthaltsamkeit: Nicht private, nicht persönliche Interessen werden hier gepflegt. Die *Aufgabe* steht im Vordergrund. Es geht um konkrete Bewältigung realer Verpflichtungen (im Zeichen der Erde). Merkurs Wirken ermöglicht Rationalisierung der Arbeit im technischen, physischen und psychischen Bereich.

Am liebsten waren »der Jungfrau« ganz konkrete, überschaubare Arbeiten. Und sie konnte nur in gutem Glauben tun, was auch ihrer persönlichen Eigenart entsprach. – Es gehört bei vielen Menschen ganz selbstverständlich zu ihrer Arbeitshaltung, daß sie sich mit der Arbeit identifizieren. Es ist die beste Voraussetzung für gute Leistungen.

In ihren Beziehungen zu anderen Menschen war die Jungfrau eher zurückhaltend und vorsichtig. Auch das ist eine gute Voraussetzung im Berufsleben, sowohl Vorgesetzten wie Kollegen oder Untergebenen gegenüber.

»Arbeit ist das halbe Leben«, hieß es früher – und heißt es heute noch bei frei Erwerbstätigen, selbständigen Unternehmern oder in helfenden Berufen; überall, wo man nicht von der Vierzig-Stunden-Woche profitiert.

Wie anders sieht das aus, wenn jemand das sechste Haus im Zeichen des Löwen hat, vielleicht mit den Kräften von Venus und Sonne darin – oder wenn für einen anderen dieses Haus mit dem Zeichen der Jungfrau zusammenfällt, vielleicht mit Saturn und Mars darin.

Bei Überforderung, Zwang zur Perfektion, Ängstlichkeit, seelischer Belastung, »psychischem Streß« können negative gesundheitliche Folgen auf die Dauer nicht ausbleiben. Bei erfreulichen Arbeitsbedingungen, Freude am Sinn der Arbeit und bei Erfolg wird es auch mit der Gesundheit viel besser stehen.

Und doch ist es eine oberflächliche Betrachtung, wenn man das Haus der Gesundheit als Arbeitshaus betrachtet. Das sechste Haus ist das letzte der unteren Horoskophälfte.

Bei jedem der vorangegangenen Häuser war es bereits deutlich geworden, daß es jeweils auch um ein Kennenlernen der eigenen Bedürfnisse und Anlagen und die richtige Einstellung dazu ging. Und nicht nur das: Immer besteht auch die Forderung, tätig zu werden, Erkenntnisse, Gedanken, Einsichten in die Tat umzusetzen, damit ein »gesundes« Wohlbefinden möglich werde. In jedem Haus ging es darum, Einklang zwischen den Forderungen der inneren Strukturen und denen der Außenwelt herzustellen. Auch im Zeichen der Jungfrau ist es wichtig, zur Erkenntnis dessen zu kommen, was ganz der persönlichen Eigenart entspricht, und demgemäß zu leben. Spreu ist hier vom Weizen zu trennen. Vom Ende des sechsten Hauses her muß Rückschau gehalten werden, der Ertrag muß geprüft werden: Habe ich mich meinem Wesen gemäß entfalten können? Lebe ich »gesund«, »heil«? Was ist mein Wert?

Wenn man im Einklang mit sich ist, mit sich »im reinen« – wie es die Jungfrau liebt –, dann ist das die beste Voraussetzung zur Gesundheit, zu körperlicher wie seelischer.

Wenn wir dementsprechend auch auf unsere Überlegungen zu den ersten sechs Häusern zurückschauen, so ist zu erkennen, daß diese (unteren) Häuser insgesamt die mehr unbewußten Voraussetzungen oder Gegebenheiten des Individuums repräsentieren.

Mit vielleicht noch größerer Berechtigung ließe sich vielleicht aber auch sagen, daß diese erste Hälfte der Häuser die Persönlichkeitsstruktur des Menschen unter einem introvertierten Gesichtspunkt darstellt.

Aber wieder gilt es zu berücksichtigen: Je nachdem, welche Tierkreiszeichen in diesen Häusern erscheinen und welche Planeten sich in diesem Teil des Horoskopes befinden, können sowohl die Gegensätze bewußt – unbewußt als auch die von Intro- und Extraversion im jeweiligen Horoskop eine andere Durchmischung erfahren.

VII. Haus

Alte Bezeichnung: nuptiae, Hochzeit,
außerehelicher Beischlaf
Neue Bezeichnung: Zusammenleben

Mit dem siebten Haus beginnt ein neuer Quadrant. Es ist ein kardinales Haus, ein Eckhaus, dem Aszendenten gegenübergelegen. Es ist bestimmt durch das Zeichen der Waage und die Funktion von Venus.

Ein ganz neues Thema wird angesprochen. Dem Ich, das am Aszendenten ein eigenständiges Leben begann, steht jetzt am Gegenpol ein Du gegenüber. Forderte Mars auf der einen Seite, so antwortet Venus jetzt von der anderen.

In der alten Astrologie wurde es nuptiae genannt, was zwar Hochzeit, aber auch außerehelichen Beischlaf bezeichnet. Diesen Umstand dürfen wir auch für die Bedeutung des siebten Hauses in der Astrologie als Hinweis darauf nehmen, daß hier keineswegs nur von der Institution Ehe die Rede ist, sondern von jeder Art intensiver Beziehung, wie sie von Venus und Mars ausdrücklich außerhalb der Ehe gelebt wurde.

Je nach der Betonung des Feldes durch Planetenkräfte wird man zu verschiedenen Auseinandersetzungen mit dem Gegenüber herausgefordert. Und je nach dem Zeichen, das das siebente Haus bestimmt, wird die konkrete Art der Auseinandersetzung sich anders gestalten. Immer bleibt als Voraussetzung, daß Ich und Du einander fordern und bedingen.

Konkret steht den eigenen seelischen und körperlichen Bedürfnissen ein realer Partner – Mann oder Frau – gegenüber. Gleichzeitig werden aber so viele Erwartungen, Hoffnungen, Befürchtungen auf das Gegenüber projiziert, daß der Partner und dessen wahre Natur oft von diesen Projektionen zugedeckt, überlagert ist.

Man erlebt seinen realen Partner zunächst immer den eigenen Strukturen gemäß (beinahe unabhängig davon, wie er wirklich ist). Steht im eigenen siebten Haus Saturn im Steinbock, so erlebt man im Partner einen harten Realisten, von dem man eingeschränkt und eingeengt wird. Hat man Mars im Skorpion im siebten Haus, dann fühlt man sich von seinem Partner, vereinfacht gesagt, mißbraucht, überfordert und ausgesogen.

Andererseits agiert und reagiert man selbst entsprechend: Man ist im ersten Fall kühl, abweisend und steckt dem Partner die Grenzen, die er einhalten muß. Oder man ist im anderen Fall zerrissen, aufgewühlt, fordert Aufmerksamkeit und Gehör und wünscht, getröstet zu werden.

Unter »freundlicheren« Zeichen oder »günstigeren« Sternen kann das Du vielleicht positiver wahrgenommen werden; es braucht aber in jedem Fall einen beträchtlichen Teil an Selbstkenntnis, um sich vom anderen unterscheiden zu können, Projektionen zurückzunehmen und den Partner so weit als andersgeartete Persönlichkeit zu sehen, als möglich ist (subjektiv bleibt unsere Wahrnehmung immer). Dann »lernt man sich kennen«. Dann ist mehr als eine »Beziehung« oder Partnerschaft möglich, kann heute noch Ehe gewagt werden. Schwierige Konstellationen bleiben schwierig, doch kann man lernen, sich selbst und dem anderen gerechter zu werden.

Hat Venus geliebt oder ließ sie sich lieben? Hat Venus gewählt oder ließ sie sich wählen? Ihr Zeichen der Waage gehört der Luft an und ist ein kardinales Zeichen. Hier gibt es für Venus nicht kleinliche Fragen, sondern Begegnung gleich starker Kräfte, die sich die Waage halten können. Venus ist im Element der Luft nicht kaptativ, sondern lokker, heiter und gelassen. Sie kann Zusammenhänge – auch innerhalb einer Liebesbeziehung – ermessen, das heißt bewußt werden lassen und ins Gleichgewicht bringen, indem sie beide Seiten sieht: die eigene *und* die des anderen; den eigenen Anteil – und was der konkrete Augenblick verlangt.

Ob das Herz – mit Gemüt und Verstand – sich bei der Bewältigung der Aufgaben des siebten Hauses bewährt oder nicht, wird die Schicksalswaage anzeigen.

VIII. Haus

Alte Bezeichnung: mors, Tod
Neue Bezeichnung: Lebenshintergrund

In den Häusern der oberen Horoskophälfte muß nun das persönlich Erlangte geprüft und eingesetzt werden zu weiteren Zielen, die über das Individuum hinausgehen: religiöse Fragen (IX), öffentliches Wirken (X), »Freunde« (XI) und »Feinde« (XII) liegen vor uns. Man kann die zwölf Häuser im Gesamtzusammenhang eines Lebensprozesses sehen; und jeder Bereich kann zu seiner Zeit zu einem vorrangigen Anliegen werden.

Dem achten Haus wird Mars und Pluto im Skorpion zugeordnet. Im elften Haus werden wir außer Saturn auch Uranos im Wassermann begegnen, im zwölften neben Jupiter Neptun in den Fischen. Manche Astrologen lassen Mars, Saturn und Jupiter in diesen Zeichen neuerdings fort. Das erachte ich als ein Mißverständnis. Mars, Saturn und Jupiter sind im persönlichen Leben in »konkreter« Weise erfahrbar. Uranos, Neptun und Pluto aber sind so weit von uns entfernt und stehen so lange in einem Tierkreiszeichen (Pluto zum Beispiel über zwanzig Jahre), daß sie mehr im Zusammenhang mit allgemeinen Zeitströmungen, mit Zeitgeist oder kollektiven Bewegungen zu erleben sind – von denen jeder einzelne aber natürlich *mit*betroffen wird.

Wir sahen, daß sich im Zeichen des Skorpions ein Kampf um Leben und Tod abspielt. In diesem Sinn wurde das achte Haus seit alters her als Haus des Todes gesehen; im realen und im übertragenen Sinn. – Leben heißt auch stetiges Sterben, ständiges Hergeben-Müssen. (Das Bild des Lebensprozesses, der nach dem Ansteigen bis zur Lebensmitte ein stetes Absteigen ist, ist nur ein blasses Bild hierfür.) An Uhren steht manchmal noch heute: »Una ex his« – »Eine von diesen« (Stunden wird deine letzte sein). Das heißt nicht: Ängstige dich um dein Leben; sondern: Lebe richtig. Gib dich dieser Stunde ganz hin – es könnte deine letzte sein. Nütze sie sinnvoll. Nur völlige Hingabe, »völlig hingerissen sein tilgt die Schuld der Erde«.[84]

Daß das Gefühl der Hingerissenheit nicht immer süß ist, sondern einen bitteren Stachel in sich enthält, sahen wir bei der Betrachtung des Zeichens Skorpion. Wer mit der »Nachtseite des Lebens« in Berührung kommt (der Skorpion ist ein nachtaktives Tier!), der wird in Höhen und Tiefen geworfen, und alle Sicherheit geht ihm verloren.

Hier lautet die Herausforderung: Wie sicher ist meine Basis? Werde ich getragen – und komme ich durch, wenn ich von meiner Seele zum Kampf herausgefordert bin, wenn es um einen Wandlungsprozeß gehen soll – wenn ich mich auf das tödliche Spiel von Leben und Tod ganz einlasse? Bin ich bereit, Sicherheit aufzugeben, um größerer Tiefen, seelischer Entwicklungsprozesse willen?

Das dürfte ein Thema vieler Jugendlicher heute und seit je sein, wenn sie auf Besitz und Sicherheit verzichten; vielleicht auch, wenn sie Drogen nehmen zur Steigerung ihrer seelischen Erfahrungen. Ob die Basis dann tatsächlich noch trägt, wird von Fall zu Fall verschieden sein.

Der Kampf zwischen zweitem und achtem Haus ist weise geführt, wenn es wie beim Kampf des Jakob mit dem Engel gelingt zu rufen: »Herr, ich lasse dich nicht, du segnest mich denn!« (Der Kampf fand statt, bevor Jakob seine Herden, den in der Fremde erworbenen *Besitz*, ins Heimatland bringen wollte.) Er kam mit einer verrenkten Hüfte davon (was schlimm genug ist, im Zeichen des Schützen gedacht!). Aber er bestand die Opposition von zweitem und achtem Haus, zwischen Besitz und Begegnung mit dem Bedrohlichen – oder Abgründigen des Göttlichen.

Im achten Haus geht es darum, sich in die Tiefen des Lebens einzulassen. Das bedeutet Gefährdung, Ausgespanntsein zwischen Höhen und Tiefen. Es ist der Kampf zwischen lebensvoller Gewalt (Mars) und Sehnsucht nach Harmonie (Venus). Und es braucht die aufrührerische marsische Kraft – wie wir beim Zeichen des Skorpion sahen –, um neues Leben oder eine intensivere Ebene des Lebens zu erkämpfen. Hier wird es von der Stellung Plutos abhängen, die er in dem Prozeß einnimmt, ob vorhandene Kräfte potenziert – oder ver-gewaltigt, verschlungen werden.

Die Auseinandersetzung mit den Fragen des Todes müssen nicht immer gleich heftig verlaufen, wenn »mildere« Zeichen als Skorpion das achte Haus bestimmen. Aber auch wenn man bei dem Wandlungsprozeß, der hier gefordert ist, gerne gleich zu Beginn des »Stirb und Werde« an das Ziel der Wandlung, das »Werde« denkt, kann der schmerzhafte Prozeß, der dazu führt, selber nicht übersprungen werden. Und der prägende Hintergrund des achten Hauses bleibt das Bild des Skorpions.

In jedem Fall wird bei einem betonten achten Haus ein Drang nach Intensivierung seelischen Lebens zu finden sein. Seelische Wirklichkeiten werden für wichtiger erklärt als äußere Realitäten. Das wird auf andere Menschen oft »unvernünftig«, »unzuverlässig«, ja »bedrohlich« wirken. Doch können die unter dem Aspekt dieses Hauses gewonnenen Erfahrungen zum Verständnis für andere Menschen, die durch Krisen und Bedrohungen gehen, beitragen.

Sind vom Tierkreiszeichen weniger emotionale Ebenen angesprochen, so verlagert sich die Forderung nach Hingabe – oder Hergabe – je nach Element in geistige Tiefen oder auf ein feuriges soziales oder therapeutisches Engagement. Man wendet sich den Tiefen oder Nöten anderer zu. Was dann im Gegenüber erfahren oder »therapiert« wird, bildet eine komplementäre Spiegelung eigener Möglichkeiten.

IX. Haus

Alte Bezeichnung: pietas, Frömmigkeit, Pflichtgefühl
Neue Bezeichnung: Leitziele

Schon im achten Haus ergibt sich nicht nur die Frage, ob der Mensch eine tragfähige Basis in sich hat, sondern auch die andere, was für Ziele er für möglich hält. Kennt er eine Hoffnung, auf die hin er lebt? Der Bereich des neunten Hauses, »Frömmigkeit«, der im Zeichen Jupiters und des Schützen steht, ist nun ganz von dieser Fragestellung bestimmt.

Der Schütze verbindet nicht nur verschiedene Welten, er *lebt* sie in *einer* Gestalt. Die Sehnsucht des Menschen nach Verbindung von Irdischem und Göttlichem, nach höheren Zielen, nach innerer Freiheit, und die Hoffnung, dieses Ziel zu erreichen, brachten das neunte Haus auf den einfachen Nenner: Frömmigkeit.

Es ist dem dritten Haus entgegengesetzt. Im dritten Haus beginnt das Kennenlernen der Welt, das Sammeln von Kenntnissen, die Orientierung im Raum, in der Höhe, Tiefe und Weite. Mit Merkurs Hilfe kann man sich im dritten Haus gewandt bewegen und ausdrücken lernen. – Im neunten Haus geht es um die große Reise; in Jungscher Terminologie um Individuation; in religiöser Sprache um Verbindung mit dem Göttlichen. Diese kann nur durch Übung im Leben und eine entsprechende innere Einstellung erreicht werden.

Daraus ergab sich bereits in alter Tradition, daß als Gegenüberstellung zum dritten Haus, dem Brüder, Geschwister, Lernen und *kleine* Reisen zugeordnet wurden, in der Astrologie zum neunten Haus entsprechend formuliert wurde: Religion, Ethik, Philosophie, *große* Reisen.

Es scheint, als könne das neunte Haus auf dem dritten aufbauen, doch besteht zwischen beiden Häusern ein großer Gegensatz; sie stehen in Opposition zueinander. Wer im dritten Haus unterwegs ist, um Weltkenntnis und Wissen zu sammeln, kann darin so aufgehen, daß er die »große Reise«

vergißt und gar nicht erst die Frage nach dem Sinn ins Auge faßt. Wessen Kräfte dagegen allein auf Ziele des neunten Hauses gerichtet sind, der wird ein Ansammeln von Wissensstoffen, Fertigkeiten und Kontakten unter Umständen für gering erachten. Und doch brauchen wir Lebenserfahrung, um zur Sinnfrage vorzustoßen.

In diesem Spannungsbogen kann es zu Verständigung kommen, wenn Merkur zwar zuträgt, sich aber schließlich unterordnet und Mittler bleibt – und Jupiters Weite auf den verschiedenen Ebenen Sinn schaffen, wecken und beleben kann. In Jupiters Funktion wie im Zeichen des Schützen zeigt sich die Tendenz zur Expansion: der Drang, in lebenswichtige Bereiche einzudringen, sich zum Beispiel sozialen, ethnischen oder ethischen Anliegen zuzuwenden und sich für sie einzusetzen. Man möchte im konkreten wie im übertragenen Sinn auf Reisen gehen, Durchbrüche erzielen, enge Grenzen sprengen.

Die Qualität des neunten Hauses bringt große Spannungen mit sich: auf der einen Seite die Vielfältigkeit der – in seiner Natur wurzelnden – Bewegungsimpulse, auf der anderen Seite die in ihm vorherrschende Tendenz zur Ausrichtung auf hochstehende Ziele. Konkret kann sich dieser Zwiespalt zum Beispiel darin äußern, daß die Sehnsucht nach Erreichung geistiger Erkenntnisse ihre Befriedigung bereits dadurch zu finden meint, daß weite Reisen (zum Beispiel nach Indien) unternommen werden.

So ist der Bereich des neunten Hauses gelegentlich von Unruhe und Ungeduld geprägt. Anspannung kann schließlich dem Gefühl von Erschöpfung und Enttäuschung, dem Gefühl von Sinnlosigkeit weichen. Und doch: Mit neuen Kräften des Kentauren, mit neuen Impulsen und Einsichten wird der Bogen wieder neu gespannt – auf eine nächste Hoffnung hin, auf ein Ziel, das einen unbedingt angeht, das einem ganz wesentlich ist.

Alle Fragen, die sich im neunten Haus stellen, werden auch immer Fragen nach dem Sinn sein: Lebe ich richtig? Lebe ich meinem inneren Auftrag gemäß?

Welche Themen und Ziele zu welcher Lebenszeit im Vordergrund stehen, wird zum Teil vom Tierkreiszeichen und der Stellung der Planeten, zum andern von dem Niveau abhängen, auf dem die anstehenden Fragen aufgenommen werden können.

Aber: So weit das Ziel gesteckt sein mag – es wird im Menschen selbst getroffen, wenn er zu seinem Sinn durchstößt.

X. Haus

Alte Bezeichnung: honores, Ehren, Anerkennung
Neue Bezeichnung: Öffentlichkeit

Das zehnte Haus ist das vierte kardinale Haus, das Eckhaus in der Himmelshöhe. Dieses Haus trägt den Charakter des Steinbocks und wird durch Saturns Anspruch bestimmt.

Hier zeigt sich »öffentlich«, vor den Augen der Umwelt, ob und in welcher Weise jemand sein Leben meistert, wie er sich und seine Fähigkeiten »beherrscht« und repräsentiert. Hier wird die Art, wie jemand sich »nach außen gibt«, sichtbar – was nicht mit Extraversion zu verwechseln ist. Im Bereich des zehnten Hauses bekundet sich die Mühe oder – wenn es leichtfällt – die Freude des Menschen, sich vor den Augen anderer zu zeigen.

Das Haus heißt »Ehren«. Jeder legt auf seine Weise Ehre darein, so gesehen zu werden, wie er es möchte; meistens natürlich von seiner besten Seite. Hierzu wird die Persona aufgebaut, das »Öffentlichkeits-Kleid«. Es kann identisch sein mit dem Berufskleid, wenn man sich mit seiner Arbeit identifiziert; als Arzt, Pfarrer, Künstler. Jeder trägt seine Maske; und manchmal stehen einige zur Auswahl, wenn man sich in verschiedenen Kreisen bewegt.

Im Bereich des zehnten Hauses zeigt sich – bestimmt durch Tierkreiszeichen und Planeten –, was einem Menschen besonders wichtig ist, wie er mit der Umwelt in Beziehung treten, in welcher Weise er »Ehre« einlegen möchte.

Dem Sonnen-Mittagsstand entsprechend, geschieht das in vollem Licht: öffentlich sichtbar und einem selbst bewußt. Bewußt wird auch ausgeklammert, was nicht ans Licht kommen soll oder darf. Wenn die Persona, die Maske, einem allerdings nicht bewußt ist, wenn man sich unbewußt mit ihr gänzlich identifiziert, bleiben die ausgeklammerten Teile im Schatten und werden als Schattenaspekte aktiv.

So bildet das zehnte Haus den Gegenpol zur heimeligen, intimen Welt des vierten Hauses, den »eigenen vier Wänden«, in die man sich zurückziehen und wo man sich vergraben kann; wo man sein und zeigen kann, wie man wirklich ist und wie einem zumute ist. Je nach der Sicherheit, die einem der Wurzelboden des vierten Hauses gibt, wird das Auftreten im zehnten Haus anders geraten. Der eine wird nur die saturnischen Anforderungen oder Aufgaben sehen, die ihn erwarten; ein anderer die Möglichkeit, Forderungen zu stellen – oder Erwartungen zu erfüllen. Der eine bleibt Sklave, der andere wird Herr der Lage werden. Je nach eigenem Ermessen wird man sich in verschiedene Höhen wagen, und die Ausblicke werden sich entsprechend verschieden darbieten: als Geröllhalden, als weite Reiche, als Aufgabenfeld, als Ackerland.

Das zehnte Haus wird in greifbarer Deutlichkeit zeigen, was einer ist: ob er mit sich und seinen Ansprüchen eins ist oder nicht. An den »Höhen« und »Ehren«, die man anstrebt, an den äußeren Zielen wird sich das innere Ziel, das man in sich trägt oder dem man sich verpflichtet weiß, zeigen. Im zehnten Haus erweist sich, in welcher Art ein Mensch sich in die Aufgabe »hineinkniet«, die Welt zu bewältigen.

XI. Haus

Alte Bezeichnung: amici, Freunde, Gefährten
Neue Bezeichnung: Zeitgeist

Das elfte Haus entspricht dem Zeichen des Wassermanns und den Funktionen von Saturn und Uranos.

Der Wassermann, als aufrechte Gestalt gesehen, hält sein Gefäß geneigt und gießt einen Schwall von Sternen, von Wasser aus. Er gibt weiter, was er gesammelt hat. Er gibt gern – teilt sich gern Gleichgesinnten mit, Freunden, die von gleichen Ideen bewegt, wenn auch nicht immer gleicher Meinung sind. So heißt das elfte Haus: amici, Freunde.

Deutlich ist der Gegenpol zum fünften Haus im Löwen gegeben. Ist jener Bereich intimer, persönlicher Eigenbereich, in dem es um spontanen schöpferischen Eigenausdruck im Hier und Jetzt geht, so ist hier die Selbstgewißheit und Zufriedenheit nicht so groß, weil sie nicht mit kindlicher Spontaneität gepaart ist. Zweifel und Unsicherheiten im Innern sowie die Wahrnehmung des Zeitgeschehens drängen zu intensiver geistiger Auseinandersetzung. Nicht mehr als alleiniger Herr im Revier, sondern unter Freunden, zusammen mit Gleichgesinnten fühlt man sich wohl und teilt Sorgen (Saturns) und Aussichten (von Uranos?). Und diese richten sich im elften Haus auf Zukunft, auf Werdendes; darauf, daß Zukunft möglich werde und daß sie erträglich, ja sinnerfüllt sei. Vor allem hofft man, daß sie weiterreiche, damit die Fülle der angesammelten (geistigen) Güter weitergegeben werden kann.

Es geht hier nicht mehr um den Stolz eines einzelnen Ich (wie im fünften Haus), sondern um ein Miteinander: ein Miteinander-Auskommen und -Davonkommen. Gemeinsame Bedrohung läßt gemeinsam nach Lösungen suchen. Im Zeichen des elften Hauses finden Gefährten sich zusammen, die sich durch das gemeinsame Ziel auf ihren je verschiedenen Wegen verbunden fühlen, oder Gruppen, die durch Interessen verbunden sind. Schulen werden gegründet. Schüler werden zu Freunden, Jüngern und Anhängern.

Die Zweifel an der Zuverlässigkeit der Zukunft wie an den Werten des Erreichten drängen zu neuem Überdenken. Ein ganzer »Schwall« von Informationen ergießt sich, oder auch eine Fülle von echten Erkenntnissen, je nach Gruppe, Team und Schule.

Im Zeichen des Wassermanns wird gesammelt und vermittelt, was an psychologischen, philosophischen, esoterischen Möglichkeiten ins Blickfeld rückt.

Wie »der Wassermann« sich durch nichts gebunden fühlt, sondern geistige Unabhängigkeit über alle anderen Werte stellt, so werden auch unter Freunden und in Gruppen unter den Aspekten des elften Hauses keine konventionellen Bindungen gepflogen. Nicht Gefühle sind gefragt, sondern das gemeinsame Anliegen ist das Wesentliche. Intimität besteht im geistigen Bereich, nicht im emotionalen. Überkommene Werte werden dabei gelegentlich allzu leicht ausgegossen (mit der Gefahr, das Kind mit dem Bade auszuschütten). Neue Werte werden gesucht – und strömen oft von unerwarteten Seiten wieder nach.

Wo Bedrohung besteht, erwacht der Wunsch nach neuen Plänen. Die Gefahr ist dann: entweder aus Skepsis gegen das Alte (Saturn) oder durch extreme neue Ziele (Uranos) der Realität der Gegenwart nicht mehr gerecht zu werden, sondern in unrealistische Welten »abzuheben«.

Freunde haben kann auch heißen, »Beziehungen« zu haben: Förderer oder Gönner. Und ebenso liegt die Forderung darin, andere zu fördern, sie auf ihrem Weg in ihre Zukunft zu unterstützen. In diesem Sinne gibt man hier an »geistige Kinder« weiter, nicht, wie im fünften Haus, an reale.

In welcher Form der einzelne an Zukünftiges denken und sich mit Heutigem befreunden wird, das werden Zeichen und Planeten des elften Hauses weisen.

Denn jeder kann nur das weitergeben, was er seinen Zeichen und Planeten gemäß selber hat oder geworden ist.

XII. Haus

Alte Bezeichnung: inimici, Feinde
Neue Bezeichnung: Anonymität

Der Name des zwölften Hauses zeigt, daß es nicht leicht ist, dieses Haus und das von ihm gestellte »Thema« richtig zu verstehen, gar richtig zu leben. Feinde? Im Zeichen der Fische? Und Jupiters und Neptuns?

Im gegenpoligen Haus der Arbeit, das vom Zeichen der Jungfrau bestimmt ist, ging es in besonderem Maße darum, sich zu schützen und zu bewahren, angemessen mit den eigenen Kräften umzugehen, hauszuhalten, vorzusorgen und einzuteilen.

Hier im zwölften Haus, das »Fische-Charakter« trägt, ist die Forderung entgegengesetzt: sich hinzugeben, einzuschwingen und einzutauchen in ein größeres Ganzes – eine religiöse Gemeinschaft, eine große Aufgabe, ein gemeinnütziges Werk, eine politische Idee oder soziale Institution. Schwierigkeiten können sich dadurch ergeben, daß die Hingabe des Ich entweder nicht gelingt oder keine Anerkennung findet, so daß sie dann in Gefahr gerät, als Ich-Schwäche oder mangelnde Eigenständigkeit verkannt zu werden.

Darüber hinaus dürfte es wohl kaum in einem anderen Haus so schwierig sein wie im zwölften, eine Übereinstimmung zwischen den Anforderungen des hier wirksamen Lebensbereichs einerseits und sehr anders gearteter Planeten oder Tierkreiszeichen, die sich in diesem Haus befinden können, andererseits herbeizuführen. So kann man sich gut vorstellen, wie schwer sich beispielweise die Qualitäten eines Mars im Löwen tun werden, wenn sie ausgerechnet im Felde des zwölften Hauses gestaltet werden müssen.

Die »Feinde«, die Zwiespalt säen, erstehen schon früh, und zwar im eigenen Herzen: »Ich will, aber ich sollte nicht wollen«; »Du darfst nicht für dich etwas haben wollen, etwas erreichen und durchsetzen wollen«.

Falsch verstandene Leidensbereitschaft bringt Zwiespalt, Feindschaft zwischen der eigenen Anlage und Zielen, die sich nicht damit vereinen lassen. Man wird sich selbst zum Feind, weil man die eigene Struktur nicht annehmen kann. Und jedes Gegenüber, jeder Kollege kann zum potentiellen Feind werden, weil man sich ihm nicht gewachsen fühlt. Man sieht (Neptun in uns sieht) allenthalben Feinde, die einen »fressen« wollen: Sie verhindern die Karriere, oder sie überrennen, mißachten die persönlichen Grenzen.

Es ist die Gemeinschaft, es sind Institutionen, die dann oft als schützend erlebt werden. Findet der einzelne einen derartigen Schutzraum und sinnvolle Aufgaben, denen er sich ganz hingeben kann (Jupiters Domäne), so wird der Lebensbereich des zwölften Hauses harmonisch, im Einklang mit sich selbst gelebt werden.

Die schwierige Aufgabe, der der Mensch im zwölften Haus begegnet, besteht darin, vom Ich lassen zu können um eines größeren Sinnes willen. Wer kein Ich zu verteidigen hat, der fürchtet nichts und kennt auch keine »Feinde«. Auf diesem Weg gelang es Paulus schließlich zu sagen: »Nicht ich lebe, sondern Christus lebt in mir.« Jung nannte den Individuationsweg den »Weg vom Ich zum Selbst«, von ich-betontem Subjektivismus zur Anerkennung der überpersönlichen Instanz des Selbst.

So treffen wir hier schließlich wieder auf dasselbe Ziel, das sich – ebenfalls unter Jupiters Herrschaft – im neunten Haus bereits ankündigte. Im Zeichen des Schützen lag es in der Höhe und in der Ferne. Im Zeichen der Fische liegt es in der Tiefe des Meeres. Und wenn es erreicht wird, so liegt es im eigenen Herzen.

Wir sind einmal dem Kreis der Tierkreiszeichen gefolgt, ein zweites Mal dem der Häuser. Es bleibt jetzt dem Leser überlassen, sich zu überlegen, wie die verschiedenen Lebensbereiche, die von den Häusern umrissen werden, sich gestalten werden, wenn sie von anderen Tierkreiszeichen als denen, die ihr Wesen bestimmt haben, »besetzt« sind.

Bei der Beschreibung der ersten sechs Häuser ließ ich gelegentlich anklingen, wie sich ihre Wesensart – bei gleichbleibenden Aufgaben und Lebensbereichen – modifiziert, wenn andere als die zugehörigen Tierkreiszeichen sie bestimmen. In den oberen sechs Häusern ist die Differenzierung jeweils noch vielfältiger, weil sich immer mehr »äußere« Möglichkeiten ergeben, die einzelnen Themen zu verwirklichen. Für jedes Haus bieten sich beispielsweise verschiedene soziale Bereiche der Verwirklichung an. Alle helfenden Berufe können sowohl im Sinne des achten wie als Ziel des neunten Hauses gesehen werden und bieten Möglichkeiten für die Selbstdarstellung im öffentlichen Bereich des zehnten, für Aufgaben des zwölften Hauses ebenso wie für auf Zukunft ausgerichtete Pläne des elften.

Ich habe konkrete Hinweise auf Berufe, Lebenssituationen und so weiter weitgehend vermieden. Wie ich schon im Vorwort sagte, geht es in diesem Buch nicht darum, astrologische Deutungen im einzelnen vorzuführen, sondern um die Bemühung, ein grundlegendes Verständnis der Astrologie zu vermitteln. Selbstverständlich stellt das individuelle Horoskop scharf akzentuierte Ausschnitte aus der Gesamtheit der Möglichkeiten dar; dennoch ist in jedem Horoskop immer auch die Ganzheit aller vorhandenen Möglichkeiten gegenwärtig: Jeder Mensch hat – unabhängig von seinem individuellen Horoskop – alle seelischen Reaktionsmuster, wie sie in den Tierkreiszeichen erfaßt sind, mehr oder weniger ausgeprägt zur Verfügung; ebenso wie er in geringerem oder stärkeren Maße mit allen Lebensbereichen, die sich in den Häusern manifestieren, konfrontiert ist.

IV. Quadranten – Elemente – Paare – Aspekte

Oppositionen der 12 Tierkreiszeichen. 1624

Dem scheinbaren *Jahres*lauf der Sonne folgten wir durch die zwölf Tierkreiszeichen der Ekliptik. Dabei ergab sich durch die vier Kardinalpunkte der Tagundnachtgleichen und der Sonnenwenden die Vierteilung in Quartale, die vier Jahreszeiten, die je drei Monate umspannen.

Entsprechend ergab sich bei der Einteilung der Häuser die Aufteilung in vier Quadranten, die durch den scheinbaren *Tages*lauf der Sonne bestimmt sind; durch die Stellung der Sonne zur Zeit ihres Aufganges, Mittagsstandes, Unterganges und Mitternachtsstandes. Diese Quadranten werden in je drei Häuser unterteilt, die aber nicht gleich groß sind und sich nicht mit den Tierkreiszeichen decken, sondern sich meistens mit ihnen überschneiden.

Zwischen dem symbolischen Gehalt der Tierkreiszeichen und dem der Häuser bestehen Analogien: Die zwölf Häuser entsprechen den zwölf Tierkreiszeichen, auch wenn sie sich im Horoskop nicht in Deckung befinden.

Bei den Tierkreiszeichen wie bei den Häusern entsteht bei ihrer Aufteilung in je drei Abschnitte pro Quartal oder Quadrant eine Aufeinanderfolge, die man jeweils als These – Antithese und Synthese bezeichnen könnte. In der älteren Astrologie wird von Rajas-, Tamas- und Sattwa-Häusern gesprochen, oder von kardinalen, fixen und veränderlichen.

Quadranten

Jeder Kardinal- oder Eckpunkt in den Quadranten entspricht im Gehalt einem kardinalen Tierkreiszeichen, mit dem ein neues Quartal beginnt. Das nachfolgende Zeichen – und Haus – stellt eine Art Antwort dar, oder ein Gegengewicht; im drittfolgenden wird eine Verarbeitung oder Synthese der vorangegangenen Tendenzen angestrebt. Bei der Betrachtung der Tierkreiszeichen habe ich bereits darauf hingewiesen. Bei den Häusern zeigt sich vielleicht noch deutlicher die Aufgabe, kardinales und folgendes Haus im je dritten Haus des Quadranten zu bearbeiten oder zu verstehen.

In der unteren Horoskophälfte werden das dritte und das sechste Haus von Merkur »beherrscht«; in der oberen Hälfte wird durch Jupiter der Sinn des neunten und des zwölften Hauses tiefer erfaßt oder als Lebensaufgabe und -ziel postuliert.

– Geschieht im ersten Haus der Sprung eines Ich ins Leben: ♈ – ♂
– so wird im zweiten die Basis dafür gesucht und in Besitz genommen: ♉ – ♀
– Im dritten Haus werden Kenntnisse erworben; man lernt sich selber kennen und erwirbt Fähigkeiten, Eigenes auszudrücken und abzugrenzen: ♊ – ☿
– Im vierten Haus wird der Bezug zur Tiefe gesehen, zu den Wurzeln oder Bereichen, aus denen man erwuchs und von denen man geprägt wurde. Es kann einem hier »bewußt« werden, wie »unbewußt« man ist; man findet sich in einem psychischen Wachstumsprozeß begriffen, von dem man nicht weiß, wann er anfing und wann er enden wird. Im Bild des Mondes spiegeln sich die phasenhaften Entwick-

lungsmöglichkeiten und der Bezug zum »weiblichen«, zum Yin-Prinzip in uns: ♋ – ☽

– Von diesem hebt sich im fünften Haus die Zielgerichtetheit des »männlichen« oder Yang-Prinzips in uns ab. Es erwächst das Bedürfnis, sich aus den zyklischen Wiederholungen zu lösen und als bewußtes Ich den eigenen Willen und die eigene Kraft »einmalig« gestaltend einzusetzen: ♌ – ☉

– Im sechsten Haus ergibt sich nun die Notwendigkeit, die gegensätzlichen Prinzipien zu vereinigen: »Weibliches« Sammeln und »männliches« Aussondern führen schließlich zu der Frage, wie »gesund« oder ganzheitlich man lebt, wie »heil« man ist und ob es gelingt, auch im täglichen Leben, das von Arbeit bestimmt ist, beiden Prinzipien im richtigen Maß in sich und zueinander Raum zu geben: ♍ – ☿

Die obere Hälfte des Horoskops enthält in jedem Haus die Aufgabe, auf das gegenpolige Haus der unteren Hälfte zu antworten – oder die Durchdringung und Überhöhung der dort gestellten Aufgaben.

– Das kardinale siebte Haus beginnt mit der Antwort auf ein Du und als ein Du, das zur richtigen Ergänzung und Vollständigkeit des Ich führen soll: ♎ – ♀

– Im achten Haus folgt eine heftige Auseinandersetzung mit inneren und äußeren Konflikten, die durch die Verpflichtung zur Hingabe, zur Aufgabe von Besitzanspruch entstehen: ♏ – ♂ – ♇

– Im neunten Haus ergibt sich die Nötigung, mitmenschliche Ansprüche und die Erkenntnis von einem Eingeordnetsein in größere Zusammenhänge neuen Zielen zu unterstellen, die einen übergeordneten Sinn erahnen lassen: ♐ – ♃

– Das vierte kardinale Haus, das zehnte Feld, zeigt dem einzelnen seine Möglichkeiten und die Aufgaben, die er bei der Bewältigung der erkannten Lebensthemen hat: ♑ – ♄

– Dem setzt das elfte Haus den nächsten Akzent entgegen: Nicht, was der einzelne erreicht, sondern was er zusammen mit »Freunden« erwägt, mit anderen oder für andere und auf Zukünftiges hin, wird hier zur Aufgabe: ♒ – ♄ – ♅ – Im zwölften Haus wird schließlich die (endgültige) Aufgabe aller egoistischen Ziele verlangt. Die – angesichts des Gesamtzusammenhangs als klein zu erachtenden – Eigeninteressen sollen einer übergeordneten sinnvollen Aufgabe zur Verfügung gestellt werden.

Alle Bemühungen müssen schließlich einmünden in das Erkennen, daß jeder einzelne nur ein winziger Teil (ein Fisch) in der Vielfalt des Lebens ist. Der einzelne Mensch kann sich zwar auch als Stellvertreter aller sehen, aber nur, wenn er sich in einem Gesamtzusammenhang aufgehoben weiß. – In diese Aufgabe einzustimmen ist nur möglich, wenn ein dahinterliegender Sinn zumindest geahnt wird. Es bleibt uns allen aber immer wieder das Ringen um Sinn und ein Kampf mit dem Zweifel, den »Feinden«: ♓ – ♃ – ♆

Elemente

Außer den vier Quadranten mit den je drei Häusern, die sich im Sinn von These, Antithese und Synthese aufeinander beziehen, sind in der astrologischen Betrachtung die vier Elemente von Bedeutung. Sie geben den Ausschlag dafür, wie die Einzelthemen, die sich in den Häusern stellen, konkret erlebt werden.

Feuer, Erde, Luft und Wasser entsprechen verschiedenen psychischen Einstellungen oder »typischen« Erlebensformen (den psychologischen Typen entsprechend). Sie lassen sich aber nicht einfach in vier psychologische Termini übersetzen. Jedes Element ist in drei verschiedenen Tierkreiszeichen gegeben und in drei Varianten abgewandelt, »moduliert«. Zudem wird es sich anders manifestieren, je nachdem, mit welchem Planeten es auftritt und wie es durch dessen Funktion mitbestimmt wird.

Übersetzungsversuche wie »mental«, »intellektuell«, »geistig« oder »emotional«, »gefühlsbetont«, »einfühlsam« – für Luft und Wasser zum Beispiel – sind unzureichend. Die Elemente sind astrologisch als Symbole zu verstehen und können durch Umschreibungen mit anderen Begriffen nicht vollständig erfaßt, sondern höchstens andeutungsweise interpretiert werden.

Das Element des Feuers ist in
Widder – Löwe – Schütze gegeben, ♈ – ♌ – ♐

das Element der Erde in
Stier – Jungfrau – Steinbock, ♉ – ♍ – ♑

das der Luft in
Zwilling – Waage – Wassermann, ♊ – ♎ – ♒

und das des Wassers in

Krebs – Skorpion – Fischen, ♋ – ♏ – ♓

In dreifacher Gestalt ist jedes Element vertreten und zudem in einem jeweils spezifisch anderen Haus: je einmal in einem *kardinalen* (K), einem *fixen* (F) und einem *veränderlichen* (V) Haus.

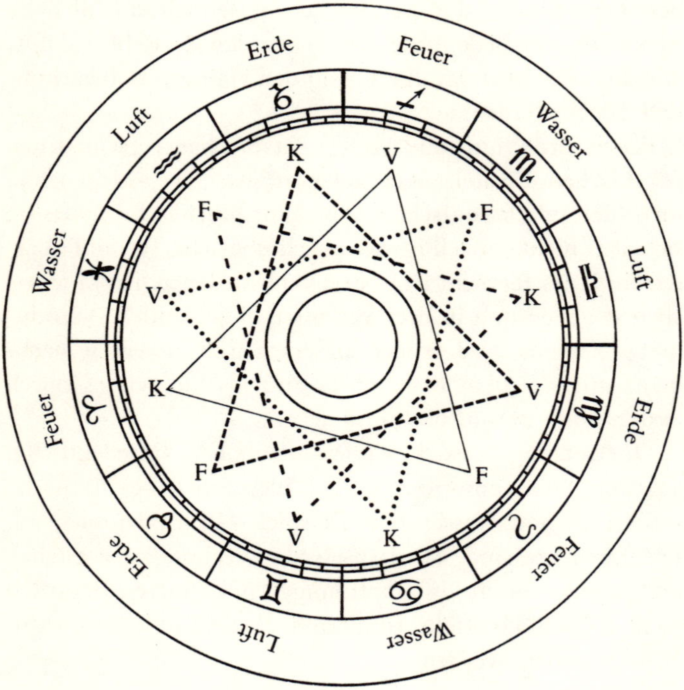

Das ergibt noch einmal – wie zuvor für jeden Quadranten – die Aufeinanderfolge von These – Antithese – Synthese; oder von Forderung, Antwort und Zwiegespräch, und damit eine außerordentliche Variabilität der einzelnen Elemente.

	Forderung K	Antwort F	Zwiegespräch V
Feuer	♈	♌	♐
Erde	♑	♉	♍
Luft	♎	♒	♊
Wasser	♋	♏	♓

Man sieht, wie sich unter den Zeichen durch die verschiedene Ausprägung der Elemente noch einmal eine starke Dynamik ergibt.

Im Vergleich mit der fast unbeschränkten Variabilität des möglichen Einflusses von Quadranten, Häusern, Tierkreiszeichen, Elementen, Planeten und deren unterschiedlichem Zusammenspiel im einzelnen Horoskop erscheinen die verschiedenen psychologischen Typologien eindimensional und schematisch, was ihren Urhebern auch durchaus bewußt war.

Paare

Bei der Betrachtung der Tierkreiszeichen sind wir noch einem weiteren energetischen Prinzip begegnet: der Aufeinanderfolge von »männlichen« und »weiblichen«, von Yang- und Yin-Qualitäten in gleichbleibendem Rhythmus.

Bei diesen Gegensatzpaaren geht es um den Rhythmus von Anspannung und Entspannung, eine Dynamik, die vorwärtsdrängt. Ein Prinzip verlangt sein Gegenprinzip und bewirkt wieder das folgende.

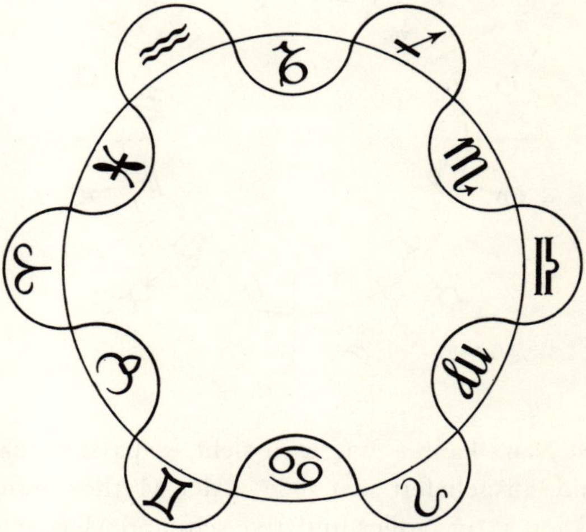

Diese Dynamik läßt sich auch beschreiben als eine Spannung von männlich – weiblich, hart – weich, hell – dunkel.

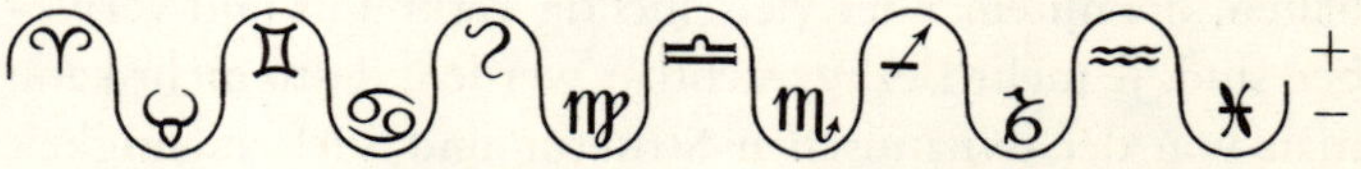

Gerade im Zusammenhang eines solchen dynamischen Geschehens wird noch einmal deutlich, daß mit den Bezeichnungen »männlich« oder »weiblich« keine Wertungen verbunden, sondern lediglich sich ergänzende Teile oder Aspekte eines Ganzen beschrieben sind.

Sollten noch Zweifel bestehen, wird die Zuordnung der Planeten zu den Zeichen diese vollends aufheben, denn außer Sonne und Mond, die den Inbegriff der beiden Prinzipien von Yang und Yin darstellen, sind alle Planeten – wie wir sahen – zwei Zeichen zugeordnet, und zwar einmal in mehr aktiver und einmal in mehr passiver Form, dem Prinzip von Yang und Yin entsprechend.

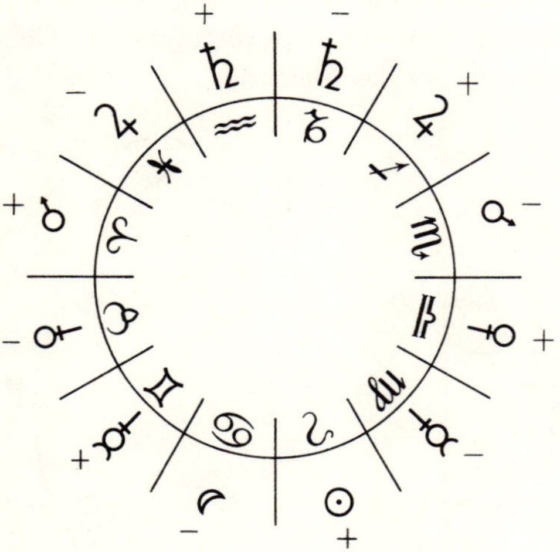

Selbst Mars kann – wie man sieht – »passiv«, das heißt erleidend, ausgeliefert sein (wie es der Mythos berichtete). Venus kann aktiv, voller Initiative sein und Merkur »natürlich« in beiden Bereichen, und so fort.

Ein Horoskop ist nicht nur ein einfaches Diagramm; es enthält in der unscheinbaren äußeren Form eine Fülle von Inhalten, die miteinander vielschichtig verknüpft und verwoben sind. Je mehr Bezüge sichtbar werden, desto mehr kann man von der dynamischen Struktur und Vielschichtigkeit der Psyche ahnen, die doch wieder in jedem einzelnen in einer neuen Konfiguration besteht.

Aspekte

Was bisher wiederholt angeklungen ist, aber nicht ausdrücklich in die Betrachtung einbezogen wurde, sind die Aspekte. Aspekte sind Winkelbeziehungen, die sich ergeben, wenn wir verschiedene Planeten von unserem Standort aus anvisieren und miteinander durch gedachte Geraden verbinden.

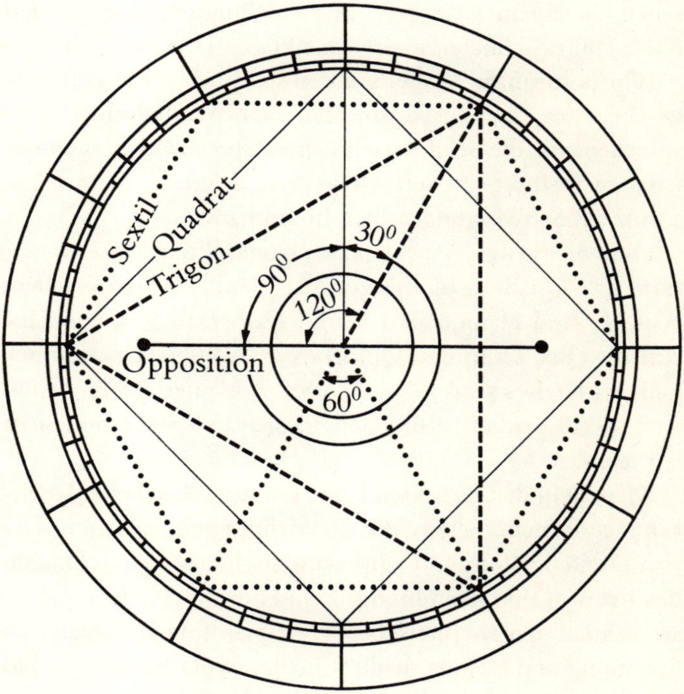

In jedem Schenkel eines solchen Winkels steht ein Planet und bildet (dem Winkel entsprechend) einen Aspekt von 90°, 120°, 60° oder eines Quadrates, Trigons, Sextils und so weiter.

Zwei Planeten in der Richtung *eines* Schenkels befinden sich in Konjunktion, sie fallen für den Betrachter zusammen, auch wenn sie sehr verschieden weit von der Erde entfernt sind. – Zwei Planeten in einem Winkel von 180° (zum Beispiel im Osten und Westen des Horizontes) befinden sich in Opposition, in entgegengesetzter Richtung, in Gegenüberstellung. Bilden die Schenkel zweier Planeten einen Winkel von 90°, so stehen die Planeten »im Quadrat« zueinander, wie in zwei Eckpunkten eines dem Kreis (der Ekliptik) eingezeichneten Quadrates. Entsprechend befinden sich zwei Planeten, die wir in einem Winkel von 120° sehen, in einem »Trigon«, in zwei Punkten eines in den Kreis eingezeichneten gleichschenkligen Dreiecks.

Nur bestimmte Winkel wurden seit je als »wirksam« angesehen. Sie mußten bestimmten Zahlenverhältnissen entsprechen, für die der Mensch den entsprechenden »geometrischen Instinkt« besitzt – wie er auch nur Töne von bestimmten Schwingungszahlen hören kann.

Die wichtigsten Aspekte sind: Konjunktion ☌, Opposition ☍, Quadrat □, Trigon △, Sextil ⚹; schwächere Aspekte sind Halbquadrat ∟ und Halbsextil ⚺ sowie Eineinhalb-Quadrat ⚼ und Quincunx ⚻. Weitere Unterteilungen des Kreises sind möglich; aber je kleiner die Einheiten sind, desto größer ist die Gefahr, sich in Spekulationen zu verlieren.

Man kann den Aspekten keine klar umschriebene Bedeutung zuordnen. Schon die Bezeichnungen »harmonisch« (bei Dreiteilungen) und »disharmonisch« (bei Vierteilungen des Kreises) sind irreführend. Man kommt dem Sinn näher, wenn man den energetischen Prinzipien folgend wieder an Spannung und Lösung denkt. Quadrat und Opposition sind Spannungsaspekte, Trigone und Sextile sind gelöste Aspekte, hier »fließen« die Planetenkräfte leicht zusammen. In der Konjunktion mischen sich zwei Kräfte. Es hängt von den einzelnen Planetenkräften ab, ob ihre Mischung oder ihr Zusammenströmen als hilfreich erfahren werden oder nicht.

Entspannte, gelöste oder harmonische Aspekte sind leichter anzunehmen. Die spannungsgeladenen bringen schwierigere Aufgaben, Unruhe, aber auch Spannung im Sinn von Dynamik in den Erlebensbereich.

Planeten, die im Trigon verbunden sind, teilen, wenn sie gradgenau sind, auch das gleiche Element[85] und sind schon dadurch miteinander »verbunden«. Die beiden Kräfte werden zueinanderfinden, sich verstärken oder stützen. Ein Sextil, die Hälfte eines Trigons, ist diesem ähnlich, doch in abgeschwächter Form.

Planeten, die in Opposition zueinander stehen, sind zwei Kräfte mit entgegengesetzten »Ansprüchen«, wie wir sie bei polaren Tierkreiszeichen oder Häusern kennenlernten. Zwei Planeten in Opposition kann man sich auch wie zwei Gegner vorstellen: Sind sie wie im Sport (im Tennis zum Beispiel) aufeinander bezogen, dann können sie ihre Kräfte messen, jeder zu seinem Nutzen. Solange das Spiel geht, haben sie sich im Blick, »spielen sie sich zu«. Ganz entgegengesetzten Bereichen strömen ihre Kräfte zu, sobald sie sich aus dem Blick verlieren; dann wirkt jeder für sich und unter Umständen der eine stark gegen den anderen.

Anders beim Quadrat. Hier sind zwei Kräfte in Spannung, die auseinanderstreben, sich (über Eck) nicht sehen können oder wollen. Sie fallen einander in den Rücken und stören sich, plagen einander, reiben sich. Was man nicht in den Blick bekommen kann, ist unbewußt. Man ist der Spannung dann unbewußt ausgeliefert. Diese Aspekte verlangen nach besonderer Aufmerksamkeit: Durch wiederholte »Störungen«, Hemmungen, Zwischenfälle, Hindernisse muß man schließlich auf sie aufmerksam werden und sie als zwei auseinanderstrebende Kräfte erkennen, die den von ihnen geprägten Menschen immer wieder in eine Zerreißprobe stellen. Realisiert man sie, schärft man auch das Wahrnehmungsvermögen für sie und lernt, sie einzubeziehen, bevor sie einen »überfallen«. Spannungsaspekte fordern in besonderem Maße zu Bewußtwerdung heraus.

Die Aspekte verweisen auf das dynamische Spiel der Seele und lassen vermuten, welche Erlebensmuster leichter bewußt werden können und welche sich einer bewußten Einstellung mehr entziehen werden. Angelegt ist diese Dynamik im Menschen, bevor er noch durch die Außenwelt in eine bestimmte Problematik gedrängt wird.

Durch »typische« Wiederholungen können wir auf unsere archetypische Struktur stoßen, wie sie sich im Horoskop spiegelt, und können lernen, sie als wesensmäßig zu uns gehörig anzunehmen.

Schluß

Unsere Grundstruktur ist vom Augenblick der Geburt an in uns angelegt, und doch gilt es das ganze Leben hindurch – bis zu unserem Sterben – erst das zu werden und zur Vollständigkeit zu bringen, was wir schon von Anfang an sind.

Im Menschen ist – wie in jedem Lebewesen – eine Entelechie gegeben: Er hat die Vollendung als Ziel (telos) bereits in sich. Die Entelechie ist auch die Formkraft, die das Werden des Lebewesens und die Vorgänge in ihm einheitlich und zielstrebig beherrscht.

Wir erkannten Aspekte solcher Formkräfte in den Planeten und Tierkreiszeichen wie in der gesamten Dynamik des Horoskops. In diesem Ordnungsgefüge sind Struktur wie Dynamik der Persönlichkeit als Voraussetzung für das Leben – und als Ziel enthalten.

Zu der Dynamik gehört ganz wesentlich, daß die beiden Pole von Yang und Yin, Bewußtsein und Unbewußtem uns bedingen und weiterdrängen. Ein Lebensweg, der bewußt gegangen wird – Jung nannte ihn Individuationsprozeß –, wird aus der Synthese der bewußten und der unbewußten Persönlichkeitselemente hervorgehen. Es geht um das Zusammenbringen beider Seiten, nicht um ihre Aufhebung in dem Sinne, daß alles »noch« Unbewußte bewußt werden müßte oder könnte. Im Gegenteil: Gerade das Horoskop zeigt den Anteil des Menschen an den verschiedenen Bereichen.

Das Horoskop kann uns unsere persönlichen Strukturen, Anlagen und Möglichkeiten bewußtmachen.

Es fordert zur Auseinandersetzung mit Aspekten unserer Psyche heraus, die verdrängt oder noch nie gesehen wurden und ein Schattendasein führen; zur Auseinandersetzung mit Anteilen unseres persönlichen Unbewußten. Darüber hinaus zeigt es die Teilhabe des einzelnen an kollektiv erkannten Erfahrensmustern, die in den astrologischen Symbolen erfaßt wurden. Diese wurden damit einerseits zu Repräsentanten des kollektiven Bewußtseins der Menschen. Andererseits enthalten sie die prägenden Urmuster menschlicher Erlebensformen, die die Voraussetzung aller Erfahrung sind: die Archetypen des kollektiven Unbewußten.

Die a priori vorhandene »Ganzheitspotentialität« (Jung), die sich im Horoskop spiegelt, wird im Laufe des Lebensprozesses zunächst in ihren einzelnen Aspekten partiell erfahren und kann erst allmählich zu einer Synthese der verschiedenen Anteile gelangen. Das ursprünglich potentielle Ganze muß durch den Lebensprozeß erst zur tatsächlichen Vollständigkeit und Ganzheit werden; im Sinne des alten Wortes: Werde, der du bist.

Anmerkungen

1 Sigrid Strauss-Kloebe, Kosmische Bedingtheit der Psyche, Weilheim/ Obb. 1968

2 Jung schreibt 1950: »Beide Wissenschaften, die Psychologie des Unbewußten wie die Atomphysik, kommen bemerkenswerterweise zu Begriffsbildungen, die in eigentümlicher Weise übereinstimmen.« . . . Wir kommen »zum Schluß, daß sich die unbewußte Psyche ebenfalls in einem Raum-Zeit-Kontinuum befindet, in welchem die Zeit nicht mehr Zeit und der Raum nicht mehr Raum ist. Dementsprechend hört dort auch die Kausalität auf. An die gleiche Grenze stößt auch die Physik.« C. G. Jung, Briefe II, Olten und Freiburg 1972 ff., S. 177

3 Vgl. zum Beispiel: Hans Peter Duerr (Hrsg.), Physik und Transzendenz, Bern · München · Wien 1986;
Werner Heisenberg, Physik und Philosophie, Frankfurt/M. · Berlin · Wien 1984 (Ullstein Buch Nr. 35132);
Rainer Kakuska (Hrsg.), Andere Wirklichkeiten, München 1984
Fritjof Capra, Das Tao der Physik, Bern · München · Wien 1984

4 Vgl. David Bohm, Die implizite Ordnung, in: Andere Wirklichkeiten, a. a. O.

5 C. G. Jung, Briefe II, S. 176 f.

6 C. G. Jung, Gesammelte Werke (GW) VIII, S. 549

7 a. a. O. S. 547

8 a. a. O. S. 547

9 a. a. O. S. 551

10 Aufgrund harmonikaler Überlegungen, der sogenannten Oktavoperationen, war Kepler zum »dritten Keplerschen Planetengesetz« gekommen; ebenso zu der (wieder Neu-)Entdeckung der Sphärenharmonie, einer großen Anzahl musikalischer Harmonien, die sich durch den Lauf der Planeten, ihre Geschwindigkeit und Abstand zueinander ergeben.

11 H. A. Strauss/S. Strauss-Kloebe, Die Astrologie des Johannes Kepler, Fellbach 1981

12 »Das vitale Vermögen im Menschen hat nicht nur die den Strahlen der Gestirne eigenen Harmonien in sich, sondern auch die den Tonerscheinungen innewohnenden Harmonien. Es trinkt die Töne mit den Ohren wie ein diesen zugehöriges Objekt. Die Strahlen der Gestirne nimmt es aber nicht mit den Augen auf, sondern mittels jener weiter oben beschriebenen dunklen Art und Weise des Erkennens, und prüft sie an den ihnen verwandten Ideen der Harmonie. Denn das, was sich den Augen

darbietet, dient dem discursiven Erkennen; die Erkenntnis der Harmonien aber geschieht ohne Begrifflichkeiten.« Die Astrologie des Johannes Kepler, a. a. O. S. 191

13 C. G. Jung, Briefe II, S. 400

14 Vgl. Paul Tillich. Gesammelte Werke Bd. V, S. 237 ff.

15 Paul Tillich, a. a. O. S. 238

16 Helmut Barz, Vom Wesen der Seele, Stuttgart 1979, S. 87 f.

17 C. G. Jung, Briefe II, S. 401

18 Vgl. Boll/Bezold/Gundel, Sternglaube und Sterndeutung, Darmstadt 1977

19 »Es gab viele Orte, an denen Zeus geboren wurde, viele Orte, wo Athene auf die Welt kam. ... Wer glaubt, darin Widersprüche erkennen zu müssen, die etwa damit zu erklären seien, daß die Griechen sich über den ›wahren‹ Ort... nicht haben einigen können, der hat das Wesen des mythischen Raumes vollständig mißverstanden.« Kurt Hübner, Die Wahrheit des Mythos, München 1985, S. 164

20 C. G. Jung, Briefe III, S. 309

21 Johann Wolfgang v. Goethe, Zahme Xenien III, Gedichte I, Zürich 1950, S. 629

22 Zitiert nach »Über die psychologische Bedeutung des astrologischen Symbols« von Sigrid Strauss-Kloebe, im Eranos-Jahrbuch 1934, S. 418. Ich stütze mich auf diesen Beitrag auch in meinen folgenden Ausführungen.

23 C. G. Jung, Briefe II, S. 401 f.

24 Argyris Sfountouris, Sternbilder, Zürich o. J., S. 80

25 C. G. Jung, GW IX/I, S. 174

26 In den folgenden Nacherzählungen der griechischen Mythen wurden – sofern die Quellen nicht im einzelnen angegeben sind – die folgenden Autoren benutzt: Kerényi, Burkert, Lurker, Ranke-Graves, Schadewaldt, W. F. Otto. (Nähere Angaben siehe im Literaturverzeichnis.)

27 Hesiod, Theogonie, in: Sämtliche Gedichte, Zürich und München 1984 (Im folgenden mit »Th.« abgekürzt)

28 Kerényi, Die Mythologie der Griechen I, Darmstadt 1964, S. 30

29 Sigmund Freud, Gesammelte Werke, Frankfurt/M. [4]1968, Bd. XIV, S. 406

30 Johann Wolfgang v. Goethe, Gedichte I, Zürich 1950, S. 345

31 Die Schicksalsgöttinnen sind die Moiren, »Zuteilerinnen«, »denen höchste Ehre gab der sinnende Zeus ... und diese geben den Menschen zu eigen zu haben Gutes wie Schlimmes« (Th. 904–906).

32 Göttinnen des Wachstums: die Horen: die gute Ordnung, das Recht und der Frieden.

33 Grazien: die »schönwangigen Chariten: aus ihren Gliedern strömt Verlangen, das der Glieder Spannung löst« (Th. 907–910).

34 Was Jupiter ziemt (oder erlaubt ist), ziemt dem Ochsen noch lange nicht.

35 Karl Philipp Moritz, Götterlehre, Bremen o. J., S. 96

36 Karl Philipp Moritz, a. a. O. S. 93

37 Homer, Odyssee, Wiesbaden o. J., 8, 266–366

38 Nach Hesiod war Hephaistos von Hera allein gezeugt und geboren. Trotzdem war auch er von Hera nicht geliebt, sondern wurde wegen seiner Häßlichkeit von ihr aus dem Olymp geworfen, woraufhin er dann auch noch hinkte. Aber er bleibt ganz Sohn der Mutter, Erbe Saturns: Mit seiner größten Kunstfertigkeit versucht er, Venus zu fesseln und gefesselt zu halten.

39 nach Walter F. Otto, Theophania, Hamburg 1956, S. 96

40 Homer, Ilias 5, 370 f.

41 W. F. Otto, a. a. O. S. 89

42 Konjunktion bedeutet »Zusammenschein«; in der unteren Konjunktion befindet sich die Venus in Erdnähe, zwischen Sonne und Erde; ihr Schein fällt mit dem der Sonne in eins, das heißt, sie ist unsichtbar: »Neu-Venus«.

43 Vgl. Ernst von Xylander, Lehrgang der Astrologie, Zürich 1971, S. 67 f.

44 Maia ist eine Tochter des Atlas, eine *Enkelin* des Titanen Okeanos. Leto, die Mutter Apolls, des älteren Bruders von Hermes, ist – wie Hera – eine Titanen*tochter*, also »ranghöher«.

45 Karl Kerényi, Hermes, der Seelenführer, Zürich 1944, S. 29

46 a. a. O. S. 48

47 Zitiert aus: Altionische Götterlieder, München 1924, S. 50

48 Zitiert nach: Robert von Ranke-Graves, Griechische Mythologie, Reinbek bei Hamburg 1960, Bd. I, S. 53

49 Durch das I Ging, das Buch der Wandlung, heute sehr vielen Menschen bekannt.

50 I Ging. Das Buch der Wandlungen, Düsseldorf · Köln 1980, S. 356

51 Daß der Mond im Deutschen männlichen Geschlechts ist, kommt aus der germanischen Wurzel mē = messen, einer dem männlichen Geist entsprechenden Tätigkeit. Der Mond diente als Grundlage zur Zeitmessung. Aber auch im Althochdeutschen gab es neben der männlichen Form māno das Femininum mānīn; und im Mittelhochdeutschen stand neben dem männlichen māne die weibliche moenin (moon). – In den antiken Sprachen stand anstatt des Messens das Leuchten im Vordergrund (Selene/selas und luna/lunare) und war weiblich erfahren. Aber sowohl zum Leuchten wie zu dem Messen, dem der weibliche Zyklus und das Messen von Wachstum entspricht, paßt das weibliche »Geschlecht« des Mondes. (Kluge, Friedrich, Etymologisches Wörterbuch der deutschen Sprache, Berlin · New York 1975)

52 Homerische Hymnen, hrsg. v. Anton Weiher, München und Zürich 1986, und Altionische Götterlieder, deutsch von Rudolf Borchardt, München 1924

53 Homerische Hymnen, a. a. O. S. 27

54 Ich möchte wenigstens kurz hinweisen auf ein ebenfalls zyklisches Fest im Christentum: Ostern. Jede Osternachtfeier beginnt mit dem Jubelruf: Christ ist erstanden. Auch Ostern ist mit dem Mond verbunden: Die Auferstehung wird am Sonntag nach dem ersten Frühlingsvollmond gefeiert.

55 C. G. Jung, GW Band XI, S. 214

56 Die Kraft oder die Macht, die das bewirkt, ist im Horoskop nicht zu fassen. In Jungscher Sprache wäre es das Selbst, der Archetypus, der alle anderen zueinander strukturiert und »lenkt« – in religiöser Sprache würde man es wohl Gott nennen. Im Geburtsbild kann man sich das Selbst am besten im Zentrum des Bildes vorstellen, in der leeren Mitte des gesamten Kraftfeldes oder des psychischen Gesamtgefüges.

57 Ich beschränke mich hier auf die Beobachtungen, die auf der nördlichen Halbkugel in den mittleren Breitegraden gemacht werden und zu den entsprechenden astrologischen Aussagen geführt haben. Ich beziehe mich im weiteren auch nur auf die heute gebräuchlichen Benennungen der Sternbilder und Tierkreiszeichen, nicht auf ihren Ursprung oder frühere Stern-Kombinationen und Namen.

58 Man muß nur die Rückwand des Wagens aus dem Sternbild des Großen Bären ungefähr um das Fünffache verlängern, so sieht man den hell leuchtenden Polarstern.

59 Dabei dreht sich das Firmament aber 366mal um die Erde, während die Sonne sie nur 365mal »umkreist«. Sonnen- und Sternenzeit sind also nicht synchron. (Der Einfachheit halber beschreibe ich die Bewegung der Himmelskörper hier so, wie sie unserer Wahrnehmung erscheinen.)

60 Heute kennt man ca. 5000, die man mit bloßem Auge sehen könnte, 50 000 bis 60 000 zeigt bereits ein mittelstarker Feldstecher. Die Gesamtzahl der Sterne, die man mit den größten Instrumenten der Erde auf Aufnahmen wiedergeben kann, beträgt ca. 10 Milliarden, aber auch diese Zahl stellt nur einen verschwindend kleinen Anteil der Gesamtzahl aller Sterne im Weltall dar. Vgl. dtv-Atlas zur Astronomie (Nr. 3006), München 1983

61 Griechisch »ekleipsis« bedeutet Finsternis. Nur auf dieser Ebene können Sonne, Mond und Erde auf einer Geraden liegen und kann es zu der Erscheinung von Sonnen- oder Mondfinsternissen kommen.

62 Man kann bei Tage die Sternbilder hinter der Sonne natürlich nicht sehen, da diese zu hell strahlt. Aber durch die Berechnung der Sternbewegung, die man des Nachts beobachten kann, weiß man, welche Sternbilder am Tageshimmel hinter der Sonne »stehen«.

63 Verglichen mit der Entfernung der Fixsterne ist die der Planeten gering: Merkur ist 58 Mio. km von der Sonne entfernt und 91 Mio. km von der Erde; Venus 108 Mio. km von der Sonne und nur 47 Mio. km von uns; Mars 228 Mio. km von der Sonne und 79 Mio. km von der Erde.

64 Zur Veranschaulichung: ein Grad entspricht zwei Monddurchmessern.

65 Vgl. Wolfgang Schadewaldt, Die Sternsagen der Griechen, Frankfurt/M. · Hamburg 1956

66 Vgl. Sigrid Strauss-Kloebe, Kosmische Bedingtheit der Psyche, 1968, und Sigrid Strauss-Kloebe, Das kosmisch Unbewußte in der Persönlichkeit, Zürich 1984, S. 84

67 Dabei stütze ich mich vor allem auf die entsprechenden Ausführungen bei Fritz Riemann, Lebenshilfe Astrologie, München 1977, und Oskar Adler, Das Testament der Astrologie, Wien · Bad Bocklet, Mainfranken · Zürich 1950.

68 Wir erinnern uns: Die Jahreszeiten sind bedingt durch die Schrägstellung der Erdachse. Die der Sonne zugeneigte nördliche oder südliche Halbkugel erfährt den jeweils stärkeren Lichteinfall und damit größere Wärmestrahlung.

69 Vgl. Thomas Ring, Astrologische Menschenkunde, Bd. II, Zürich 1959

70 Brehms Tierleben, Hamburg 1953, Band IV
Der gegen Brehm (wohl zu Recht) erhobene Einwand, daß er das »Tierleben« allzusehr vermenschliche, kann uns in unserem Zusammenhang nur recht sein: Uns geht es ja gerade um das, was der Mensch auf die Tiere – wie auf die Sterne – projiziert.

71 Wolfgang Schadewaldt, Die Sternsagen der Griechen, Frankfurt/M. · Hamburg 1956, S. 46

72 a. a. O. S. 47 Fußnote: Noch in einer bebilderten Handschrift aus karolingischer Zeit wurde dieses Zwillingspaar eindeutig mit dem Sternbild Zwilling verbunden.

73 »Höchster Stand« bedeutet, daß die Sonne bei 50 Grad nördlicher Breite, in Mainz zum Beispiel, mittags senkrecht im Zenit steht.

74 Daß es bei den Tierkreiszeichen nicht um Wirkkräfte der Fixsterne geht, ist am Sternbild des Krebses besonders eindrücklich: Es ist nämlich besonders unscheinbar, da es gar keine hellen Sterne enthält, sondern nur ein offener Sternhaufen von ca. 500 kleinen Sternen ist, verteilt in einem Bereich von dreifachem Monddurchmesser. Darum wurde es in Griechenland in älteren Zeiten einfach »Nebel« genannt, oder »Nephele«, Wolke, bis auch die Griechen in diesen Sternen das Sternbild des Krebses »erkannten«.

75 Hera, lateinisch Juno, hat dem Monat der Sonnenwende den Namen gegeben, wie Mars dem März.

76 Boll/Bezold/Gundel, Sternglauben. Sterndeutung, Darmstadt 1977, Tafel II im Anhang

77 Saturn hatte sich der Nymphe Philyra in Gestalt eines Hengstes genähert, um der Rache seiner Gattin Rhea zu entgehen, und hatte Chiron als Kentauren gezeugt.

78 Die ersten Buchstaben von Jesus/Christus/Gottes/Sohn/Erlöser ergaben das Wort Ichtys, Fisch: Ιχθγε

79 Im Horoskop stehen nicht *alle* Planeten im Zeichen der Fische, sondern sind voraussichtlich auch auf andere Tierkreiszeichen verteilt. Daraus können sich Gegenkräfte ergeben, die zu einer Dynamik verschiedenster Auseinandersetzungen führt.

80 Unserem naturwissenschaftlichen Denken mögen solche Zuordnungen absurd erscheinen, weil sie sich naturwissenschaftlich nicht verifizieren lassen. Man wird eher geneigt sein, auf die Suggestibilität mancher Menschen hinzuweisen. Denkt man aber an die chinesische Medizin, auf die man bei uns durch Akupunktur und Akupressur aufmerksam wurde, so kann man sich davon überzeugen, daß nicht nur zwischen Leib und Seele, sondern sogar zwischen verschiedenen Organsystemen des Körpers Beziehungen bestehen, die wir von unserem naturwissenschaftlichen Ansatz her nicht wahrzunehmen vermögen.

81 Um im symbolischen Ausdrucksbereich zu bleiben, benutze ich die seit der Antike übliche Bezeichnung »Häuser«. – Der Begriff »Felder« wird leicht als naturwissenschaftliche Bezeichnung im Sinn physikalischer Realitäten mißverstanden.

82 Im folgenden benutze ich als heutige Bezeichnung diejenigen Begriffe, die Thomas Ring im zweiten Band seiner Astrologischen Menschenkunde (siehe Literaturverzeichnis) für die Benennung der Häuser verwendet.

83 Sind noch weitere Tierkreiszeichen in dem Haus vertreten – es kann größer als 30° sein –, so bestimmen sie die Art, wie dieser Lebensbereich erlebt wird, mit, vor allem, wenn sich Planeten in jenen Tierkreiszeichen befinden. Aber den Akzent setzt das Tierkreiszeichen, in dem das Haus *beginnt*.

84 Rudolf Borchardt, Gedichte, Stuttgart 1957, S. 277

85 Man bezieht Aspekte auch als solche ein, wenn sie nicht gradgenau sind, sich aber noch in einem bestimmten »Orbis«, einem nahen Umkreis, befinden.

Benutzte Literatur

Adler, Oskar, Das Testament der Astrologie. Einführung in die Astrologie als Geheimwissenschaft in fünf Bänden. Bd. I: Die allgemeine Grundlegung der Astrologie – Tierkreis und Mensch, Wien/Bad Bocklet, Mainfranken/Zürich 1950

Altionische Götterlieder unter dem Namen Homers, deutsch von Rudolf Borchardt, München 1924

Barz, Helmut, Vom Wesen der Seele, Stuttgart 1979

Boll, Franz/Bezold, Carl/Gundel, Wilhelm, Sternglaube und Sterndeutung. Die Geschichte und das Wesen der Astrologie, Darmstadt 1977

Borchardt, Rudolf, Gesammelte Werke in Einzelbänden. Gedichte, Stuttgart 1957

Brehms Tierleben in zwölf Bänden, Hamburg 1953

Burkert, Walter, Griechische Religion der archaischen und klassischen Epoche, Stuttgart 1977

Capra, Fritjof, Das Tao der Physik. Die Konvergenz von westlicher Wissenschaft und östlicher Philosophie, Bern/München/Wien 1984

dtv-Atlas zur Astronomie, 7., durchgesehene Auflage, München 1983

dtv-Lexikon der Antike, München 1969

Duerr, Hans Peter (Hrsg.), Physik und Transzendenz, Die großen Physiker unseres Jahrhunderts über ihre Begegnung mit dem Wunderbaren, Bern/München/Wien 1986

Eranos Jahrbuch 1934, Band II, Zürich 1935

Freud, Sigmund, Gesammelte Werke, 4. Auflage, Frankfurt/M. 1968

Goethe, Johann Wolfgang, Sämtliche Gedichte, Band I, Zürich 1950

Heisenberg, Werner, Physik und Philosophie. Weltperspektiven, Frankfurt a. M./Berlin/Wien o. J. (Ullstein Buch Nr. 35132)

Hesiod, Sämtliche Gedichte, Theogonie, 2. Auflage, München 1984

Homer, Ilias, verdeutscht von Tassilo von Scheffer, Wiesbaden o. J.

Homer, Odyssee, verdeutscht von Tassilo von Scheffer, Wiesbaden o. J.

Homerische Hymnen, Griechisch und deutsch, herausgegeben von Anton Weiher, München und Zürich 1986

Hübner, Kurt, Die Wahrheit des Mythos, München 1985

I Ging, Das Buch der Wandlungen, Aus dem Chinesischen übertragen und herausgegeben von Richard Wilhelm, Düsseldorf/Köln, 63.–68. Tausend 1980

Jung, Carl Gustav, Gesammelte Werke, Zürich/Olten und Freiburg 1958 ff.

Jung, Carl Gustav, Briefe I–III, herausgegeben von A. Jaffé und G. Adler, Olten und Freiburg 1972 ff.

Kakuska, Rainer (Hrsg.), Andere Wirklichkeiten. Die neue Konvergenz von Naturwissenschaften und spirituellen Traditionen, München 1984

Kerényi, Karl, Die Mythologie der Griechen, Band I: Die Götter- und Menschheitsgeschichten, Darmstadt 1964

Kerényi, Karl, Hermes, der Seelenführer, Zürich 1944

Lurker, Manfred (Hrsg.), Wörterbuch der Symbolik, Zürich 1984

Moritz, Karl Philipp, Götterlehre oder mythologische Dichtungen der Alten, Bremen o. J.

Otto, Walter F., Die Götter Griechenlands. Das Bild des Göttlichen im Spiegel des griechischen Geistes, 5. Auflage, Frankfurt/M. 1961

Otto, Walter F., Theophania. Der Geist der altgriechischen Religion, Hamburg 1956

Ranke-Graves, Robert von, Griechische Mythologie. Quellen und Deutung, 2 Bände, Reinbek bei Hamburg 1960

Riemann, Fritz, Lebenshilfe Astrologie. Gedanken und Erfahrungen, München 1977

Ring, Thomas, Astrologische Menschenkunde, 4 Bände, Zürich 1956, 1959, 1969, 1973

Schadewaldt, Wolfgang, Griechische Sternsagen, Frankfurt/M. 1956

Sfountouris, Argyris, Sternbilder. Blicke in den Nachthimmel, Zürich o. J.

Strauss, H. A./Strauss-Kloebe, S., Die Astrologie des Johannes Kepler. Eine Auswahl aus seinen Schriften, Fellbach 1981

Strauss-Kloebe, Sigrid, Das kosmisch Unbewußte in der Persönlichkeit. Geburtskonstellation und Psychodynamik, Zürich 1984

Strauss-Kloebe, Sigrid, Kosmische Bedingtheit der Psyche, Weilheim/Obb. 1968

Tillich, Paul, Die Frage nach dem Unbedingten. Schriften zur Religionsphilosophie, Gesammelte Werke Bd. V, Stuttgart 1964

Xylander, Ernst von, Lehrgang der Astrologie. Die älteste Lehre vom Menschen in heutiger Sicht, Zürich 1971

Weisheit im Märchen
Herausgegeben von Theodor Seifert

Theodor Seifert · Schneewittchen

Angela Waiblinger · Rumpelstilzchen

Ingrid Riedel · Hans mein Igel

Helmut Remmler · Der Königssohn, der sich vor nichts fürchtet

Verena Kast · Der Teufel mit den drei goldenen Haaren

Hildegunde Wöller · Aschenputtel

Hans Jellouschek · Der Froschkönig

Lutz Müller · Das tapfere Schneiderlein

Franz Kaufmann · Der gestiefelte Kater

Rosmarie Bog · Das Wasser des Lebens

Hans Dieckmann · Der blaue Vogel

Helmut Hark · Der Gevatter Tod

Ursula Eschenbach · Hänsel und Gretel

Uwe Steffen · Die zwei Brüder

Helmut Barz · Blaubart

Olga Rinne · Die Gänsemagd

Viktor Zielen · Hans im Glück

Rudolf Müller · Jorinde und Joringel

Angela Waiblinger · Dornröschen

Kreuz Verlag